2017 年江苏省高等教育教改研究重点课题
“高职院校学分制改革的研究与实践”(项目号:2017JSJG440)

产教融合型实训基地建设与评价研究

祝木伟 毛 帅 赵 琛 著

中国矿业大学出版社
· 徐州 ·

内容提要

高等职业教育肩负着培养面向生产、管理、建设、服务一线需要的高素质技术技能型人才的使命。实训基地是进入职业情境的前端，是适应工作岗位的预演。产教融合型实训基地是连接理论与实践、教学与生产、学生与社会人、学校与企业的主阵地。为了使产教融合型实训基地充分发挥实践育人的作用，需要研究探索产教融合型实训基地的管理模式及评价指标。本书论述了产教融合型实训基地建设的重要意义，明确了产教融合型实训基地的概念及六大特征，对澳大利亚、德国、英国三个国家典型模式及我国实训基地发展过程中的优秀实践成果进行了总结和剖析，在此基础上，构建了产教融合型实训基地管理评价指标体系，并对个案进行了模型应用评价和模糊综合评价，对产教融合型实训基地的建设及管理水平的提升提供了相应策略。

图书在版编目(CIP)数据

产教融合型实训基地建设与评价研究 / 祝木伟，毛帅，赵琛著.— 徐州 ：中国矿业大学出版社，2020.12

ISBN 978-7-5646-4916-6

Ⅰ.①产… Ⅱ.①祝…②毛…③赵… Ⅲ.①产学合作—研究—中国 Ⅳ.①G520

中国版本图书馆 CIP 数据核字(2020)第 269660 号

书　　名　产教融合型实训基地建设与评价研究
著　　者　祝木伟　毛　帅　赵　琛
责任编辑　何晓明
出版发行　中国矿业大学出版社有限责任公司
（江苏省徐州市解放南路　邮编 221008）
营销热线　(0516)83884103　83885105
出版服务　(0516)83995789　83884920
网　　址　http://www.cumtp.com　**E-mail**:cumtpvip@cumtp.com
印　　刷　江苏凤凰数码印务有限公司
开　　本　787 mm×1092 mm　1/16　**印张** 15.25　**字数** 274 千字
版次印次　2020 年 12 月第 1 版　2020 年 12 月第 1 次印刷
定　　价　45.00 元

前　言

实践育人是高职院校人才培养的重要环节，也是区分高等职业教育与普通高等教育的关键指标。实训基地作为高职院校实践育人的主要场所，是培养学生职业技能、提升学生职业素养的载体，担负着高职院校大部分的实践教学任务，其重要性不言而喻。然而现阶段，高职院校实训基地普遍存在着重建设、轻管理的问题，远未达到以市场需求为导向培养高素质技术技能人才的目标。只有把教学与产业紧密联系在一起，将理论知识与生产实践紧密结合，让学生学中做、做中学，实现真正意义上的产教融合，才能发挥实训基地的应有作用。

2014年，《国务院关于加快发展现代职业教育的决定》（国发〔2014〕19号）明确提出："深化产教融合、校企合作，培养数以亿计的高素质劳动者和技术技能人才。"2017年，习近平总书记在党的十九大报告中指出，要深化产教融合。因此，从经济社会的发展、职业教育的需求和人才培养的时代要求来看，亟需"产"与"教"的深度融合，产教融合型实训基地建设应引起高度重视。

本书是在本人主持完成的国家级教学成果"'院园一体''四螺旋'实践育人模式的创新与实践"及省级教学成果"产业转型升级背景下'四螺旋'产教深度融合育人的创新与实践"基础上，基于多年研究积累而成的。

本书共有9章。从高职院校实训基地建设的意义、历史沿革及现状出发，提出了"产教融合型实训基地"这一概念。在此基础上总结出多元共享性、高等性、职业性、实践性、区域性、开放性等产教融合型实训基地的六大基本特征。第3章选取了三个高等职业教育典型国家的模式，即澳大利亚TAFE、德国“双元制”、英国学徒制，梳理了其实训基地的发展概况，从主体和职能、主体间的合作关系、评价方法和实际效果这四个方面进行了详尽的剖析，吸取了很多宝贵的经验教训。第4章选取了十个国内典型产教融合型实训基地优秀实践成果，从基本情况、近期成果、办学特色以及运行情况等方面进行了剖析。第5章以高等职业教育相关理论、国内外高等职业教育的现状对比分析、国内外关于实训基地的研究成果、政府部门的政策文件以及职业院校相关课题组的专家意见为基础，从高等职业教育高等性、职业性、实践性、区域性、开放性五个特性出发，结合实际情况，初步构建了产教融合型实训基地管理评价指标体系。第6章对江苏省五个区域开放型实训基地进行全面调研，借助分析软件SPSS和AMOS，对大样本数据进行信度、效度、因子分析，运用结构方程确定各项指标的权重，最终确立产教融合型实训基地管理评价模型。最后，以徐州工业职业技术学院的实训基地为个例对模型进行应用，利用模糊综合评价法得出实训基地的实际管理水平，并在此基础上提出产教融合型实训基地管理提升策略。

笔者从事高等职业教育管理及研究多年，一直关注产教融合、校企合作、工学结合、产学研合作，尤其在工匠精神备受鼓舞的时代，对实践育人更是深有体会。因此，将这些研究系统化集结成此书，希望能为高职院校实训基地的建设、管理及评价提供有益的参考，并请这一研究领域的专家学者们不吝赐教。同时，感谢为本书的出版做出努力的同事和朋友们，谢谢你们的支持与鼓励。

祝木伟

2020年3月

目 录

第1章 绪 论

1.1 研究高职院校实训基地建设的意义

实训基地是高等职业教育实践育人的重要场所，其建设与管理的重要性不言而喻。然而多数高等职业院校对实训基地的建设与管理存在认识不到位，投入不足及重建设、轻管理的现状。因此，如何更有效地加强实训基地的建设与管理，更充分地体现高职教育实践育人的特色，成为高职院校面临的重要问题。基于此，摸清现阶段实训基地的发展现状和管理水平，构建高职院校高质量实训基地的科学评价体系，对于指导实训基地的建设及管理实践具有重大意义。具体而言，包括以下几点：

(1) 有助于贯彻落实国家层面的政策导向

高等职业教育与普通高等教育的主要区别在于更强调以实践方式培养高素质技术技能人才，使他们能够适应当前企业一线生产、管理、建设、服务的需求，实训基地则为这一目标的实现提供了平台和保障。近年来，国家颁布了一系列政策，对实训基地的建设提出了明确要求。

教育部于 2006 年发布了《教育部关于全面提高高等职业教育教学质量的若干意见》(教高〔2006〕16 号)，指出“高等职业教育既面临着极好的发展机遇，也面临着严峻的挑战”，提出“形成一批教育改革力度大、装备水平高、优质资源共享的高水平高等职业教育校内生产性实训基地”。

国务院 2014 年发布了《国务院关于加快发展现代职业教育的决定》(国发〔2014〕19 号)。2015 年 8 月，全国职业教育工作会议召开，要求深化职业教育教学改革，全面提高人才培养质量，坚持产教融合、校企合作；推动教育教学改革与产业转型升级衔接配套，加强行业指导、评价和服务，发挥企业重要办学主体作用，推进行业企业参与人才培养全过程，实现校企协同育人；创新校企合作育人的途径与方式，充分发挥企业的重要主体作用；推动校企共建校内外生产性实训基地、技术服务和产品开发中心、技能大师工作室、创业教育实践平台等，切实增强职业院校技术技能积累能力和学生就业创业能力。

国务院 2019 年 1 月颁布的《国务院关于印发国家职业教育改革实施方案的通知》（国发〔2019〕4 号）要求打造一批高水平实训基地，加大政策引导力度，充分调动各方面深化职业教育改革创新的积极性，带动各级政府、企业和职业院校建设一批资源共享，集实践教学、社会培训、企业真实生产和社会技术服务于一体的高水平职业教育实训基地。

（2）有利于提高人才培养的质量

1999 年 6 月颁布的《中共中央 国务院关于深化教育改革，全面推进素质教育的决定》中明确提出“大力发展高等职业教育”的工作要求，标志着我国的高等职业教育已经全面进入了高速发展的全新历史阶段。高等职业教育所培养的人才在加快我国社会主义现代化建设中起着举足轻重的作用，理论与实践相结合的培养特色要求高职院校的学生经过实践锻炼再走向社会，从事生产。作为高等职业教育的主要依托和实践育人的重要场所，实训基地是培养学生职业技能和职业素养的摇篮，担负着高职院校大部分的实践教学任务，只有通过大量的模拟训练，才能够实现高职院校在校学生与企业提供就业岗位的“零距离”对接。

实验、实训和实习是人才培养过程的三个重要环节，高等职业教育人才培养模式改革的重点是加强教学实践过程中对学生的职业技能、实践能力的培养和进一步提高实训基地开放共享的程度。因此，实训基地建设已成为高等职业教育中理论与实践一体化运行和实施的重要保证，是不断培养高素质技术技能人才的主要手段。重视对高职院校实训基地的建设，能够使一批具有发展优势的专业凸显出来，逐步成为特色专业，为社会公众、职业院校在校生取得职业技能等级证书和企业提升人力资源水平提供有力支撑。

（3）符合人才强国战略的需要

党的十九大报告中提出，坚定实施人才强国战略，人才资源是第一资源。高职院校实训基地培养的技术技能人才为我国经济社会发展提供了有力的智力和技术支持。现代职业教育体系框架全面建成，服务经济社会发展能力和社会吸引力不断增强，具备了基本实现现代化的诸多有利条件和良好的工作基础。随着我国进入新的发展阶段，产业升级和经济结构调整不断加快，各行各业对技术技能人才的需求越来越紧迫，实训基地的地位和作用越来越凸显。

（4）促进高职院校实训基地的可持续发展

教育部强调，在高等职业院校实训基地建设中要积极探索生产性实训基地建设以及各种新模式相结合的建设方式，通过企业提供的先进技术设备和师资力量以及学校提供的实训场地，不断加强和促进实践教学，逐步增加校内生产性实训基地以及同企业合作开展的校外实习的比例，提高学生的实践能力。因此，对高职院校实训基地建设开展研究，将有利于提升高职院校与政府、企业、行业协会开展合作的积极性，有利于探索多元的合作模式，适应市场对人才需求的变化，从而实现高职院校实训基地的可持续发展。

1.2　国外实训基地建设概述

由于第二次世界大战后经济重建的需要，职业教育受到各国政府的重视，得到了快速发展，并形成了适合本国国情的、区别于普通高校学历教育的、具有职教特色的人才培养模式，其中以澳大利亚 TAFE（Technical and Further Education，职业技术教育学院）、德国"双元制"、英国学徒制等模式最具代表性。

发达国家实践教学围绕技术应用型人才培养定位展开，以职业岗位能力培养为中心，以就业为目的，满足工商业部门大量一线岗位的用人需求。实践教学内容与岗位能力标准紧密相关，岗位能力标准则由行业专家、社会或国家结合岗位任务制定。实践教学实施过程中，行业、企业发挥了重要作用，校企合作培养广泛开展，并有国家法律保障或鼓励制度。实训基地建设中，国家、社会、行业投资比例大，设施、技术先进，与企业水平和生产实际相近，有些则直接建在企业，由企业进行某些阶段的实训教学。实训师资准入条件较高，管理考核严格。教师技术实践经验丰富，并经过教育教学培训和考核，具备较高的教学水平。

国外实训基地共同点概括如下：

（1）受到政府高度重视

发达国家政府对职业教育十分重视，以立法和制定政策法规等形式来保证高等职业教育发展和确立高等职业教育的地位，为实训基地建设创造了良好的政策环境。日本的职业教育被称为"企业眼中的教育"；德国的职业教育被称为"企业手中的教育"。

（2）设立专门的管理机构

通过建立由高等职业教育主管部门牵头，行业主管部门和相关企业集团等共同参与的高等职业教育的专门机构，负责指导、协调和管理校企合作实训事宜，来保证高等职业教育实训基地建设能够得到行业的广泛参与和企业的深层次合作。

(3) 构建多元投资结构

在这些国家,除了高等职业院校通过自身财力独立建设实训基地外,主要还有四种投入模式。一是政府投入模式。地方政府不仅逐年加大对职业教育的经费投入,还积极投资兴建公共实训基地,对社会开放,实行资源共享。二是政府支持、社会参与和学校配套投入模式。三是校企合作投入模式。主要是指高等职业院校积极寻求与行业企业的合作,包括寻求资金投入、设备支持、用冠名的方式合作共建实训中心等。四是股份制投入模式。运行机制遵循"谁投资、谁受益"的原则,采用市场化的方式进行运作。

1.3 我国高职院校实训基地建设历史沿革概述

"实训基地"是在我国高等职业教育进入规模化快速发展时期以后被逐渐广泛使用的一个概念。

教育部2000年1月发布了《教育部关于加强高职高专教育人才培养工作的意见》(教高〔2000〕2号),第七条中有"要加强校内实验室和实习、实训基地建设"的要求。2004年4月颁布的《教育部关于以就业为导向深化高等职业教育改革的若干意见》(教高〔2004〕1号)和《高职高专院校人才培养工作水平评估方案(试行)》(以下简称《评估方案》)两个文件中都明确使用了"实训基地"这一概念。其中《评估方案》在"教学条件与利用"这个一级指标的二级条目——"实践教学条件"的A级(优秀)标准中提出"多数专业都建立了具有真实(或仿真)职业氛围、设备先进、软硬配套的实训基地,利用率高,在同类学校中居先进水平"等具体条件。随着高等职业院校从规模发展转入质量和内涵发展以及国、省示范校建设的开展,"实训基地"的概念和实训基地的建设日益深入人心。由此可见,我国高等职业院校对实训基地的认识、研究与建设发展是循序渐进、不断深化、不断规范的。

1.4 我国高职院校实训基地建设现状概述

1.4.1 建设的成果

(1) 重视程度不断加强

高等职业教育是一种以职业能力为基础的教育,既具有职业技术的属性,又具有高等教育的属性。高等职业院校的学生与普通高校学生的明显区别是有很强的实践动手能力。实践教学是高等职业教育实现学生综合职业能力培养的重要环节,也是培养技术技能人才的客观要求。实训基地则是实践教学的主要场所。其教学基础设施、工作状况和组织管理将直接反映一所高职高专院校的教学质量、教学水平和管理水平。

近年来,我国政府对高等职业教育中实训基地建设的重视程度不断加强,支持力度不断加大,这让高等职业院校对实训基地建设在实现人才培养目标中的重要作用有了更深刻的认识。

(2) 师资力量有所提升

我国高等职业院校"双师型"队伍建设多年,已取得初步成效。

1990 年,一些工科类专科院校学者在实践中提出专科教育需要培养"双师型"(讲师加工程师)教师。1995 年,《国家教委关于开展建设示范性职业大学工作的通知》(教职〔1995〕15 号)中首次明确提出培养"双师型"教师的要求。

2010 年,教育部和财政部继续推进"国家示范性高等职业院校建设计划",新增 100 所左右骨干高职建设院校,并于 2013 年对 2010 年启动建设的 39 所国家骨干高职立项建设院校进行验收,而双师素质教师的培养是验收的主要内容之一。庄榕霞(2014)对 39 所院校公示的校内专任教师基本情况数据进行汇总和整理后发现,这些学校共有双师素质教师 12 463 名,占总数的 80.2%。从各学历层次来看,在具有大学、硕士研究生和博士研究生学历的教师中,双师素质教师的比例均在 80%以上。这些都是强化实训基地建设的中坚力量。

(3) 建设成果初具成效

在国家政策的引导下,高等职业院校的实训基地取得了长足发展,有些已成为国家级和省级示范基地,引领着实训基地在我国高等职业院校中的建设方向,为提高人才培养质量和教学实践水平树立了标杆。例如,承接社会服务项目,为行业企业和社会提供形式多样的教育培训、技术研发、技能鉴定和终身教育等服务;不断提高对学生、其他院校、行业企业的开放力度,着力提升基地的服务能力和贡献度;推进国际化建设,加强与国外优秀企业、优质职业院校的交流合作,共建产学研一体化实训基地;应用现代信息技术开发优质实训网络课程、模拟仿真实训软件和生产实际教学案例等,建设虚实结合的实训系统;建立集实训过程管理、远程实训指导和开放管理于一体的信息化管理平台,满足线上线下相结合的教学服务需要。

1.4.2 存在的问题

由于发展时间较短,我国高等职业院校实训基地在实际建设及管理中仍存在以下问题:

(1) 企业参与度不够

实训基地是实践育人的重要场所,是连接学习与生产的重要桥梁,是学生向职业人转变的重要载体。然而,目前企业大多对学校的人才输出进行挑选,却很少参与人才培养的过程,尤其是与企业岗位息息相关的实践育人环节参与度不够,“人才培养的最后一公里”还需打通。

(2)“双师”结构有待改善

高等职业院校实训基地教师实践教学能力薄弱,“双师”结构不完善,直接影响了教学质量。一方面,高等职业院校教师缺乏一线生产实践经验,缺少了解企业实际工作情境的渠道,在传授理论知识和实践教学的过程中无法提供给学生相似的工作体验,学生所学技能与实际需求存在距离。另一方面,高等职业院校尚未认识到“双师”结构的重要作用,实训基地未能及时聘请企业员工担任实训教师或是对兼职教师不够重视,降低了企业参与的积极性。

(3) 管理体系不够完善

目前,我国高等职业院校实训基地尚未建立合理有效的管理体系,导致各主体之间的沟通效率较低。一方面,表现为实训基地不能及时准确地了解企业的用人需求,导致培养的人才与企业实际所需存在偏差,不具有适用性。另一方面,实训基地与政府间沟通不足,对政府的扶持政策认识不够全面,降低了获得支持与帮助的可能性,导致实训基地建设后劲不足,缺乏可持续发展能力,进而影响高等职业教育的教学质量。

(4) 监管机制有待健全

目前,国内多数高等职业院校实训基地尚未建立健全监管机制,资金使用缺乏计划性,资金去向不够明确,管理不够规范,这是造成实训基地建设往往开端良好、后续发展及保障工作难以持续跟进的直接原因,最终导致实训基地对内无法实行企业化管理、对外无法实行市场化运作,实训基地的运行模式创新不够、活力不足。

1.5 提出产教融合型实训基地模式的意义

1.5.1 产教融合型实训基地模式的提出

随着高等职业教育教学改革的深入，实践教学在整个教学环境中的地位大大提升。提高学生的实践水平是当前教学的重要发展趋势。高等职业院校要根据社会需要，适应社会发展，进行高素质技术技能人才培养。但目前仅仅依靠学校自身力量建设的实训基地是远远不够的，必须拓宽建设实训基地的思路，充分利用社会资源、建设实践教学基地，学校应当积极主动地同政府、行业、企业等寻求紧密的合作，构建产教融合型实训基地模式。

所谓产教融合型实训基地，是指以高等职业院校为依托，由政府发挥统筹协调作用，结合产业结构调整的需求，整合高等职业院校、行业、企业的资源，集中资金投入建设的实训基地。实训基地发展与产业规划发展相结合，实训基地运作与生产经营相结合，促使实训基地走开放共享之路，通过签订校企合作协议保障实训基地的有效运行，实现实训基地校内运行向提供开放共享的优质服务转化。

1.5.2 建设产教融合型实训基地的意义

(1) 有利于"教"与"学"双向建设

建设产教融合型实训基地，不仅可以弥补校内实训基地的不足，同时可以营造"教"与"学"双向进行的学术氛围，有利于构建"教"与"学"双向进行的社会职业情境，有利于锻炼和培养学生胜任某一职业岗位的能力。

(2) 有利于打造"双师型"教师队伍

多元主体模式下建设的实训基地，要求老师具备专业的职业技能以及深厚的理论知识，同时根据国务院最新规定，自 2019 年起，职业院校、应用型本科高校相关专业教师原则上应从具备 3 年以上企业工作经历并具有高职以上学历的人员中公开招聘，以有效推动"双师型"教师队伍建设。

(3) 有利于完善实训基地建设模式

产教融合型实训基地是在落实国家人才强国战略、适应社会人才需求的背景下对高等职业院校实训基地模式的探索与完善，发挥多元主体优势，开展不同形式的合作模式是经济社会发展的必然要求，也是必由之路，将有助于实现教育与产业的良好衔接。

1.6 产教融合型实训基地评价意义

产教融合型实训基地模式已是当下建设实训基地的重要趋势，但是目前的多元主体建设模式存在企业参与办学的动力不足、教师队伍建设滞后、管理模式缺乏规范和监管机制不完善等突出问题，同时仍然存在一些资源配置不平衡、各主体参与度不均衡的问题。基于理论模型对产教融合型实训基地进行评价有利于发现长处与不足，并针对性地提出改善措施，对今后的实训基地建设起到借鉴作用。

(1) 有利于区域内资源的有效配置

产教融合型实训基地需要优化资源配置。地方政府可以通过统筹协调、科学规划，按照区域内的不同学校需求，对区域内的产业、企业进行有效的资金支持。同时，在条件允许的情况下，同一区域不同学院相同专业的学生可以在同一校企共建的实训基地进行实习，一方面可以使实训资源利用最大化，另一方面可以使不同学校的学生在共同的平台下进行专业交流，相互提升。

(2) 有利于提高多元主体构建实训基地的水平

当下多元主体的建设水平受到师资力量、专业水平、资金等多种因素的制约。对其进行评估研究是优化产教融合型实训基地水平的有效方式。基于产教融合型实训基地，引入企业先进的技术设备作为实际生产线，按照企业标准进行生产，让企业的高级技术人员和技术管理人员指导学生甚至是学校老师进行实训。这样既能有效提升学生的技术水平，又可以实现企业的生产效益，直接为企业输送优秀的技术技能人才，实现学校与企业的双赢。

1.7 本书主要研究方法

本书主要研究方法包括：文献资料法、专家访谈法、问卷调查法、统计分析法、案例研究法等。具体内容如下：

(1) 文献资料法

在对高等职业教育实训基地的前期研究过程中，运用文献资料法大量收集高等职业教育以及实训基地的相关文献和书籍，从国内外对高等职业教育以及实训基地的研究中了解发展现状，为后续的相关研究以及构建评价指标提供参考。整理总结现有实训基地存在的主要问题，充分考虑影响实训基地管理水平的各个因素，为构建模型做准备。

(2) 专家访谈法

主要分为两步:一是通过对高等职业院校相关课题组的专家进行咨询和探讨,对高等职业教育的特征加以引申,初步确立本书的研究维度;二是通过对相关专家进行访谈,在其帮助下更正表意不明和未能有效反映实训基地现状的变量描述,完善问卷设计,弥补模型不足,提高理论模型可靠性。此外,在专家的建议下添加尚未考虑的变量,使所构建的模型更加符合事实,评价指标体系更加科学合理,保障研究结论的真实有效。

(3) 问卷调查法

问卷调查法是收集数据的主要方法。在文献研究的基础上结合专家访谈的建议,基于修正后的评价指标体系设计预调查问卷,实地发放问卷并回收,进行初步的信度效度分析,删除不合要求的指标,确定最终问卷。基于江苏省内五个区域开放共享型实训基地多途径发放问卷,为进行多种分析做准备。

(4) 统计分析法

以正式问卷获得的大样本数据为基础,借助 SPSS 软件和 AMOS 软件对数据进行描述性统计分析、方差分析、信度分析、验证性因子分析、相关分析,并通过结构方程模型确定评价指标权重,获得评价指标模型。保证数据质量满足分析要求,指标维度划分科学合理,为模型的适用性检验和获得实训基地真实管理水平奠定基础。

(5) 案例研究法

本书详细研究了以徐州工业职业技术学院为主导的"徐工模式"实训基地等十余个案例,从而对产教融合型实训基地的发展现状、经验、存在的问题和未来的发展方向都有了系统掌握。这为本书的产教融合型实训基地管理评价指标和模型构建提供了翔实的基础和可落脚的检验载体。

第2章 产教融合型实训基地概念、特征与模式研究

2.1 产教融合型实训基地的概念界定

2.1.1 产教融合的多元主体

多元主体包括所有支持、扶持和与高等职业院校实训基地产生业务关系的相关组织和单位，具体而言包括以下几类。

(1) 政府主体

政府主体包括各级政府及有关部门。各级政府是指中央、省、市等各个层级的政府；有关部门是指教育、劳动、商务、发展改革委、经信委、财政、税务等相关单位。

政府的相关职能主要为规划战略、制定政策、依法依规监管。

在实训基地建设中，政府部门起着主导和引领的作用。一是把握方向，政府根据国家发展战略及规划对高等职业院校实训基地建设提出方向性引导。二是政策扶持，政府需要创新制度改革、加强政策引导，对行业、企业参与实训基地建设给予扶持，使行业企业在合作中获得利益，引导行业、企业在实训基地建设过程中从“要我参与”转变为“我要参与”。三是法律保障，政府需要建立合作建设基地的有关法律保障，明确在合作的过程中行业、企业和院校的责任与义务，明确准入条件，建立审批制度，完善退出机制。

(2) 行业相关组织主体

行业相关组织主要包括涉及行业管理、监督、支持的相关部门，高等职业院校的实训基地相关行业组织主要包括行业协会和全国行业职业教育教学指导委员会等。

① 行业协会

行业协会是指介于政府、企业之间，介于商品生产者与经营者之间，并提供服务、咨询、沟通、监督、公正、自律、协调的社会中介组织。

行业协会等行业组织的主要职能是把脉行业发展，监测产业动态。行业协会作为教学和生产之间联系的重要纽带，承担着制定、修订相关标准、技术规范以及参与评定和监管生产等多个重要职责。作为最了解本行业运行情况、发展方向、供需关系等情况的一方，行业协会对企业的发展与进步有很重要的作用。因此，没有任何一方能够代替行业协会在合作教育中的地位。在合作办学机制里，行业协会要预测动向，为企业、学校提供资讯，让高等职业教育更好地服务于行业、满足企业真实需求，真正实现专业和产业、岗位与企业的有效对接，保证企业与院校长远密切合作。

② 各行业职业教育教学指导委员会

各行业职业教育教学指导委员会（以下简称行指委）于 2010 年成立，2012 年重组，2015 年教育部发布《教育部关于公布全国行业职业教育教学指导委员会（2015—2019 年）组成人员的通知》（教职成函〔2015〕9 号），教育部会同相关行业主管部门和行业组织完成了对原有 53 个行指委的换届工作，并同时批准增设报关职业教育教学指导委员会等 3 个行指委，目前共 56 个行指委。

各行指委是受教育部委托，由行业主管部门或行业组织牵头组建和管理，对相关行业（专业）职业教育教学工作进行研究、咨询、指导和服务的专家组织，同时也是指导本行业职业教育与培训工作的专家组织。

行指委的主要职能是：分析研究国家经济建设、科技进步和社会发展，特别是经济发展方式转变和产业结构调整升级对本行业职业岗位变化和人才需求的影响，提出本行业职业教育人才培养的职业道德、知识和技能要求；指导推进相关职业院校与企业校企合作、联合办学，校企一体化和行业职业教育集团建设；指导推进本行业相关专业职业院校教师到企业实践工作，提高教师专业技能水平和实践教学能力；推进职业院校相关专业实施“1＋X”证书制度；研究本行业职业教育的专业人才培养目标、教学基本要求和人才培养质量评价方法，对专业设置、教学计划制订、课程开发、教材建设提出建议；参与本行业职业教育教学基本文件、专业教学标准、实训教学仪器设备配备标准和教学评估标准及方案制订工作；参与职业教育国家级教学成果奖励实施工作；组织本行业相关专业教学经验交流活动等。

(3) 企业主体

企业一般是指以营利为目的，运用各种生产要素（土地、劳动力、资本、技术和企业家才能等），向市场提供商品或服务，实行自主经营、自负盈亏、独立核算的法人或其他社会经济组织。

企业职能:“岗位需求、职业标准、生产过程”对接人才培养全过程。

企业是职业教育的坚强后盾和直接受益者。参与校企合作,既是企业自身发展的需要,也是企业承担社会责任的重要体现。企业通过共建基地、提供兼职教师、共建专业、接受学生顶岗实习等,全面参与院校教育教学活动,为企业赢得可持续发展和参与国内外市场竞争的人才支撑和智力支持,同时也为企业的技术改造、产品研发、科技攻关、职工培训与继续教育等搭建资源共享的平台。

(4) 学校主体

高等职业院校的办学宗旨,是培养生产、建设、管理、服务一线需要的高素质技术技能人才,强调岗位需求、职业要求,因而实践性、职业性、创新性是职业教育人才培养的本质要求。从服务发展的角度看,对于学生,强调社会责任感、职业素养和实践能力培养,坚持工学结合、学中做、做中学是人才培养和学生成长的基本规律;对于经济社会发展,强调服务能力建设,坚持持续提升职业院校专业服务产业转型升级和发展的能力,是职业院校存在和发展本质要求。

学校职能:培养与输送契合市场需求的人才。

高等职业院校从诞生之日起,就与区域经济社会发展有着天然的联系,校企关系本质上体现的是教育与经济的关系,校企合作是教育与经济相结合的具体形式。在利益共同体中,高等职业院校是合作重要的主体参与者,也是最终受益者。在合作过程中,学校依据企业人才需求规格,把企业岗位技术标准纳入课程体系,与企业共同设计人才培养方案,共同开发课程体系,共同完成教育教学任务,共同管理实习实训,使学校的人才培养与就业岗位实现无缝对接,同时学校教师也在参与企业的生产、经营、产品开发、技术改造等过程中,提高了服务地方经济和社会发展的能力。

2.1.2 产教融合型实训基地的实际需求

(1) 从政府角度而言

从政府的角度来说,目前我国的产教融合型实训基地的现状是政策引导力不足,未形成切实有效的合作机制。

《国务院关于大力推进职业教育改革与发展的决定》(国发〔2002〕16 号)中明确提出了建设产教融合型实训基地的构想;2004 年,教育部、财政部等七部委提出,要“调动社会各方面力量共同参与,多渠道筹集建设经费”;2005

年，《国务院关于大力发展职业教育的决定》提出由中央财政拨出专项资金，通过奖励等方式来支持重点实训基地的建设；2006 年，教育部《关于全面提高高等职业教育教学质量的若干意见》中提出，由国家“在重点专业领域选择市场需求大、机制灵活、效益突出的实训基地进行支持与建设”。这些文件成为国家引导职业教育实训基地建设的核心文件。但是，这些文件仅仅是“顶层设计”，缺少可操作性的制度安排。虽然广东、山西、江苏、浙江等省份相继出台了相关配套政策，但是依然停留在“指导性意见”层面，没有引导社会资金参与实训基地建设的具体措施，政策的引导性不强。2019 年，江苏省颁布实施《江苏省职业教育校企合作促进条例》；2019 年 9 月，国家发展改革委等六部委发布《国家产教融合建设试点实施方案》（发改社会〔2019〕1558 号），提出“要创新实训基地建设和运行模式，按照校企共建共享原则，建设一批具有辐射引领作用的高水平、专业化产教融合实训基地”。

（2）从行业角度而言

从行业的角度来说，目前我国的产教融合型实训基地的现状是行业组织的指导作用发挥不足，未能达到预期效果。

行业组织能够准确把握市场的变化，能够深刻而敏锐地察觉到所处行业的生存状态、存在问题、潜在危险和发展前景，对行业内不同企业的管理水平、技术储备和核心竞争力水平等情况非常熟悉。但在现实中，行业组织却往往被排除在人才培养的制度之外，难以发挥特有的优势。现在很多高等职业院校虽然一直都在提倡政、行、企、校合作办学，但是行业在实训基地的建设和评价过程中的指导和连接作用几乎从未发挥。

（3）从企业角度而言

从企业的角度来说，目前我国的产教融合型实训基地的现状是企业参与度不够，未能实现精准对接。

企业参与实训基地的建设不可或缺。实训基地的实训工位的规划、实训课程的设置、实训内容的确定、实训过程的设计必须与企业的岗位需求、职业标准、生产过程精准对接。实训工位与产业、职业岗位对接，是指根据产业发展和岗位需求动态调整工位的设置。实训课程内容与职业标准对接，是指根据产业转型升级对职业标准提出的新要求，将职业标准融入实训课程标准、实训课程内容的设计和实施。实训过程与生产过程对接，是指强化工学结合，加强实习实训环节，培养符合产业标准的人才。但是现实是岗位需求与实训工位、职业标准与实训内容、生产过程与实训过程未能精准对接，所以对于实训基地建设，企业的参与是重中之重。

（4）从学校角度而言

从学校的角度来说，目前我国的产教融合型实训基地的现状是人才供需的偏离。

理论上，高等职业院校必须关注市场需求的变化及时调整人才培养方案，制定动态的教学机制。此外，高等职业院校还应大力实施工学结合，推进对学生操作技能的培养进程，突出高等职业教育培养学生实践能力的办学特色，以满足区域市场的人才需求，适应经济和社会发展。

实际上，存在着企业招不到合适的人才，学生找不到合适的工作、无法从事与所学专业相关的职业的情况。这说明学校培养的人才市场不需要，市场需要的人才学校培养不出来。如果人才供需的两条轨道不对接，这种严重偏离的人才供需关系将会进入一个死循环。

2.1.3 产教融合型实训基地的理论依据

（1）三螺旋理论

三螺旋理论最早由美国的亨利·埃兹科维茨和荷兰的罗伊特·劳德斯多夫提出，是目前分析高校、政府和企业三者之间关系的重要理论之一。该理论所述的“三螺旋”是指高校、政府和企业，通过构建组织结构性安排、制度性设计等机制，以区域经济社会发展的需要为纽带而凝聚在一起，三股力量交互影响，最终形成抱团螺旋上升的新型关系，从而达到三股资源的合作共享与交流融通，实现各自效益的最大化。该理论认为，形成高校、政府和企业合力的关键在于打破三者传统的边界，包括学科边界、职能边界、行业边界和区域边界，建立新的社会运作机制。基于三螺旋理论，高职院校应从满足区域经济社会发展需要出发，推进政府、高校和产业界三方有机互动，构建互需、互惠、互赢的合作机制。三方进行有效对接并融为一体，形成知识领域、行政领域和产业领域的多力合一和有效同步，以服务技术技能人才的培养和地方经济社会的发展。

（2）资源整合理论

以马歇尔等人关于集群竞争力（优势）的研究以及资源整合理论思想为基础，资源“整合”理论可以表述为：资源的集聚机理、分工合作机理和知识技术的共享机理。资源集聚指的是通过集群内部的优势，实现对外部资源的吸收；分工合作指的是集群内部基于专业分工基础的合作关系；知识和技术的共享指的是集群对内外部知识和技术的交流和吸收。只有合理应用这三个机理，实现对基础条件、人力资源、资本资源和社会资源的整合，才能最大限度地创造财富。

多元主体实训基地建设本身就是职业教育和各种资源集聚的过程；而通过实训基地体系内的分工合作，实行科学有效的管理，实现资源的高度共享更是实训基地运行的精髓。在现阶段，实训基地建设是实现资源整合的重要途径。

2.1.4 产教融合型实训基地的概念界定

所谓产教融合型实训基地模式，就是高等职业院校实训基地的建设要以高等职业院校和行业龙头或地方骨干企业为依托，由政府发挥统筹协调作用，结合产业结构调整的需求，整合高等职业院校、行业企业的资源，集中资金投入建设的实训基地。在这个过程中，主体包括高等职业院校、政府、行业协会等相关行业组织和企业等多元利益相关方。更具体的，以区域经济为基础，以服务区域经济为目的，以开放、共享、合作为特色的实训基地称之为区域产教融合型实训基地。

产教融合型实训基地建成后将面向职业教育、劳动力培训、企业技术改造和技术创新，能够最大限度地实现资源共享。与区域开放产教融合型实训基地建设前相比，产教融合型实训基地是提高高等职业教育教学质量、满足社会需求、服务区域经济建设的主要工具。建设产教融合型实训基地，首先应明确其定位，要始终坚持开放性、先进性、兼容性、扩展性，保持实训基地的设备先进、教学方式先进、管理方法先进，使实训基地真正成为对外交流服务的窗口，具备教学科研培育人才的功能。

2.2 产教融合型实训基地特征研究

2.2.1 实训基地的多元共享性研究

实践育人是高等职业教育发展的必然要求，实训基地是高等职业院校进行实践教学的重要场所，是培养学生实践能力、整合与提高综合素质的保障，依托实训基地进行教学是高等职业教育培养高素质技术技能人才的重要途径。目前许多高等职业院校开始探求政府主导、社会参与、办学主体多元、办学形式多样、充满生机活力的“多元共享型”实践办学体制。国内学者对多元共享性的研究成果举例见表2-1。

表 2-1 多元共享性研究成果举例

作者	研究成果
魏良庆等(2019)	通过实训基地建设,破除学校与企业、教育与生产之间的壁垒,让学校人才培养与企业生产研发同步发展、无缝衔接
殷勤(2019)	实施实训基地开放共享建设和运营,带动政府、企业和职业院校共同建设、资源开放共享,集职业教育实践教学、社会培训、企业真实生产和社会技术服务于一体的高水平专业化实训基地
徐溢艳(2018)	在高职教育中,实训基地是培养学生专业能力的重要组成,能够有效地对高职院校多种专业教育的建设与发展加以促进,从而不断提升学生专业素质能力的培养、加强专业教师职业素质的建设、促进院校与企业之间良好合作关系的构建
张汉年等(2017)	多元主体模式能够有效破解实训基地校企合作建设中只有学校一头热的难题,增强了校企合作可持续发展的内驱动能
林锦实(2018)	建设"四元融通、四维互补"的实训基地保障了工学结合、理实一体化教学的实施,有效提高了教学效果
于华(2016)	建立多元主体的参与机制,畅通实训基地建设的众筹渠道;明确利益相关者责、权、利的边界,形成实训基地的管理合力;优化权益分配机制,实现实训基地的互利共享
纪雯等(2013)	共建产教融合实训基地,是校企合作人才共育的有效途径,实现互利共赢是合作的长效机制。实训基地建设的创新,离不开政府相关支持和优惠政策的出台,更离不开作为主体的学校与企业的参与和支持

随着我国经济转型和产业升级的加快,政府、学校、企业、行业开始加大实训基地的投资力度,高等职业教育实训基地建设呈现主体多元化、功能多样化、基地共享化、利益多极化的趋势。

2.2.2 实训基地高等性研究

实训基地的高等性主要体现在人才培养的规格上,这种高规格以教育教学内容作为支撑,同时使其与中等、初等职业教育区别开来。目前,有不少国内外学者对高等职业教育及其实训基地的高等性进行了研究,见表 2-2。

表 2-2　高等性研究成果

作者	研究成果
Wolter 等(2015)	高等性是划分高职教育与其他职业教育的层次边界，是高职教育发展的前提，也是其本质内涵和使命
Catterall 等(2014)	高等性主要体现为高职生与中等教育毕业生相比应有明显的层次差异，培养的规格更高端，配套的教学条件更先进，人才的适用层次更高级
孙毅颖(2015)	高等职业教育的高等性办学的层次和定位决定了高等职业教育的高等教育属性，在一定意义上反映了培养对象基本理论知识和专业素养水平的程度
柴勤芳(2012)	高等职业教育的高等性体现在两个方面，一是体现在人才培养规格和定位上，高职教育培养的是高素质、高技能人才；二是体现在学校的整体品质上，高职院校应具有内涵丰富、特色鲜明的校园文化以及较强的科研和教学水平
叶小明(2011)	高等职业教育必须具备相应的基本知识、理论和技能，掌握相应的新思想、新知识和新技术，既具备较高的综合素质而又以较强的知识应用能力和分析、解决实际工作问题的能力区别于普通高等教育
赵祥刚等(2007)	高等职业教育的高等性体现为对“高深学问”的传授以及人才培养目标的“高层次”与“高规格”，通过课程的培养学习使学生具备更高的职业素养
刘淑艳等(2014)	高等性直接决定高等职业教育在人才培养上的目标定位，突出对人才高素质的培养，这是高等职业院校区别于中等职业院校的主要特点，一旦离开了高等性，高职院校就背离了为国家与社会培养创新型专业技术人才的宗旨
叶景文等(2010)	高等性要体现在培养人才的规格和素质方面，一是要体现为所培养的学生具备较高的思想政治素质以及良好的职业道德和劳动创新意识、进取精神、科学精神和团队精神；二是要体现为所培养的学生具备较高的知识和技能

高等性是对高等职业教育本质的有效概括，并使其与普通职业教育产生区别，教育目标更高端，以培养高素质技术技能人才为首要任务。通过提供更加前沿的理论知识以及适应生产发展的实践情境模拟，以便于学生快速掌握分析解决问题的能力，获得综合素质的全面提升，满足用人单位的需求。

2.2.3　实训基地职业性研究

自从 20 世纪 80 年代我国有了现代意义上的高等职业教育以来，高职理论界经过广泛讨论，在职业性方面已经达成共识。职业性在高职人才培养过程中从多方面得以体现，如对狭义的高等职业教育而言，其专业设置要以职业或职业岗位群为依据，在校期间要着重培养学生进入职场所需的能力。要将知识、能力、态度结构纳入对未来职业发展需要的设计考量，同时要着力培养学生相关职业兴趣和职业道德。职业性是高等职业教育及其实训基地的主要特性之一，对高等职业教育及其实训基地的职业性的研究成果进行汇总，见表 2-3。

表 2-3 职业性研究成果

作者	研究成果
Velde(2009)	职业性指教育与产业需求对接的精准度较高，具备满足生产技能需求的培养条件，通过专门性的教学，精准对接教学情境和工作情境
Salah(2013)	职业性导致高教机构逐步成为“文凭工厂”或是单纯的职业技能培训场所，由于学生普遍存在消费者意识，“教育”的原本意义已部分丧失
陈玉峰等(2018)	职业教育要培养适应经济社会发展需要的高素质技术技能型人才，要求职业院校面向产业链办学，根据产业设专业，根据职业开课程，根据岗位练技能
周鸿羽(2015)	职业性是指高等教育以培养学生从事有关专业应用性、技术性和实际工作的能力为目标，具备推动知识向生产力转化的属性
周明星(2003)	高等职业教育与其他教育的区别是职业性，以培养高等应用型专门人才为目标，是职业教育的高级层次和全新的教育形式，与研究型高等教育并行，具有学历和非学历的双重属性，以帮助学生获得技术能力为前提
欧阳河(2005)	职业性体现为所传授的技术、技能是高等职业教育与其他教育的区别，目的是帮助人们获得技术应用型、技能型职业的能力和资格，可以认为职业性是职业教育的本质属性
柴勤芳(2012)	职业性内涵包括两点：一是所培养的人才适应职业岗位的需求，针对的是职业的基层岗位，具有较强的岗位技能，指向性非常明确；二是在人才培养模式上，高职教育引入订单教育、工学结合、校企合作等培养模式，强调“做中学、学中做”
黄蕾(2009)	高等职业教育职业性体现为高职教育以培养现代制造业、现代服务业急需的高技能专门人才为背景；以传授某种职业所需的知识和技能为教育内容；以面向就业，重要的是面向企业，满足企业对有创新精神的高技能人才的需求为目标

高等职业教育实训基地培养人才具备职业指向，主要体现在开设的专业上更强调职业内容和岗位需求，职业方向明确，具有针对性、过程性和技能性的特征。在课程设置方面，强调课程结构与岗位任务对接、课程内容与职业能

力对接、教学情境与工作情境对接，教学内容针对某一职业岗位的实际需要，具有很强的针对性和应用性。

2.2.4　实训基地实践性研究

科学技术的进步及工业生产的现代化，对劳动者的操作技能和综合素质提出了更高、更新的要求，用人单位对就业者的选择不再是只凭文凭，而是要考察其是否具有实际操作的综合能力。国内外学者也比较关注高等职业教育及其实训基地实践性的研究，见表 2-4。

表 2-4　实践性研究成果

作者	研究成果
Biemans 等(2016)	高等职业教育要重视实践性教学，这对高等职业院校学生的实际动手能力、操作能力的培养都是至关重要的，同时还要关注实践结果
刘明(2018)	高等院校应在和校外企业展开合作的基础上，不断加强校内实训基地的建设，从社会企业中引进更多的生产性项目，为提升学生的实践能力和专业能力奠定坚实的基础
李玉民(1995)	将教学过程的实践性作为高等职业教育的本质属性，认为教学过程的实践性主要表现为加强实践性教学并注重理论联系实际，加强专业实践能力的培养
黄德桥等(2019)	基于产教融合的校内生产性实训基地不同于传统意义上以仿真模拟为主的技能训练，而是在真实的工作环境中实干真做，既满足高职院校教学活动的需要，又可以开展企业生产经营活动
吴利燕(2017)	“理论用于实践，活学活用”是高等职业教育特有的办学方针，它更重视培养学生的实践性和职业化，有其独特的办学优势。校内实训基地作为实行这项政策的载体，为高职院校的学生提供了教学实践和技术培训的平台
何农(2008)	教学过程的实践性是高等职业教育的典型特征，具备实践育人的基本要求
孙琳(2012)	职业教育的职业性和为生产服务的直接性决定了其实践性特征，要求教育过程注重与生产劳动相结合，强化技能训练，培养职业能力，能够为生产和服务领域培养应用型人才，具有为生产服务的直接性
茹望民(1995)	实践性符合经济发展和职业教育培养目标的要求，能满足我国体制改革和市场发展需要，以实践性为高职院校改革的切入点是加强教学成果的必然选择

表 2-4(续)

作者	研究成果
黄家泉等(1999)	高等职业教育主要为社会主义现代化培养具有创新精神和实践能力的高级专门人才,实践性教学是培养高级专门人才不可或缺的重要手段
毕志辉(2011)	人才培养目标、培养方式、课程体系等方面可以代表高等职业教育的实践性,高等职业教育工作者应明确实践性的基本教育观念
黄学光(2005)	基于实践性的高职教育定位于适应经济和社会发展需要,应以就业为导向,坚持培养面向生产建设、管理服务第一线需要,所培养的人才应是实践能力强、具有良好职业道德的高技能人才,办学特色应鲜明
沈时仁等(2000)	高等职业教育的特色在于其实践性,实训基地是高等职业教育不可或缺的基本办学条件,实现实训基地的社会沟通和资源共享,能够较好地体现实践性的优点
晓坛(2006)	实践性体现为学生在教师的指导下,在实践环境中,通过实验实训、顶岗实践等形式,获得基本的实践操作能力、专业应用能力和综合职业能力

高等职业教育及其实训基地的实践性首先要求培养方案具有实践性,实践性教学课时应占有一定的比例;其次,是教学过程体现实践性,高等职业教育对学生的实践能力具有较高的培养要求,一般通过产学研合作办学的途径得以实现;再次,是教学条件的实践性,培养高级应用型人才的实践能力一般通过仿真性的或真实的职业环境才能达到培养要求;最后,是师资队伍的实践性,要求专业教师不但能讲授理论知识,更能指导实践性教学,具备“双师素质”,通过过硬的人才培养质量和较高的就业率赢得社会的认可和尊重。

2.2.5 实训基地区域性研究

高等职业教育区域性可以将其界定为直接服务于区域经济。经济的发展需要大量人才和智力的支持,高等职业教育的区域性决定了它在区域经济的发展中扮演重要角色。

高等职业院校实训基地一般为地方院校,其投入、生源和就业均表现出明显的区域性,多数高等职业教育以本地区的重点或支柱产业为依托,紧紧围绕为区域经济服务的原则,在培养目标的设立、专业设置、教学组织方面立足于区域经济发展的需要,增强为地方服务的直接性和有效性。国内外学者对高职院校及其实训基地区域性的研究成果见表 2-5。

表 2-5　区域性研究成果

作者	研究成果
David 等(2012)	基于直接服务于区域经济的宗旨，高职教育所具有的地方特色为区域性，通过植根于地方经济发展，高职教育将获得良性发展
徐世国(2019)	对学校而言，应结合区域经济发展形势，充分调研论证专业前景和需求，合理引进先进企业，将原有的校内实训设施设备在与企业灵活合作的基础上，建设成为校企人才共享、设备共享、文化互补、管理互通的“教、学、做”一体的实训基地
贾文胜(2019)	依据资源整合理论，打造一个“功能综合、资源共享、特色鲜明”的区域综合性高水平产教融合实训基地，需要着力做好政府统筹、顶层设计，集聚资源、分工合作，科学管理、资源共享
Parry(2015)	高等职业教育与区域经济社会发展紧密相连，服务于所在区域的生产建设是高职教育的必然要求，教学发展与区域经济相结合促进合作共赢
张亚丽等(2008)	不同地区的资源状况、产业结构、开发方向的差异导致该区域所需人才岗位结构不同，通过研究区域经济发展所需要的人才类型，有利于高职院校制定培养目标时充分考虑所在地的区域经济状况
黄亚妮(2002)	提出我国的高等职业教育的发展方向是发展区域性高职教育，应将区域发展状况纳入教学目标的制定
丁金昌(2015)	区域性体现在办学服务方面，要满足区域经济发展和产业转型升级对高技能人才的需求，同时人才培养的模式应对接产业、依托行业和合作企业，开放办学，走“校企合作、工学结合”的人才培养之路
舒红群(2004)	从促进发展的角度，认为区域性强调在为地方社会经济发展服务的同时开发本区域优势资源、发展本区域优势产业，区域高等职业教育应与区域环境、人口、经济、文化等各个方面形成良性运作与协调发展的新模式
路宝利等(2015)	高职教育的区域性体现在科研定位与地方生产实际相适应方面，通过提供智力与科研成果的支持为区域经济服务，高职院校在进行科研战略定位时需考虑地方经济与社会实际需求
袁月(2014)	职业教育区域性的内涵建立在区域经济基础上，并随着职业教育发展而形成各具特色并密切联系的能够为区域经济发展培养适用人才或劳动者为目标的区域职业教育的综合体
肖明胜(2015)	区域经济决定了职业教育资源的种类、发展的速度和规模，通过培养适应区域经济发展需要，为区域经济发展服务的高素质、高技能型实用人才，以推动地方经济转型升级，服务当地经济建设

高等职业院校实训基地在服务地方经济建设和社会发展方面具有不可替代的平台作用。高等职业教育以就业为导向，紧紧围绕地方经济建设的需要，寻找地方产业经济发展与学校办学目标的契合点。为使培养的人才具备适应生产一线新技术的应用能力，高等职业院校实训基地应深入行业企业，了解其发展困难和需求，因地制宜地培养服务于区域经济发展的高素质技术技能人才，以形成地方经济、科技、教育之间相互促进的良性循环。

2.2.6 实训基地开放性研究

开放性是高等职业教育的重要特征，与其他普通高等教育相比，高职教育更需要开放办学，广纳社会资源，以市场需求为导向，通过产学合作、校企结合，使社会各主体参与到高等职业教育的建设和管理过程中，从而为社会和企业服务，成为社会经济发展的主力军。对国内外学者关于高等职业院校及其实训基地开放性研究成果进行整理汇总，见表 2-6。

表 2-6 开放性研究成果

作者	研究成果
Shegelman 等(2015)	总结出美国社区学院教育的主要办学特色是坚持开放性原则，具体表现为办学职能的开放性、师资队伍的开放性、资金筹措的开放性
吴兆明(2019)	高职院校实训基地内涵建设可采取“五个融合”建设思路，即实训内容与行业发展相融合、教学体系与岗位需求相融合、人才培养与社会服务相融合、功能建设与管理机制相融合、系统架构与资源共享相融合，每个融合点相应采取一系列措施
夏继梅(2012)	通过对澳大利亚开放性职业教育模式进行研究，认为我国高职教育应坚持开放性的办学理念，面向社会开放办学，提供继续教育和学习的机会，建立沟通协调机制，开放教育体系的渠道，满足大众在社会经济发展中更新完善知识结构、增强自身素质和自我实现的需要
王淑云(2015)	校企合作生产性实训基地将学校工作室虚拟实训项目转换为生产性实训项目，有利于建立厂校连通、校企共管的实训基地管理机制，构建现代化、职业化、开放式、生产性的实习实训环境
齐亚丽(2019)	高职院校要进一步加强创新创业实训基地建设，打通资金渠道，积极寻求与企业的合作，建设符合行业发展需求的软硬件设施，加强高素质“双师型”教师团队建设，以校企合作协同育人为目标，理顺实训基地组织结构，为创新创业教育提供坚实的物质保障

表 2-6(续)

作者	研究成果
许建平(2007)	开放性表现为专业设置将根据各专业人才培养规模、就业状况、供求情况调控和优化专业布局,同时课程建设根据技术领域和职业岗位的任职要求,参照相关的职业资格标准,改革课程体系和教学内容。此外,构建开放的实训基地、实习体系,也是实现开放性的重要环节
夏茵(2011)	高等职业教育开放性体现为:一方面,开放的发展理念为积极开展校际合作、教师交流学习、学生交换培养、课程引进等活动提供契机;另一方面,开放的校企合作办学理念为企业和学校开放各自的优势资源以实现优势互补、提高人才培养的质量奠定基础
王立君(2007)	通过研究美国的社区学院教育,认为其开放性主要表现为办学功能的开放,办学职能包括职业技能训练、转学教育、基础性教育和社区教育。此外,师资队伍也具有开放性,以"不求拥有、重在使用"为原则,资金筹措将面向社会各行业企业,并服务企业组织机构
文秋红(2008)	高职教育应适应市场需要,走产学研办学之路,推行开放性的办学理念,要保证理论知识、教学过程、教师队伍、教学设备具有开放性。运用全新理念,立足于开放管理模式,积极采用现代化教学方法,不断提升教育质量,这样才能充分满足社会与经济发展的需要

作为学校教育和社会就业的连接纽带,高等职业院校及其实训基地需要具有开放性的特点,开放性的教育模式具备人才培养、技术创新、服务区域发展以及经济创收的多种并行职能。高等职业院校是通过市场需求来确定人才培养目标和方向的,高等职业教育的开放性,有利于社会各组织积极参与到高等职业教育的规划建设中,从而获得更多的支持。校企间的开放交流有利于协商建立区域教育资源共享平台,实现校企合作形式下的深度融合;师资队伍建设开放,把工学结合作为人才培养模式的切入点,增强学生理论联系实践的能力;外部监督机制开放,能够动态了解高等职业教育的资源使用情况,及时完善教育培训机制,促进高等职业教育良性发展。

高等职业院校实训基地从功能上应体现出学历教育、岗位培训、全日制与非全日制等相互结合的特点。这意味着,高等职业院校实训基地亦应改革招生和学籍管理模式,建立弹性学制,向各年龄段公众提供脱产或在职学习培训,向在职、失业、转岗群体提供教育与培训,促进教育、培训、服务一体化。

2.3 产教融合型实训基地模式研究

2.3.1 产教融合型实训基地的功能研究

研究实训基地的功能对提高学校实践教学质量、完成教学任务、达到教学目标有着重要的作用。产教融合型实训基地是高职教育变革阶段的重要实体依托，对国内产教融合型实训基地功能的相关研究成果进行整理后，见表 2-7。

表 2-7 产教融合型实训基地功能研究

作者	研究成果
李建求(2012)	完善的学校型公共实训基地应具备实践教学功能、产学研相结合的功能、职业技能培训和鉴定功能、对外开放功能和“双师型”师资队伍的培训功能
张丽华等(2019)	校内实训基地建设是培养创新创业型人才的重要基础、师生科研成果推广示范的平台、服务地方经济发展的有效阵地、学科建设的重要组成
朱孝平(2008)	产教融合型实训基地应具有教学功能、职业培训功能、科研和技术研发功能，教学功能是最基本和最主要的功能，其他功能都是对教学功能的延伸和扩展
赵宝芳等(2006)	实训基地应该发挥学生实训功能、技能鉴定功能、应用研发功能、社会培训功能、产品生产功能、基地辐射功能，产教融合型实训基地还应具有开放性
胡重庆(2007)	产教融合型实训基地的基本功能包括创造职业岗位的实践环境，为学生提供知识向能力转化的场所，培养学生的创业精神和创新能力，提高职业素质
刁瑜(2010)	实训基地建设的主要目的是培养高技能应用型人才，可以概括为最终达到形成“工学结合”“产学合作”的人才培养模式，真正实现学生进行顶岗实习以及帮助学生零距离就业的目的
卢兵(2009)	实训的目的是要培养学生综合所学的知识和技能去处理和解决实际工作任务的能力，这种解决实际问题的工作能力被看作是职业人的综合职业能力，此能力由专业能力、社会能力、方法能力组成，并可以通过实践训练获得
程桂花(2009)	生产性实训基地的功能应当涉及产学结合功能，技能培训、鉴定功能，生产与技术服务、“双师型”师资培训的功能以及资源共享和技术交流的功能
何燕等(2011)	实训基地的基本功能包括完成教学实践任务，承担高职教育学历、非学历职业技能培训，负责专业技术、技能鉴定考核工作，进行专业研究、技术开发、生产及高新技术的应用与推广，进行“双师型”教师培训等功能
黄敏等(2018)	高职院校实训基地功能包括实训功能、科研功能、职业技能培训与鉴定功能以及生产与服务社会功能，产教融合型实训基地是对以上功能的维持和扩展

实训基地是集对理论与实践的专业能力进行培训和职业素质训导为一体的职业教育场所，通过提供仿真化的工作情境，培养学生职业技能及独立解决实际问题的能力，促进学生获得创造能力，逐渐形成良好的职业道德和团结协作精神，从而提高综合素质，获得全面发展。产教融合型实训基地则具有区域示范和引领作用，通过植根于区域经济发展，将区域企业、行业机构纳入基地的建设与管理，促进资源的交流共享和新技术的溢出扩散。研究产教融合型实训基地的功能，对于维持基地的良性发展，获得更多的支持具有重要作用。

2.3.2　产教融合型实训基地的建设模式研究

研究实训基地的建设模式，对于了解实训基地的生存现状，吸收先进的建设管理经验，改善现有的发展机制，为实训基地逐步向共享型开放式模式转变提供了机会。基于国内已有的研究成果，结合高等职业院校的办学模式，现将产教融合型实训基地相关建设模式进行汇总，见表2-8。

表2-8　产教融合型实训基地建设模式研究

作者	研究成果
宣玲玲(2013)	将区域产教融合型实训基地的模式分为校际联合建设模式、政府投资建设模式、政校共同建设模式、校企合作建设模式和政校企共建模式五种。通过比较认为，政府主导或参与建设的基地公益性和开放性较强，政校企共建的基地通用性最强，有企业参与的校企合作共建和政校企共建的基地实训设备比较好
顾湘萍等(2008)	区域产教融合型实训基地建设模式包括“政府扶持、行业主导、学院共建”三方互动的基地共建模式和“校企合作”共建共享开放型实训基地两种模式
熊建武等(2008)	建设实训基地的学校和企业可以发展为商业投资类型、优势互补型、链型、筑巢引凤型、孵化器型、校园紧凑型和企业赞助型七类模式，有助于全方位、多层次引入投资，参与产教融合型实训基地的建设和管理，完善服务区域经济的功能
林海霞等(2013)	基于校企合作的实训基地建设的运行模式有两种：一是企业主导型，包括订单培养型、企业赞助型、校方品牌型；二是校方主导型，包括承接加工型、技术推广型、筑巢引凤型、创业孵化型，产教融合型实训基地是多种模式的综合
李黎明(2007)	实训基地尤其是产教融合型实训基地的建设应考虑投资主体的多元化、市场的可持续性、产学研相结合的效益，同时应坚持规范性、先进性、适应性的原则
白福民(2015)	提出共建共享的实训基地模式，是构成要素自由组合的新形式，实训基地可以根据校企双方的需求，开展多种形式的教学培养工作，实现双方合作互利目标
金欢阳(2010)	以国际商务专业为例，指出实训仍然以模拟为主、缺乏系统的管理运行体系和差异化策略、实训指导师资力量不足等问题，对实训基地运行管理进行了创新

以上是对国内关于实训基地建设模式的研究汇总，我国产教融合型实训基地的建设起步较晚，国外实训基地的建设已较为成熟，虽然叫法不一，但研究的内容相似。

国外在实训基地的建设过程中，逐步形成了独具特色的建设模式，其中具有代表性的包括德国的“双元制”校企共建实训基地、澳大利亚的“技术与继续教育”实训基地、英国的学徒制模式等。许多发达国家重视职业教育发展，强调对学生实践能力的培养，且实训基地的建设管理得到了政府、行业、企业在法规、资金上的大力支持。具体将在下一章内容详细叙述。

据统计，德国的铁路、邮政、西门子、大众汽车等国际性企业均参与校企合作，企业接纳学生实习，学校为企业培养急需人才。Wenzelmann 等(2013)在 *Enterprise Vocational Education*:*A Valuable Investment* 中通过比对研究企业参与双元制学徒培训所付出的成本与获取的收益后发现，企业虽然付出了高额成本，但是还是获得了丰厚的收益，这成为多数企业参与校企合作的动机。Callan 等(2004)详细介绍了澳大利亚职业教育研究中心(National Centre for Vocational Education Research，NCVER)校企合作项目的具体情况，为今后校企合作共建实训基地的相关研究指明了方向。此外，国外在实训基地管理中也注重对实训指导教师的培养，如 Misko(2001)在 *Developing Industry Linkage*:*Learning from Practice* 一书中提出，要改进指导教师的行业发展意识，应该到行业企业中去参与实践，以提高自身技能水平。

综上所述，国内外对产教融合型实训基地建设模式的研究已经取得了丰硕成果，其中国外以校企合作为主，国内则植根于所在区域发展，偏向于建设共享型多主体参与的实训基地，这些研究成果对建设管理实训基地具有一定的指导意义和参考价值。

2.3.3 产教融合型实训基地的效益研究

高效益是指用小成本获取大收益，以价值最大化的方式利用经济资源，包括经济效益和社会效益两方面。从经济学的角度来说，实训基地效益是实训基地的建设管理投入同其产生的收入与促进社会经济增长之和进行比较的结果。重点强调投入、产出、实效，即实训基地效益。研究产教融合型实训基地的效益有利于对实训基地的发展状况进行判断，为改进管理指明方向。不少学者对实训基地效益做了相关研究，整理汇总见表 2-9。

表 2-9　产教融合型实训基地效益研究

作者	研究成果
杨晓新等(2005)	实训基地效益分为两方面：首先是经济效益，随着高校实训基地的逐步完善和企业对职工上岗培训需求而增长；其次是社会效益，操作技能熟练、实践创新能力强、心理素质稳定的毕业生将受到各行业的欢迎，提高职业院校的就业率
王晶(2013)	对实训基地效益进行评价应从教学效益、科研效益、培训效益和社会服务效益方面展开，针对不同类型的产教融合型实训基地适时更改评价标准
姜自莲等(2011)	实训基地的社会效益包括直接的教学效益，能够提高教学质量，提升学生的综合素质和职业能力；还包括间接效益，为社会培养大批合格的专业技术应用型人才。经济效益体现为市场经济条件下获得较好的经济收益
莫持标(2017)	创新实训基地运行机制，加强队伍建设，建立健全规范化的管理制度和绩效评价机制，形成封闭约束机制，能够有效提高实训基地的使用效益，促进实训基地良性发展，培养高素质的技能型人才，发挥服务社会的作用
唐存莲等(2013)	对实训基地的效益进行评价，应包括对技能型学生培养的数量、实训课的数量和质量、学生的操作速度和熟练程度、成本的节约等方面的考量
李力厚(2011)	实训基地不仅要产生教育效益，而且要产生经济效益，尤其要有明显的社会效益，应该明确称职负责人的关键作用，重点建立稳定的校企实训基地，及时开拓市场，同时强化成本控制等，从而获得综合效益
李小娟(2015)	评价实训基地的效益应从学校效益、企业效益、社会效益三个方面展开。学校效益体现为就业能力、产业服务能力和技术贡献能力的提升；企业效益要求企业能够通过实训基地完成生产任务，生产质量合格的产品，实现目标利润。企业和学校优势互补，共同提高对社会的服务能力，实现社会效益

高等职业教育以培养技术技能人才实现社会效益为最高目标，在办学过程中依托实训基地锻炼培养学生的职业技能，提高其综合素质，从而满足用人单位的需求，实现教学效益。植根于区域发展的实训基地，以服务地方经济为培养前提，与企业加强合作，培养适销对路的技术技能人才，实现企业效益。多方位与社会组织加强合作，实现合作双方的优势互补，强化产教融合型实训基地的开放性，有利于实现社会效益。实训基地面向市场，提高了对企业经济增长的贡献率，对区域经济的发展起到促进作用。

2.3.4 产教融合型实训基地评价方法研究

目前实训基地的发展状况并未达到预期，通过对实训基地进行管理评价，找出在建设和管理方面需要改进的地方，有利于实训基地健康发展。通过研究已有的实训基地评价方法，能够提高评价效率。

实训基地相关的评价应用方法已有较多的研究成果，评价选取的角度不一，评价过程定性与定量相结合，评价效果各异，经整理见表 2-10。

表 2-10 实训基地评价方法综述

作者	研究成果
王晶(2013)	运用专家评价法构建了高职院校实训基地建设综合效益评价指标体系，由教学效益、科研效益、培训效益、社会服务效益四个方面构成评价体系框架
潘庆阳(2013)	运用层次分析法确定高职院校绩效评价指标体系权重，通过设计调查问卷，邀请专家进行指标的两两比较并进行判断，得出综合判断结果
荣新艳(2012)	综合运用层析分析法与熵技术结合量化评价方法对指标进行评价，并构建出高职院校校内生产性实训基地管理评价模型
陈平等(2012)	基于理论研究构建校企共建实训基地绩效评价指标模型，通过调查问卷收集数据，借助层次分析法得出结论，为实训基地的薄弱环节指明了改进方向
吴海东等(2016)	采用层次分析中的 1-9 标度法，确定农机专业校外实训基地各项建设质量指标的权重系数，运用模糊综合评价法对各项质量指标进行评价研究，形成定量评价校外实训基地建设质量的框架，评价结果更趋合理
符锡成(2011)	应用模糊德尔菲法对高职电子信息技术专业实训基地的绩效进行评估，基于模糊综合评价法建立评价指标体系，通过德尔菲法建立评价指标权重系数，然后以此为基础评价专业实训基地的管理绩效
王少娥等(2012)	利用互补两两比较赋权法对高职院校实训基地的各指标权重赋值，进而运用模糊综合评价理论得出该实训基地的评价结果，为进一步改善管理提供参考
汤静等(2014)	通过建立数据包络分析模型，对决策单元的校内实训基地建设绩效进行评价，结果表明，决策单元的实训基地运行状况较为理想，技术效率 DEA 有效的结果优于规模效率

总体而言，文献以定量研究为主，同时结合定性研究的方法，定量分析评价中的指标体系对此次研究有重要的借鉴意义。

2.3.5 产教融合型实训基地的典型模式研究

“产教融合、校企合作、协同育人”已经成为我国职业教育发展的共识。全国各地高等职业院校在积极探索产教融合型实训基地的实践中，有不少模式值得研究和借鉴。通过整理和剖析，发现主要有以下三种典型模式：

(1) 学校主导型

学校主导型指学校作为实训基地建设的主体，通过理论先导，根据经济转型发展和区域产业的需求，前期整体布局、自行规划建设相关的实训基地，有了一定的基础和规模后，通过顶岗实习、承接加工、技术推广、筑巢引凤、创业孵化等方式促进校企双方的深度合作。例如，很多高职院校通过成立大学科技园区，为相关的企业提供场地、优惠政策等便利条件，吸引相关企业入驻。

(2) 企业主导型

企业主导型是以企业需求为导向，切实解决行业、企业在发展过程中凸显的人才和技术问题。常见的形式有订单班、企业挂牌联合办学、常平模式等。

订单班：是指由大型企业提前预订（签约）学生组成的班级。学生在校期间，企业根据自身的岗位需求，在相近或社会通用专业中选拔在校生组成“订单班”，然后学校按照企业提出的人才培养目标和知识能力结构，修订教学计划，组织教学。“入学即就业”的订单班能够有效地促进毕业生就业率和就业质量的提高。订单班模式自2012年以来如雨后春笋般涌现，“物流订单班”“地铁订单班”“机械制造订单班”等层出不穷。

企业挂牌联合办学：是指企业根据自身的发展战略规划，针对相关学校的主体专业，依托学校的优质资源，出资挂牌成立学院主体，最终实现与学校联合办学，培养企业急需人才。如湖南工业大学与中车株洲所联合办学成立了交通工程学院，山东商业职业技术学院与企业联合办学成立的福瑞达生物工程学院、银座商务学院等。

常平模式：是山西工程职业技术学院以解决常平钢铁集团公司的技术难题为契机，签订了《校企长期紧密战略合作伙伴关系实施意见书》，在厂区建立了1 000个实训工位的实训基地，形成的以企业校区为主的实训基地建设模式。

(3) “政行企校”四方共建型

四方共建是“政行企校”四方主体合作共赢的新模式，通过构建“目标共同定、资源共同建、人才共同育、成果共同享、责任共同担”的体制机制，加强校际、校企合作,学校与行业协会、科研机构合作,推动实训育人,实现职业教育和其他主体优势互补、资源共享、拓展空间、增强总体实力,为满足社会经济建设和社会发展对高素质技术技能人才的需要服务。

“政行企校”四方共建型的表现形式多种多样,主要有“政府牵头、行业指导、企业参与、学院实施”“校企共建、股份合作、政府主导、区域共享”“政府扶持、行业主导、学院共建”“政府主导、行业引领、学院推进”等具体形式。这些表现形式虽表达方式有所差别,但本质相同,都涉及四方主体,每个主体发挥的作用也都大同小异。这种类型的基本流程是:建立理事会—制定章程—合作体制机制建设—共同培养人才。

除此之外,四方共建型还有一种重要的表现形式即职教集团。职教集团是由职业院校、行业企业等组织为实现资源共享、优势互补、合作发展而组成的教育团体,是近年来我国加快职业教育办学机制改革、促进优质资源开放共享的重要模式。目前,有工业机器人与智能装备职业教育集团、全国高分子材料(橡胶)职业教育集团、江苏建筑职业教育集团等一批骨干职业教育集团已初步发挥示范引领作用。

2.3.6 产教融合型实训基地的特征指标初筛

产教融合型实训基地的特征指标体系主要包括五个方面:高等性、职业性、实践性、区域性、共享性,详见表 2-11。

表 2-11 产教融合型实训基地特征指标初筛

目标	一级指标	二级指标	符号	指标说明
实训基地管理能力评价	高等性(A)	人才定位	A1	定位于培养高端技术型人才
		素质培养	A2	注重对人才素质的培养,促进素质的提高
		基地文化建设	A3	建设内涵丰富凸显特色的基地文化
		科研实力	A4	与高等教育相匹配的科研能力
	职业性(B)	培养方案	B1	以职业目标为导向制订培养方案
		课程设置	B2	课程设置关注职业技能的培养
		实训情境	B3	仿真现实的工作场景和生产流程
		职业迁移空间	B4	注重对人才适应能力和发展潜力的培养
		就业情况	B5	以就业情况反映部分教育成果

表 2-11(续)

目标	一级指标	二级指标	符号	指标说明
实训基地管理能力评价	实践性(C)	教学目标	C1	以培养学生的实际操作能力为目标
		教学条件	C2	教学设施、机器设备等软硬件更新快且充足
		“双师”结构	C3	授课教师来源于学校和企业,工作经验丰富
		技术能力	C4	通过实训基地掌握并提高技术能力
		企业认可度	C5	通过企业对培养学生操作实践能力的认可
	区域性(D)	定位区域发展	D1	培养的人才能够适应区域经济和产业调整
		调整专业设置	D2	专业设置根据区域经济发展做出调整
		职业素养需求	D3	培养的人才具有企业所需要的职业素养
		职业能力需求	D4	培养的人才具备企业需要的职业能力
		学校与学校间	G1	校际间经常进行学术、科研交流
	共享性(G)	学校与企业间	G2	校企间经常进行信息、资源的沟通交流
		学校与政府间	G3	学校与政府之间信息交流
		实训基地开放	G4	允许参观和学习,促进知识的传播
		资金筹措	G5	资金来源渠道多样

根据以上分析研究,产教融合型实训基地的特征指标大概包括以下几项:

A1:定位于培养高端技术技能型人才。

A2:注重创新创业意识的培养,促进人才素质的提高。

A3:突出产教融合文化,彰显文化育人。

A4:技术研发和创新能力。

B5:就业质量和学生满意度。

C1:实践操作能力。

C2:设施设备与行业企业设备更新同步。

C4:通过基地获得职业资格证书并掌握相应技术能力。

D2:形成专业动态调整机制。

G4:形成开放共享机制。

G5:资金来源渠道多样,并形成持续投入机制。

2.4　本章小结

本章对产教融合型实训基地的概念进行了界定。所谓产教融合型实训基地模式，就是高等职业院校实训基地的建设要以高素质技术技能人才的培养为目标，由政府发挥统筹协调作用，结合产业结构调整的需求，整合高等职业院校、行业企业的资源，集中资金投入建设的实训基地。对产教融合型实训基地的特征研究进行归纳整理，总结出多元共享性、高等性、职业性、实践性、区域性、开放性六大基本特性。同时，还对产教融合型实训基地的模式研究进行归纳整理，初步得出特征指标。

第3章
典型国家高等职业教育模式及其实训基地发展概况

第二次世界大战之后，发达国家高等职业教育得到了较快发展，有力地促进了各国社会经济的发展和产业结构的调整，各国政府纷纷制定政策和法规以及增资拨款来保证高等职业教育的实施和发展。各国在培养高等技术人才过程中特别强调学生实践能力的培养，实训基地的建设得到了政府、行业和企业的大力支持。随着职业教育的不断发展，各国对职业教育都采取了一系列的管理措施，进一步完善了职业教育的管理制度，形成了一些职业教育管理的特点。国际高等职业教育的成功模式几乎都离不开产学合作教育，如澳大利亚的TAFE、德国的"双元制"、英国的学徒制等。

3.1　澳大利亚TAFE

3.1.1　TAFE模式的主体及职能

澳大利亚的职业教育体系是市场调节占主导的国家干预模式，培训机构是国家为企业提供职业教育和培训的官方公共服务机构。

澳大利亚TAFE模式的主体主要有三方：政府、行业企业与培训机构。其中政府提供关键性指导，不断推动学校与企业、行业之间的良性合作，与此同时提供足够的经费支持保障教育活动的进行；培训机构负责招募教师、建立起高投入的师资队伍，对学生进行全方位的教育、培训；至于行业企业则是为培训机构的人才培养提供方向指导和成果验收，全过程参与到培养教育中，起到主导性作用。

3.1.2 TAFE模式的主体合作关系

(1) 行业企业与培训机构的关系

澳大利亚的行业企业积极参与职业教育和培训并在其中发挥主导作用，不断地为职业教育注入活力。澳大利亚职业教育在与行业企业的紧密合作下，不断提高办学质量，为行业提供高素质劳动者，为经济可持续发展、增强国家竞争力和社会的不断进步做出了巨大贡献。同时，行业自身也从与职业教育的紧密联系中获得了长足的发展，从而促进整个国家经济的繁荣与劳动者素质的提高。当然，在行业对职业教育介入的过程中，政府自始至终都起了关键的指导性作用，在为职业教育发展提供充足经费的同时，不断推动着学校与行业、企业之间合作的良性循环。

第一，行业企业决定职业教育决策方向。

在澳大利亚，代表联邦政府管理职业教育与培训的机构是国家培训署(Australian National Traning Authority，ANTA)，于1992年建立，是澳大利亚负责职业教育管理的最高机构。现全部职能已移交给教育科学培训部，即Department of Education Science and Training，简称DEST。DEST接管职业教育后，其行业主导职业教育管理的机制并没有得到削弱。国家培训署由来自政府、行业、职业教育界的代表组成，其中来自行业的人员占多数，其职责是负责制定发展职业教育与培训的国家战略规划，管理联邦政府向各州、领地的职业教育与培训的拨款，管理全国培训框架。

根据澳大利亚近年对职业教育管理体系的调整，国家培训署中止运行后，国家行业技能小组将取代国家培训署董事会(其成员中，行业代表占了2/3)，其成员是联邦政府及州和领地一级的行业和行业组织的代表，更加突出了行业具有职业教育最高发言权的特点。

行业技能委员会是澳大利亚行业参与职业教育与培训的主要机构，其成员由来自联邦以及州和领地政府负责职业教育与培训事务的官员和行业、工会代表，他们从不同的行业背景出发，研究企事业单位对职业岗位技能的客观需要，为职业教育与培训的改革发展提供咨询意见。行业技能委员会在联系大小企业、协调政府与企业及企业与学院之间的关系、为政府和学院提供企业的需求信息、向企业宣传政府的政策、把学院的教育培训推荐给企业等方面发挥了行业领导职业教育的积极作用，对职业教育与培训适应就业形势、满足行业需求、真正为企业发展服务等重大问题的宏观决策上产生了重要的影响。

第二，行业企业参与职业教育产品开发。

职业教育产品的框架体系和标准制定、市场开发和销售，不仅仅是学校单方面的职责，它是一个需要社会各方面参与的复杂的系统工程。澳大利亚成功地实现了教学研究设计功能与教学提供执行功能相分离。自澳大利亚国家培训署成立，澳大利亚各级政府、各大企业集团对职业教育的关注和认识达到了空前的一致。澳大利亚的企业界将职业教育看作是一种投资，意识到人才资源的开发、发展职业教育对其经济发展、增强市场竞争力至关重要。他们积极主动地通过各种手段加强对职业教育产品开发的投入，包括职业教育框架体系和标准制定、市场开发和销售。

澳大利亚的相关行业组织有一项重要的使命，就是协助政府提供最新的相关岗位能力要求及近期就业信息。在对职业教育产品研发的具体过程中，联邦政府和各州（领地）政府投入巨额资金，聚集了众多资深的政府官员、企业家、行业协会专家、培训机构的知名学者，确立了澳大利亚国家职教框架体系，并在此基础上，推出了资格框架体系和培训包。澳大利亚职业教育的培训包即一套国家认可的用以认定和评价受训者技能的职业标准、课程依据、评价原则以及职业资格认证的体系，是由行业培训咨询委员会根据产业对其工作者所提出的知识和技术要求具体开发并指导实施的。行业培训咨询委员会的成员以行业人士为主，都是相关行业实践经验丰富、专业技能和理论功底较深的知名专家。他们协助政府提供最新的相关岗位能力要求及近期就业信息，以指导培训机构的课程设置与教学计划，并帮助学生选择要学习的专业领域。行业直接从事培训包的开发实现了培训包成为"反映产业所要求的知识和技术的能力，以及这些能力在应用到产业中时所遵循的实施标准的详细说明书"，也使澳大利亚的职业教育与培训能够很好地满足产业发展的需求。

澳大利亚职业教育界与企业界的合作形成了良性循环，行业直接参与课程设置与教学内容的确定，保证了课程内容与产业界职业需求、岗位标准挂钩，使求职者经过培训，能主动适应劳动力市场的需求，避免了"闭门造车""学无致用"的弊端。

第三，行业企业主导职业教育办学过程。

在澳大利亚，行业对职业教育与培训的主导作用也体现在培训机构办学的整个过程中。具体表现在制定办学操作规范、直接参与学校管理、充实学院教师队伍、支持实训基地建设等四个方面。

一是，制定办学操作规范。在办学操作规范中，培训机构能否开设某一专业，需根据全国行业培训咨询委员会对人才数量及能力要求的预测，由地方教育部门和行业组织负责审核把关。职业教育的课程以行业组织制定的职业能力标准和国家统一的证书制度为依据，并将行业标准转换成课程。各专业课程的具体内容和学时分配由企业、行业咨询组织、培训机构和教育管理部门联合制定以满足行业需求、就业市场和相关岗位的技能要求，课程一经制定，需报州一级教育培训部门审核批准。随着时间的推移，课程还需要根据社会发展和劳动力市场需求变化情况不断进行修订。为使开设的专业与所学内容能够适应社会的需求，培训机构都要定期召集各行业的企业代表参加座谈会，随时听取企业对职业教育培训的意见和建议。

二是，直接参与培训机构的管理。所有职业院校均有院一级的董事会，主席和绝大部分成员是来自企业第一线的资深行业专家。董事会通常每季度开一次会，对学院的办学规模、基建计划、教育产品开发、人事安排、经费筹措等进行研究和做出决策。各个学校还设有校企协调员，主要职责是收集产业信息，促进校企合作，联络企业参与培训项目。

三是，充实学院教师队伍。在教师队伍建设上，培训机构负责招聘教职员工的评估小组一般由行业专家、行政管理人员、专业教师三类人员组成。引进的教职工，是那些既懂教育又具有行业背景的“双师型”教师，即不仅要求具有教育学文凭，而且必须具有 3～5 年的企业工作经历。各行业充分意识到职业教育对其经济效益的作用，因此除定期接受教师每学年两周或更长时间回到企业工作，以了解行业最新发展动态、更新技术与知识，并提高自身实践能力和指导实践性教学环节的能力外，还鼓励行业技术人员作为兼职教师到培训机构讲课、举办专题学术讲座，以最新职业技术来影响学校的教学工作，并吸收教师成为行业咨询委员会的成员，行业企业与学校教师一起共同探讨职业教育。一方面，各培训机构均有一支理论基础扎实、实践技能强的教师队伍，打破了培训机构与行业以及培训机构间的界限和壁垒；另一方面，行业也有了一支相对稳定的教学专家，随时为其职工培训计划的制订和培训的实施提供专业化的帮助。

四是，支持实训基地建设。在实训基地的建设和实践教学方面，培训机构也得到了行业的鼎力相助。行业通常投资帮助学校建设实训基地，或以接待学生实习等方式参与学校的实践教学。企业为培养出掌握先进技术的新员工，不断将该行业的最新设备投入到培训机构的实训基地中，以支持其硬件建设。企业将最先进的生产设备提供给学院使用，并负责随时更新，有效地解决了培训机构实习设备老化、实训困难等问题。此外，培训机构很多技能培训课程是在工作现场完成的，企业根据课程需要接纳学生到生产现场完成学习任务，有时学生还必须到企业的具体岗位进行考核才算通过。有的企业还帮助培训机构建立起全国范围的模拟实训公司网络，供所有培训机构教学实习使用，实现了资源共享。

正是由于在职业教育与培训办学的具体过程中，是行业与企业发挥主导作用，对职业教育的第一要求便是学以致用，因此学生毕业后，都能够具备职业岗位所要求的能力与素质，不需要再进行岗前培训便可直接上岗。

第四，行业企业控制职业教育办学质量。

澳大利亚国家培训署的职责是健全全国质量体系及监督其具体的落实情况。受国家培训署董事会的委托，国家培训质量委员会（即由企业老板、员工和政府机构代表组成的职业教育质量管理具体实施机构）具体负责监督澳大利亚质量培训框架和培训包的实施情况，并负责落实各州所有职业教育与培训机构的审计和办学质量评估。

在质量培训框架下，澳大利亚具有一套科学化、规范化的职业教育培训机构注册、办学质量管理和评估体系，并得到行业的全程参与。澳大利亚政府规定，所有的公立或私立的培训机构都必须获得注册与认证以达到国家规定的统一标准。标准涉及学校管理、教学方式、教学资源、设备、学生服务与财政运转等几个方面。对培训机构举办的培训课程及其认证也有详尽的要求。国家培训署严格按标准审批全国职业教育与培训机构，每年定期检查已注册的培训单位及其培训和课程认证情况。

澳大利亚职业教育质量受到政府、行业的双重监督。各州和领地均设有教学评估机构，根据培训规范监督和检查教育培训质量。教学评估机构更注重对毕业生的追踪调查，一方面请学生本人反馈培训情况；另一方面要求已接收上岗毕业生的用人单位提供全面的考核情况，他们把这种方法作为关键性评估措施，严格进行教育培训质量评估，对促进培训院校教学、确保职业教育培训的质量起到十分重要的作用。同时，国家和州的行业培训咨询委员每年也要对学校的教学质量进行定期评估，还经常进行行业用人单位对职业教育和培训满意程度的调查。企业积极响应这种调查，积极提供对职业教育和培训的看法和建议。合并后的行业技能委员会对职业教育与培训质量的控制更加细化，加大了行业组织对职业教育与培训质量的控制。

(2) 政府提供足够经费支持

澳大利亚联邦政府在教育方面的投入是很大的，且总体上呈逐年递增的趋势。澳大利亚政府对于职业教育的经费投入在所有教育投入中所占的比例是最大的，投入的金额也是逐年递增。

据统计，澳大利亚 15～64 岁的公民中，高达 11%以上的公民享受了公费的职业教育与培训。而职业教育也成为 15～19 岁之间青年人的主要选择，澳大利亚 30%以上的青年人参与过各种形式的职业教育。

私立的职业教育与培训机构经国家质量培训框架认证而成为注册培训机构的私人培训机构，国家给予其启动经费，或者采取提供建筑物或设备的形式予以支持。不过，这些机构的运行经费仍主要通过其自身创收，如收取学费和其他途径自行解决。由于具有全国统一的保障措施，私立培训机构的办学质量也得到社会广泛认可。

① 竞争性的经费投入机制

澳大利亚政府的经费资助不是采取直接划拨的方式，而是以“政府购买培训”的方式激励公立和私立机构参加职业教育与培训。政府根据授课需要的资源预算经费划拨给学院，如学院未能保证质量完成任务，则要将相应的资金退还给政府。在确定购买哪所学院的教育培训时，政府采取的是公开投标的市场运作方式。首先由政府教育部门制定教育培训要求，再由职业院校按国家技能标准和政府要求制订教学计划，最后由政府组织进行评估来确定购买哪一所学院的教育培训。从这种经费投入的方式看，政府与职业院校之间的关系就是政府与企业的关系。政府按照企业管理的模式来管理职业院校，使职业教育在激烈的竞争中得到发展。同时，如果企业需要培训，则由企业提出培训的需求和目标，职业院校派人与企业内专职培训教师共同研讨、编写培训项目书，包括课程设置、课时安排、教材选取、考核与评估、时间分配、场地安排、费用开支等，经企业认可后，由职业院校照此实施。有时，这一过程不是通过协商而是由企业采取招标的方式进行的。这就需要职业院校凭着商业的眼光和自身的实力去投标，在职业教育市场上参与竞争，争取培训项目，以筹集更多的资金。

对于一些特殊项目，购买的方式更为明显。如维多利亚州政府就根据需要，从 19 所技术与继续教育机构和 300 家私人注册培训机构购买一些急需紧缺人才的培训。

② 多元化的经费投入政策。

首先，实施学徒培训计划。

学徒培训是澳大利亚卓有成效的职业教育方式，也是澳大利亚实施多元化经费投入的一个重要方面。在国家公办的职业院校，主要由国家支付，企业支付的学费不超过 1 000 澳元/年。学徒只支付其中很少一部分杂费。如果学徒对缴纳这笔费用仍有困难，还可申请国家补贴。假如接受学徒前培训的人为失业者，这些人还可申请减免学费。

其次，建立职业教育券制度。

公共教育经费的划拨这个问题上，以往更多地体现出了“政府决策力”，而缺少由家长和学生能够参与的“公共决策力”。从2007年1月开始，澳大利亚国家教育科学培训部对25岁以上普通教育未获得高中以上文凭、职业教育未获得二级以上证书的劳动力实施了职业教育券政策，目的在于加强这个群体的职业基本技能训练，以提高劳动者的基本素质和生活质量，提高其就业能力和创业能力。其培训内容类似于我国对高中阶段和高中后的职业培训计划。持有职业教育券的学生可以选择自己满意的学校就学，这无疑也促进了办学机构间的良性竞争。职业教育券政策改变了职业教育的投入方式，顺应了职业教育投资从投向机构向投向个人转变的历史趋势。

再次，鼓励职业院校多方位筹措资金。

澳大利亚职业教育经费最主要的来源是各州、领地政府的投入，其次是联邦政府的投入，另外，职业教育机构各种方式的收费服务、收取学生学费以及进行贸易和其他途径收入是职业教育经费的主要来源。各职业院校筹集的资金，主要来自学费和为企业开展各类服务的收入等。知识经济对社会各领域的冲击也使企业管理者越来越意识到劳动者的技能和知识是决定企业经济效益乃至企业国际竞争能力的关键。他们清楚地认识到，对员工的培训投资投入高，但产出也很高，因而企业投资职教的总经费不断增加。政府还鼓励职业院校通过招收海外学生而获利的行为，并且盈利部分不需要纳税。

澳大利亚政府也采取逐年减少职教经费总拨款的方式来刺激职业院校自筹办学。

(3) 师资队伍专业化建设

首先，规范化的教师从业标准。

一般担任澳大利亚职业院校的教师由各学院自己聘任，具体负责招聘教职员工的评估小组一般由行业专家、行政管理人员、专业教师三类人员组成，但要接受教育主管部门严格的资格审查。澳大利亚职教师资队伍由专职和兼职两部分组成，而且兼职人员比例比较大。通常，教师都跨学校工作，尤其是一些通识课程教师。特殊专业还要从行业企业聘用特别的专业人员担任教学工作，此外，教师也能够担任培训师承担行业举办的培训。

澳大利亚建立了严格的职业院校教师准入制度，职教教师必须具备以下三个条件：

第一具有是专业资格证书，职教教师至少达到与所教授课程同样水平的资格等级，但一般情况下职业院校的教师至少具备相当于我国专科以上层次的学历。澳大利亚职业教育部门高标准聘用和培养教师。“高”并不是体现在学历、文凭上一味爬高，而是根据职业教育实用为主的特点，立足于教师理论与实践相结合的经验和经历。在这方面，传统高校毕业的专业教师往往难以达到要求。所以，职业院校并不是将教师学历摆在第一位，不是越高越好，只是要求职业教师首先应当具备所从事专业的本科或专科文凭即可。另外，澳大利亚职业院校的教师主要从有实践经验的专业技术人员中招聘，例如，会计专业课程的教师是从注册会计师中招聘的，很少有直接从大学毕业生中招聘职业教育教师的现象。

第二是具有职教教师资格证书，即澳大利亚资格框架体系中的“培训与鉴定”四级资格证书。职业院校的教师上岗前都要首先参加各州或领地指定大学举办的教育学院进行师范技能培训，行业来的兼职教师上岗前不一定参加师范技能的系统培训，但必须参加课程设计和教学法的短期培训。

第三是要求经验要丰富，职业院校主要从有实践经验的专业技术人员中招聘，教师一般采用合同制的形式而非终身制，定期进行考核。学院会到各行业的岗位上聘请一些兼职教师，使他们到学校来教授一些专业性和技能性较强的学科，以确保学校所授课程能与技术的发展相吻合，全职教师和兼职教师的比率一般为 1∶1。

其次，高投入的师资队伍建设。

澳大利亚职业教育非常重视教师专业发展，从联邦政府到职业学院都有一套完善的师资培养计划、管理制度和激励机制。澳大利亚不过分突出职教教师的学历和职称，而是结合四级证书要求，不断鼓励教师紧跟行业技术发展的步伐，并成为终身学习者。同时，一般教师每年都能享有两周以上带薪到企业业务进修的时间。当行业资深人士想来学校任教，而学历不够时，则通过评估其行业工作经验，与学历一起合并确定他处于哪个学历层次水平。

职业院校的教师也非常重视自身专业素质的持续提高，以适应职业教育的不断改革与发展。他们除了争取机会获得政府和职业院校资助的培训机会外，还自己主动利用业余时间参加大学的正式课程学习或短期培训，不断提高专业知识水平、教学技能和教材开发能力。对加强自身提高且成绩突出的教师，政府和职业院校都有相关的激励政策，如派送参加国内外学术会议、安排专门时间参加职业教育研究和教材开发、提供更多的培训机会等等，促进了师资队伍建设的良性循环。

在澳大利亚职教教师的管理上，终身雇佣制教师越来越少，合同制（1～5年）和临时性教师越来越多，这样的机制也使教师增加了危机感和紧迫感，迫使他们高度重视自己的专业发展和提高，甚至积极参与自费培训活动。澳大利亚职业教育在师资队伍建设的投入上虽然很高，但师资潜力得到充分的开发和利用，有利于优化人力资源配置，保证了职业教育的可持续性发展，为职业教育质量的提升做出了有力的保证。

3.1.3　TAFE模式的评价方法

TAFE在宏观和微观方面都有一套科学化、规范化的人才培养质量评估体系。

(1) 宏观评估

宏观评估是指澳大利亚政府对TAFE学院人才培养水平的评估。澳大利亚政府对TAFE人才培养质量十分重视，视人才培养质量为TAFE的生命。

第一，严格审查TAFE学院的准入。

国家培训局严格按标准审批各个TAFE学院的设立，而且每年定期检查已注册的TAFE学院。

第二，制定评估指南。

评估指南是培训包的重要组成部分，它是对人才培养能力标准的评估考核方法及其环境的指导性要求；是对受培训者和评估考核人的资格要求。评估指南对评估制度、评估者要求、评估资源、评估程序等做了详细规定。

第三，建立能力认可制度。

澳大利亚政府在能力标准的基础上建立能力认可制度，能力认可制度不仅包括课程的认可、一般培训课程与已认可课程之间的学分转移的认可、原有学习成果的认可，更主要还包括对学生能力的认可。严格的能力认可制度确保了TAFE人才培养目标的有效实施。

第四，设立评估机构。

各州均设有TAFE人才培养的评估机构，根据TAFE人才培养的规范要求，监督和检查人才培养质量。评估机构除了经常性地深入TAFE实地考察外，还要求TAFE向评估委员会写出人才培养工作年报。

第五，注重跟踪评估。

各州设立的TAFE人才培养的评估机构非常注重对毕业生的追踪调查，

一方面请学生本人反馈培训情况;另一方面要求已上岗毕业生的用人单位提供全面的评估考核情况,他们把这种方法作为关键性评估措施,严格进行TAFE人才培养质量评估,对促进TAFE学院的教学、提高TAFE人才培养的质量起到了十分重要的作用。

(2) 微观评估

微观评估是指TAFE学院对学生的评估。

第一,明确课程考核要求。

TAFE学院对学生课程考核成绩的结构为:课堂考核占40%(过程考核至少两次,课程结束考核一次);实验考核占30%(至少分两次考核);项目考核(指大作业或综合作业)占30%。

TAFE学院对学生课程考核成绩分为4级:A等83～100分;B等70～82分;C等50～81分;D等49分以下。

第二,制定标准测试方法。

能力标准是对TAFE学生进行质量评价的尺度。在这一尺度的规范下,针对培训包课程提出的TATE学生最低能力测试考核要求,TAFF学院制定12种标准测试方法对学生进行质量评估、考核。这12种测试方法是:观测、口试、现场操作、第三者评价、证明书、面谈、自评、提交案例分析报告、工件制作、书面答卷、录像和其他。

具体做法是:TAFE学院建议教师采用12种标准测试方法中的某几种作为对课程的考核手段。考核结果要符合"五性":有效性、权威性、充分性、一致性、领先性。

第三,突出对学生实践能力的考核。

TAFE学院对学生的考核分为理论水平和实践能力两部分,其中对理论的考核要求比较松。在实际教学中理论考试如果没通过,可到补习班去补习后再考一次,如还不通过,校方会派教师和学生面谈,进行面试。但对实践能力的考核非常严格,如昆士兰州TAFE学院2000年的学生手册关于免修的事项中写道,对于一般的理论课程,只要提供有效证明或通过考试,即可认定免修,而对实训课,即基本能力训练课程则不能免修。课程成绩判定也有很强的实践性,如学电路设计的学生只要能动手排除预先设定的故障就可以认定为合格。不合格的课程要继续学习,直到合格为止。

在政府宏观调控下,通过法律、资金保障和TAFE学院规范、灵活办学形成的TAFE人才培养模式的良性运行,有效地实现了TAFE的人才培养目标。联邦政府授权设立的国家培训局是 TAFE 得以协调运行和管理的组织保证。行业的主导作用是 TAFE 教育制度可持续发展的根本动力。各级政府、企业和个人对办学经费的多元化合理分担是 TAFE 学院能顺利运作、发展壮大的经济保障。

3.1.4　TAFE 模式的实际效果

（1）TAFE 地位提高、规模壮大

在澳大利亚，大学教育虽然仍居重要地位，但已经不能满足澳大利亚人所需要的技能知识的广度与深度。TAFE 一方面能够满足工作岗位对劳动力的需求，另一方面能够满足终身学习和劳动力流动的需要，而且在澳大利亚即使博士生要就业也必须到 TAFE 学习，拿到职业资格证书，因此，TAFE 的社会地位日益突出。

早在 2000 年，澳大利亚有大学 38 所，而 TAFE 有 85 所学院和 1 132 个校区，澳大利亚各州政府均建立了 TAFE 学院。澳大利亚升入高等院校的学生，约有 30%进入普通大学学习，70%的学生进入 TAFE 学院学习，每年约有 10%的澳大利亚人接受 TAFE 的教育与培训。由于 TAFE 重视学生的专业教育，注重学生动手操作能力培养，其毕业生的社会、工作适应性强，深受社会各界欢迎。TAFE 学院是全澳高职教育、成人教育和移民教育任务的主要承担者，在社会上影响广泛。

（2）人才培养的特色日益鲜明

由于 TAFE 人才培养模式的构建和运行与大学教育不同，而使得 TAFE 人才培养的特色日益显现，见表 3-1。

表 3-1　TAFE 人才培养模式与大学教育特色的比较

大学教育	TAFE
注重学生的学习过程	注重学生的学习结果
培养研究型人才	培养应用型人才
由教师确定评价标准	由行业需要确定评价标准
学科式教育	以能力为本位的教育
学生之间相互比较对学习结果进行评价	根据国家能力标准对学习结果进行评价
学习为了终身职业	学习为了更好地就业

（3）人才培养多规格、多层次

以机械制造专业为例，分析 TAFE 人才培养的规格和层次，见表 3-2。

表 3-2 TAFE 人才培养模式与大学教育层次、规格的比较

证书与文凭（层次）	人才培养规格
一级证书	熟练工
二级证书	普通机床操作工或装配工
三级证书	数控机床或简易数控机床操作工等
四级证书	车间班组长或小业主或数控机床操作工
专科文凭	技术员等
高级专科文凭	小型企业老板或助理工程师

其中，一至四级证书要求学生达到本专业领域中特定岗位的较强动手操作能力；而更高级别的文凭证书则要求学生在上述能力的基础上，具备一定的技术分析、设计能力和解决实际问题的能力。TAFE 的多层次证书和人才培养规格的多样化，有利于学生根据个性发展需要进行选择学习，也有利于学生逐步分段攀登，更为在职人员提高职业岗位技能创造了条件。同时，也更好地满足了行业多样化的人才需求。

（4）架起中学与大学衔接沟通的桥梁

在澳大利亚的教育体系中，通过建立确保教育质量的国家性教育认证体系，使 TAFE 成为沟通大学和中学教育的实践者。在澳大利亚终身教育体系的构建和学习化社会的建设中，TAFE 发挥着与中学和大学衔接沟通的桥梁功能，是其他教育类型不可替代的。如图 3-1 所示。

（5）行业与 TAFE 学院双赢

企业在培训方法、场地及培训信息等方面总是有局限性的，TAFE 学院在培训程序和方法上有丰富的经验：企业依托学院开展培训，可以节省财力、物力、人力，而且还保证质量；从业人员通过 TAFE 学院的培训获得新技术、新技能和岗位职业资格证书。

（6）所有学生平等发展

澳大利亚通过成立相关国家机构，制定国家能力标准；制定全国统一的资格认证框架；形成以关键技能为基础的评估制度；各级政府确定高职领域公平并消除不公平的障碍；鼓励高职机构为各类处于不利条件的人提供教育；鼓励发展既满足学生需要又考虑到培训套课计划的培训项目；使高职教

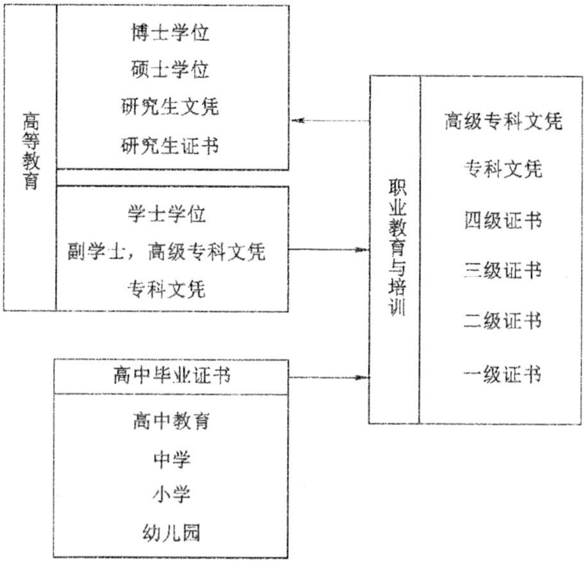

图 3-1　澳大利亚学历资格衔接体系图

师认识到公平问题；建立激励机制，使高职机构重视公平问题；提供准确的数据，便于监督；使用新技术，为边远地区生源提供更多接受高职教育机会等一系列措施，确保高职教育的过程、结果的公平与客观，使高职学生的合法权利得到保护，确保了所有学生有平等发展的机会，感觉到接受高职教育的可能性、公平性和优越性，极大地调动了人们接受高职教育的积极性，吸引了各类高职生源。

3.1.5　TAFE 实训基地概况

实训是澳大利亚 TAFE 的主要内容，建立 TAFE 的目的就是培养能够达到岗位要求的职业人，教学方式及其过程都紧密围绕着技能培养这一中心，因此，TAFE 建有设备精良的校内实训基地。但仅有这些是远远不够的，TAFE 人才培养的大部分时间是在企业、在其未来的职业岗位上，企业的真实训练是培养 TAFE 人才的关键环节。

(1) TAFE 学院内的实训基地

建设 TAFE 院校的教学主体是实践教学，准确地说就是职业岗位训练。在 TAFE 学院内，实训基地是学校的主要组成部分，教室有单设的，但大多与实训基地相辅相成，建筑普遍较高大，易于形成工程实际环境，墙上或车间其他地方设有工具、实物展示。讲练室中投影、计算机、录像、黑板等多种教学条件同时具备，各种实物零件、模型、工具、图表等陈设其中。实训基地设备数量较多，既有一般实训设备，也有比较先进的企业捐赠设备；既有部件实习单元，也有整机和成套设备；既有实际设备，也有训练专用设备或模型。职业岗位需要的环节和能力都有相应的教学设备作保证。企业乐于为学校捐赠设备，澳大利亚设有全国汽车部件赠送计划，对较大的汽车厂或维修厂有明确要求，根据 TAFE 学院开列的要求清单提供实训设备。实训库房管理实行企业化管理，学生完全按企业方式领取工具、材料。另外，学生的实践也是多种多样的。如校园园林设计由学生独自完成，学生培育的园林植物以成本价由本校员工购买，不以营利为目的。烹饪与旅游专业有校内实践场所，完全是真实餐厅环境，以训练为目的，为师生服务，师生订餐只收成本价。TAFE 学院也有金工类实习，但时间要求不多，按不同专业的要求进行，不面面俱到。很多实训基地都有金工实用设备和工具，如小型机床、钳工设备等，培训关键在于会用。在培训方式上，有的项目很注意综合训练和能力训练，如要求每个学生要加工一个较大的部件，从下料、成形、加工、焊接到组装，均自行完成，验收合格后再破坏，然后按维修工序再修整合格。汽车专业的实际实训过程中经常由教师设置汽车故障，学生利用计算机软件分析查找故障、排除故障。TAFE 学院的理论与实践的比例大致为：理论 20%，实践 80%。

(2) 企业的实训基地

汽车行业在澳大利亚是个较大的行业，在主要公路两侧，特别是城市边缘，汽车维修和销售企业很多。丰田悉尼城市中心是一个较大的维修营销企业，许多员工是 TAFE 毕业生。该企业内有维修中心、营销中心等，现代化程度较高。企业与 TAFE 学院的关系是：TAFE 学院向学院内和社会发布学生实训及安排公告，如提出培训要求、目标等；企业也发布公告，公布需要 TAFE 学生的数量、专业等情况。学生是学院和企业的中心与纽带，具有自选权，其根据自身条件与兴趣等，自主选择 TAFE 学院和实训企业，TAFE 与企业的关系是各取所需。学生在企业实训无 TAFE 带队教师，完全由企业根据本身实际需要和培训要求为每个学生制订培训计划，并签订四年合同，配备专门指导师傅。一般第一年主要由师傅带，了解做什么、怎么做，进行基础训练，如汽车构造等；第二年和师傅一起做；第三年自己在师傅指导下独立做，主要进行具体技能培训；第四年为全时岗位工作。取得相应证书后是否续签合同并正式在该企业就业，由学生、企业相互协商确定。学生实训由企业支付报酬，并按年度递增。政府支持这样的办学形式，对接收TAFE学生的企业，给企业适当补贴。学生在企业的实训并没有统一固定的模式，尽管每个企业有不同的规模和做法，但企业完全将学生的培养纳入到了正常的工作之中。澳大利亚规定，没有经过TAFE培训取得上岗证书是不能就业的，因此企业各类员工的培养与TAFE学院是紧密结合、互相不可或缺的。学生选择企业实训几乎都是以就业为导向的，企业选择学生则是以员工实际岗位培训和顶岗为目的的，二者具有强烈的一致性。学校将企业看成学校人才培养的重要基地，企业将学校视为企业未来员工的加工厂和技术之源。可以看出，这种互动互利的产学合作新型关系是良性、可持续发展的。

3.2　德国"双元制"

3.2.1　"双元制"的主体及职能

企业为"一元"，学校为"另一元"，根据受教育者与企业签订的合同，受教育者以"学徒"身份在企业实际的生产岗位和培训中心接受文化基础和专业理论教育。其显著特征是：私人经营的企业与主要由国家开办的职业学校合作办学，而且企业在"双元制"的职业教育模式中发挥主体作用。

3.2.2　"双元制"的主体合作关系

(1) 企业与学校之间的关系

① 强调教学主体

首先，教学时间主体，企业支配主要的学习时间。

接受"双元制"职业教育的德国青年，可以在国家认可的教育职业中选择一项。学习年限为两年至三年半。学习期间，每周三天半至四天在企业学习实际操作技能和知识，一天至两天在职业学校学习理论知识。在整个学习过程中，学员60%～70%的时间在企业度过。

其次，教学地点主体，企业建有系统的学习基地。

除提供与教育职业紧密相关的教学场所，还通过一体化的专业教室以及模拟公司、学习岛等设施，对学生进行与技能紧密相关的工艺教学。生产岗位和企业教育中心结合组成系统的技能实训基地。

再次，教学过程主体，企业执行统一的教学文件。

企业按照联邦政府颁布的全德统一的《职业教育条例》及其附件——企业

《职业教育框架计划》,制订本企业以及学生个人的教学计划,实施职业能力导向的教学,不仅学习职业专业技能,而且获取直接的职业经验,注重培养学生的社会适应能力。

最后,教学人员主体,企业配备专职的实训教师。

这些教师是企业的雇员,由企业承担工资和社会保险。实训教师负责学生的职业技能培训,必须有 2～5 年的企业实际工作经验,必须获得“师傅”资格,并要学习教育学、心理学。

② 重视经费主体

德国企业承担了职业教育的大部分费用,这一投入计入经营成本。企业支付的经费主要用于以下四个方面:

首先,学生的“人头费”,即学生在整个学习年限内的生活津贴和社会保险。

其次,实训教师的“人头费”,包括兼职和专职实训教师的工资、报酬和社会保险。

再次,培训的设备购置。

最后,培训的教材购置、劳保及管理费。

③ 推崇法律主体

教育企业必须遵循 1969 年颁布的适用于全德的《联邦职业教育法》以及《手工业条例》及其附件——企业《职业教育框架计划》和《职业教育合同》实施实训教学。根据上述有关法律和法规,企业必须送学生去职业学校学习,以保证法律规定的在校学习时间,但学生与职业学校之间不存在法律契约关系。

德国职业教育专家认为,企业在德国职业教育中的主体地位,导致了德国劳动力在就业资格上的高度标准化。德国的雇主对各种学徒项目的技能了如指掌,一旦学徒成功获得职业教育的资格证书,雇主就能够了解学徒的技能掌握情况。因此,雇主完全可以根据就业市场上的人才分布状况,组织企业生产。在以企业为主导的“双元制”的职业教育模式下,由于学生在就业之前已经具备了相当过硬的职业技能,所以进入企业时就能够独当一面。因此,与老员工相比,这些刚进入企业的工人并没有明显的劣势,所以找工作不是很困难。事实上,德国青年的失业率相对来讲一直都比较低。“双元制”的职业教育体系给德国人提供了一个安全的就业网。

(2)“双元制”管理

德国“双元制”管理采取的是由联邦、州政府进行宏观管理,地区各行业协会进行考核的三级管理体制。

联邦教育研究部和相关的联邦其他部门(如联邦经济与劳动部)是联邦一级职教立法与协调的主管部门;州一级包括州文教部及由雇主、雇员和州政府代表组成的州职业教育委员会与各州文教部部长联席会议;地区一级为各行业协会,是德国职业教育最重要的自主管理机构,具有咨询监督教育过程、制定颁布教育规章等8项重要职责。具体而言,"双元制"教育中的企业教育部分由联邦政府直接管辖,对企业职业教育办学资格的认定、实训教师资格的考核和认定、考核与证书颁发、培训合同的注册与纠纷仲裁等,由联邦职业教育法授权给各行业协会负责。学校教育中的教学由州政府负责管理。联邦政府和州政府负责制定教学大纲和教学进度等要求。

"双元制"中职业学校的教学大纲和教学内容由各州的文教部制定,它的基本教学要求是在服从企业培训要求的前提下实施普通的理论和专业教育,深化企业实践教学中的专业知识。企业培训教学要按照联邦教育部和有关专业部门共同颁布的培训条例进行,包括确定教育内容、时间安排及考核办法等。各培训企业根据培训条例和本企业特点制订具体的培训计划并付诸实施。"双元制"职业教育有统一的教学大纲,但没有统一指定的教材;组织实施教学的职业学校和企业是根据大纲的要求由主讲教师来具体安排教学内容。

3.2.3 "双元制"的评价方法

德国《职业教育法》规定,"双元制"的考核、成绩认定及证书发放由各行业协会负责。"双元制"考试由与培训机构无直接关系的行业协会承担,职业资格认证考试由考评委员会来具体实施。考评委员会由雇主、雇员和学校三方代表组成(雇主和工会代表人数相同且至少有一名职业学校的教师)。考评委员会按照国家颁布的《培训条例》中的考试要求组织实施考试,包括中间考试和毕业考试。两次考试都由行业联合会选出的专家组成的考试委员会主持,全国统一命题,考试标准由该委员会统一拟定。

中期考试一般是在培训进行到1年或1年半时进行。主要是考基本技能和理论知识,目的是为了使学徒了解到自己目前已达到的程度和距离标准的差距,只有通过中期考试的学徒才能参加毕业考试。虽然学徒可以不参加毕业考试,但通过毕业考试的学徒更容易找到好的工作。

毕业考试在每年的5月和12月举行,一次考试没通过的可补考,补考后仍不通过,则必须另选专业重新学习,对于学习好的学生可选在5月份考试,如果全通过可提前半年毕业。考试内容分理论和实践两部分。理论部分:工作计划占40%,功能分析占40%,经济、社会及国情知识占20%,时间一般为

5～6 个小时，主要考察学生的理论知识和文化素养。实践部分由工商协会认证的机构组织学生在企业用一周时间考核，并有 5 名以上考官对学生的实践报告组织答辩。主要考查学生设计、绘图、制作成品和半成品的能力。

两次考试都分别由两类考试组成，即培训毕业考试和职业资格考试；颁发两类证书，即培训毕业证书和职业资格证书。行业协会统一在年初发布职业资格认证考试通告，规定具体的考试时间和考试内容，并安排相应的考评小组执行具体的考试过程监督和考试结果评分。如果考生对考试有疑义，可以与考评委员会协商，还可以诉诸法律。在组织实施上，为保证对职业资格认证考核的质量加以有效控制，在命题标准的制定、考核程序的设计及考评技术的开发等方面，都有一整套严谨的程序。

德国的职业资格认证有较完整的法律法规体系，行业协会在其间起着主导作用。其基本法律依据是《职业教育法》，各职业的培训条例和考试条例为各职业资格认证的具体内容提供依据。行业协会不仅对承担培训的企业资格进行认证，而且还负责确定不同职业的培训时间、审查培训企业与受训者之间所签订的培训合同、职业资格认证的考务管理和考试具体安排及资格认证后合格证书的发放等。具体资格认证事务由雇主、雇员和学校三方代表共同组成的考试委员会负责执行。

3.2.4 “双元制”的实际效果

通过加强“双元制”教育，德国的高职教育可以达到事半功倍的效果。主要表现在以下四个方面：

(1) 对国家而言

“双元制”首先可以为国家培养更多的高素质应用型人才，进而为经济社会建设提供源源不断的人力资源支撑。其次，可以为教育改革提供多样化参考模式。再次，“双元制”可以加强校企合作，借鉴最先进的理念和技术，培养具有国际视野的学生。最后，“双元制”可有效改善大学毕业生就业难、企业招工难等问题。

(2) 对企业而言

在“双元制”模式中，企业虽然不能盈利，但在整个教学过程中，通过国家和学校的宣传，可以提升企业知名度，这是企业无形的利益，今后可以为企业赢得更大的利益；与此同时，还可以提高企业信誉和名誉，得到社会认可，为企业今后的发展提供强有力的舆论支持。

“双元制”模式缩小了学生与企业的距离，企业可以借此机会培养优秀长期员工。相比于正式员工，招收“双元制”学生支出少，且有3～4年稳定期。通过这种模式可以加强企业与大学合作，利于学生也就是企业未来的人才接触前沿技术或知识。

(3) 对学校而言

“双元制”有利于创建教育新模式，可培养品学兼优且实际操作能力强的优异学生。有利于加强企业与大学合作关系，有效补充大学内资源。同时，可以借助培养出来的优异学生提高大学的知名度。

(4) 对师生而言

学校在“双元制”教学过程中，不需要大量购买实训设备和器材，可以节约教学成本，并且通过校企合作，扩大学生和教师的视野，教师通过学习企业的先进科技和企业理念，更新知识，融会贯通，更有利于理论教学。

尤其对于学生而言，他们的学习直接联系实际，避免了学习的盲目性，学习期间同时获得工作经历，比普通大学毕业生多几年工作经验，还可以在学习期间获得企业实习工资，减轻家庭经济负担。同时，企业参与培养学生的综合素质，为将来学生更充分地走入社会做好了准备。

3.2.5　“双元制”的实训基地概况

德国“双元制”的培训场所包括工作岗位、实训工场和跨企业的训练工场。实训工场的任务是把那些在劳动岗位上无法传授或训练的技能及相应知识传授给学生，工件不形成产品。此外，职业学校也有教学车间，补充企业里无法完成的实训，为理论教学提供直观和演示手段。企业的实训教师一般都是技术学院的毕业生，并在完成职业培训后，具备2～5年职业实践的专业人员。实训教师同时还必须通过教育学、心理学考试，符合《实训教师资格条例》的要求，高水平的师资成为实训基地发挥效用的重要保证。

学生的实训、实习主要由企业负责组织实施，学校内部也有先进的教学设备和良好的教学条件辅助学生实训、实习。学生在实训、实习阶段直接使用的各种实验设备是许多企业正在使用或将要使用的，这就保证了学生毕业后能直接上岗。学校的仪器、设备和各种工具，均兼有工厂车间和学校实验实训的功能，这些设施有的由企业直接投资；有的则是为了开发新产品或进行技术创新，由企业联合投资；还有的是企业无偿捐献。“双元制”的教学内容包括学校负责的基础课和企业负责的实践课两方面。在三年的职业教育中，学生有一年的时间要到企业接受实践技能的实训。经过企业实训，学生的专业理论知识得以加深，并熟悉了企业生产、管理过程，积累了经验，提高了知识的综合应用能力。因此，德国高等职业教育培养的学生就业率达90%以上，其中70%左右的毕业生被实训企业留下。

“双元制”实训的主要特征为：拥有企业、学校两个教育培训部门；培训教育依据两套法规，接受两个层次主管，即企业培训合同依据民法签订，企业培训由联邦政府主管，而学校教育遵照公共教育法，教学由州政府主管；雇主与雇员组织的独立管理机构如行业协会及其委员会等，掌握着职业教育的主要权力；德国的企业承担了职业教育的大部分经费，国家只承担“双元制”职业教育体系中职业学校的费用，主要包括教师的费用及学校的设备和管理费；学校十分重视校内实训室的建设。

3.3 英国学徒制

3.3.1 学徒制的主体及职能

职业教育办学主体从广义上主要涵盖政府、行业、企业、学校等。其中，学校尤其是职业院校与企业是现代学徒制的直接参与者，两者深入合作共同推动现代学徒制不断开展，两者合作实质上是职业教育与经济发展深度融合的关系。除此之外，现代学徒制中的办学主体不仅有学校和企业，还有政府、行业等。政府是现代学徒制推行的决策者与制度制定者，政府出台的相关政策、核拨的配套经费及其他制度导向会直接影响现代学徒制的发展态势与发展前景。政府采取的宏观调控与政策引导等职能的发挥对现代学徒制能否最终实现校企联合培养高素质人才、促进经济和社会发展具有深远的意义。行业是现代学徒制中另一个不可或缺的参与主体。行业全面而动态地把握着市场供需信息，行业根据发展需求，能够制定具有代表性的行业标准，规模化培养行业发展所需人才，促进行业的整体发展。行业有组织地对职业人才需求进行调研与预测，制定并推广职业人才培养标准，为学校人才培养方案制订与实施进行前瞻性引导，都对现代学徒制的具体实施与操作具有积极作用与影响。

3.3.2 学徒制的主体合作关系

（1）学徒制框架的建立

在英国，每个学徒制项目都有一个学徒制框架，它是由行业技能委员会与企业根据国家职业标准联合开发确定的。它是对学徒制学习内容和标准的基本规范。这意味着雇主和培训提供者只有提供框架里的所有要素，才能得到政府的学徒制拨款，同时也意味着所有学徒只有满足框架里的所有要求，才算完整完成了学徒制。各行业的各个学徒制项目的基本框架具体内容虽然各不相同，但所有框架都包括了以下三大组成部分。

① 能力本位要素

能力本位要素的形式是 NVQ(National Vocational Qualification，国家职业合格证书)，它是学徒制项目框架的核心。学徒制的级别实际上就是由 NVQ 的级别决定的。能力要素的内容可以由行业技能委员会、行业机构及雇主来决定。评估方法则由行业技能委员会、资格与课程署合作决定。可以根据需要适当加入一些知识本位要素。

② 知识本位要素

知识本位要素的形式是技术证书。技术证书确保学徒具备必需的理论基础知识。知识要素通常通过用行业技能委员会和行业机构决定并经资格与课程署同意的方式，单独评估。知识要素既可以单独认证，也可以作为能力要素的一部分进行认证。如会计学徒制是以能力要素组成部分的形式评估的，而印刷及印刷制品包装学徒制是单独认证知识要素的。

③ 可迁移的或“关键”技能

可迁移的或“关键”技能形式是关键技能资格，包括六类交流、数字应用、信息通信技术、与他人合作、学习与业绩的自我提高以及问题解决。其中学徒制(2 级)必须至少达到数字应用关键技能 1 级和交流关键技能 1 级；高级学徒制(3 级)必须至少达到数字应用关键技能 2 级和交流关键技能 2 级。

(2) 企业与培训机构的教学合作

由于可以得到政府拨款，企业与培训机构的合作通常是由培训机构来寻找合作的企业。也有企业主动寻找合作的培训机构，但这种情况比较少。一般，培训机构会向企业派出一名代表或称学徒导师，来帮助企业开发和开展学徒制。他们的职责是：① 帮助企业确定哪些学徒制适合企业开展；② 解释在企业中可以如何开展学徒制培训以及是否可以获得政府拨款；③ 对企业与学徒的培训计划进行认可；④ 招聘学徒；⑤ 管理培训和评估；⑥ 确保培训符合国家质量标准，并开展整合统一的培训。

确定了学徒制岗位后，企业或培训机构便可对外发布招聘广告。申请是全年开放的，申请者可以随时申请。但获得学徒制岗位与正式求职一样，往往需要面试，有的还要参加笔试。企业里的培训由雇主负责，学徒跟随有经验员工学习特殊岗位技能，雇主通常还会安排一个经理在学徒的学习全过程提供帮助。此外，学徒还要在培训机构接受普通文化知识和基本理论培训。培训机构为每位学徒指定的导师也会全程跟踪学徒的学习进展，并随时解决各种问题。但对于培训机构教师以及企业培训师，都未见英国有特别的资质要求。

学徒制的完成时间并不固定，它是根据学徒是否达到学徒制框架中规定的能力要求，即取得相应的认证来确定的。当学徒取得学徒制框架里规定的所有资格认证时，他就完成了该学徒制项目。因此，英国学徒制的完成时间实际上取决于学徒个人的能力以及雇主的要求两方面。

3.3.3 学徒制的评价方法

英国的学徒制本身并没有专门的学徒制资格或证书，但通过学徒制，学徒可以获得学徒制框架里所规定的三类认证：国家职业资格、技术证书和关键技能资格。这些证书的取得并不完全依赖于正规的书面考试，许多颁证机构都采用能力本位的考试方式，即考试就在工作场所进行，包括在工作场所观察学习者在自然工作状态下的工作表现；在工作场所内对学习者的工作表现有重点、有选择地加以考察；在模拟的工作情境中对学习者进行能力测试、技能测试、熟练度测试和指定作业等。在进行评定时，一般结合采取以上多种方法进行多次评定。因为英国的认证机构认为，只有多重、多次评定才能提供最可信的工作能力证明，才能判定一个人能否在各种变化着的工作环境中完成任务。

英国现代学徒制并没有对培训过程中的各种要素进行规范，如教学内容、教学进度、教学方式、教师资质等。它只对培训的结果进行控制，即学徒制的完成是以学徒制框架中规定的各类证书的取得为依据的。但它在赋予了英国学徒制灵活性的同时，也埋下了培训质量隐患。因为不同地区、行业以及不同培训机构和企业的培训质量可能是参差不齐的。有调查显示，在一些工程和电子技术的学徒制项目中，学徒接受了大量脱产培训，但这些培训却是为了取得大学入学所需要的 BTEC(Business & Technology Education Council，商业与技术教育委员会)国家证书；在另一些行业中，如护理和零售，学徒却几乎没有得到脱岗培训，而是被要求在全日制工作以外的时间内学习来获得相关认证。

3.3.4 学徒制的实际效果

(1) 学徒受益人数猛增

英国学徒制的申请是全年开放的，学徒在特定培训框架约束下，完成一定知识与技能的学习，考核合格便可获得相应的资格证书。随着英国现代学徒制的不断推进，参与学徒培训的总人数持续增长，英国商业、创新与技能部对

2002—2015 年每年新增学徒的人数进行了统计。

统计数据显示，英国参与学徒培训的人数从 2002 年开始逐年增长，2010—2012 年增长尤为显著，2013—2014 年大约有 44.04 万名新学徒，与 2009—2010 年的 16.07 万人相比增加了 57%。

(2) 女性学徒受益人数增加明显

统计显示，在 2014—2015 年的新增学徒中，25 岁以上的学徒、高等学徒以及女性学徒的数量增速尤其显著。

女性学徒激增的一个原因是，当前现代学徒制发展势头较为良好的行业更适合于女性。统计数据显示，在 2013—2014 年工商管理和健康与公共医疗服务行业的新学徒占整个新学徒人数的 53%。若将市场营销专业考虑在内，这三大较为适合女性学徒的行业新学徒人数占到了 2013—2014 年新入学学徒总人数的 73%。

(3) 高等学徒制为青年提供了更好的发展前景

现代学徒制为学徒提供了畅通的上升渠道。面对现代学徒制的全面兴盛、经济大发展对高技能的需求以及高级学徒未来发展的客观诉求，英国政府在 2013 年公布了《英国未来的学徒制：执行计划》法案，正式启动了包括高等学徒制在内的新一轮学徒制改革浪潮。英国当前为 16 岁以上青年提供了三个等级的学徒制：中级学徒制、高级学徒制与高等学徒制。这三种等级的学徒资格证书与普通教育的各级证书是互通的，由此也将现代学徒制纳入到了终身学习体系中。同时，相较于中级学徒和高级学徒而言，高等学徒制为青年提供了更好的发展前景，如高等学徒制为青年人提供了获得权威专业认证的机会，通过高等学徒培训激发了本科和研究生水平职业资格的潜力。高等学徒制为高级学徒创造了一条通往高等教育的上升阶梯。

学徒晋升渠道提高了现代学徒制与高等教育之间的融通性，有望成为与传统学术型大学“分庭抗礼”的应用型人才培养路径，为学徒提供了更多的发展可能性。长久以来，在英国，学徒制一直被认为是获得低级或中级技能的重要途径，无法满足青年未来较为高级的发展需求，因此无论是家长还是青年更倾向于选择偏向学术性的高等教育。高等学徒制的出现打通了现代学徒制与高等教育之间的桥梁，2013 年 3 月，英国政府重新修订了《英格兰学徒制标准规范》，将高等学徒制扩展到了六级和七级，根据高等学徒制的人才培养目标，在完成相应学业的学习之后，学徒可以获得学士和硕士层次的学历证书和职业资格证书，这就为现代学徒制发展成为与传统学术型高等教育相提并论的教育形式提供了权威的法律保障。同时，在高等学徒制的学习过程中，学徒的应用型综合技能得到了全面的提升，加之政府在法律和资金方面对高等学徒制的大力支持，为高等学徒提供了更为明朗的发展前景。通畅的晋升渠道和企业的高度认可使得现代学徒制日益受到适龄青年的青睐。这种向上发展得到了高等学徒基金(Higher Apprenticeship Fund，HAF)的大力支持。HAF的目标是发展一系列的高水平学徒，该基金为29个高等学徒制项目提供了2 500万英镑的资金支持，这些项目包括了工程、法律和会计等行业。

3.3.5 学徒制的实训基地概况

在英国的学徒制模式中，学生约1/3～1/2的时间在职业院校学习，1/2～2/3的时间在企业或校企合作的实训基地接受培训。在学徒培训结束时获得国家职业资格的相应证书，学生会不断地得到鼓励获得更高级的资格证书，让他们有动力一直学习技能。学生在完成学徒培训计划，通过考核以后就会获得相关职业资格证书。比如在英国的沃尔索尔学院与微软公司合作的培训中心，学生只要通过了初、中、高级的计算机培训考试，就能获得该实训基地颁发的证书，该证书是国际级的计算机技能资格证书，被很多单位认可，拿到该证学员能有更多的机会找到更好的工作。

这种现代学徒制模式的实训基地既是学生学习的场所，也是一个真正运营的营业场所。这些实训基地建立在实训的基础上用课堂教学弥补理论知识，让学生在真正的工作环境中学习，学生真正接触到企业的运作模式，而实训基地获得的利润都用于再投资，基地的先进设备、仪器都用这些利润购买，这样能保证基地的设备是不断更新的。

同时现代学徒制是一种带薪学习的教育模式，学生在实训基地的实习也是有偿的，他们可以拿到相应的报酬。工资与学徒年龄和完成学徒制第一学年的时间有关。一般为该行业薪酬的平均水平，这种有偿的方式增加了学生的积极性。

3.4 本章小结

本章是对典型国家高等职业教育模式及其实训基地发展状况的剖析，包括澳大利亚TAFE、德国“双元制”、英国学徒制。我国实训基地在改革与建设过程中应积极学习别国的成熟案例，取其精华并因地制宜，打造出适合本国国情及发展状况的特色模式。

第 4 章 我国高等职业院校产教融合型实训基地现状

4.1 我国高等职业院校产教融合型实训基地的发展历程

4.1.1 国家层面

职业教育的根本任务是培养培训有较强实际动手能力的技术技能型人才，完成这一任务的关键就在于加强学生的实际动手能力训练，要做到这一点就必须加强职业教育的实训基地建设。这也是引导职业教育转变办学指导思想，以就业为导向、深化教育教学改革，支持“职业院校制造业和现代服务业技能型紧缺人才培养培训计划”，打造中国职业教育亮点的重要措施。

2002 年全国职业教育工作会议之后，中央财政加大了对职业教育的投入力度。2004 年 4 月，《教育部 财政部关于推进职业教育若干工作的意见》(教财〔2004〕9 号)印发，提出要用中央财政资金引导的方式，推动各地职业教育实训基地建设，促进职业教育改革不断深入，初步计划从 2004 年到 2007 年，用四年左右的时间，在全国重点专业领域分期分批建成一批条件较好、专业种类齐全、适应技能人才培养需要的实训基地。

2005 年 6 月，《中央财政支持的职业教育实训基地建设项目支持奖励评审试行标准》提出要进一步加大专项资金的投入力度，继续支持和引导各地职业教育实训基地建设工作，在全国引导性奖励、支持建设一批能够实现资源共享，集教学、培训、职业技能鉴定和技术服务为一体的职业教育实训基地。

2005 年，国务院召开的全国职业教育工作会议和印发的《国务院关于大力发展职业教育的决定》明确要继续实施职业教育实训基地建设计划，在重点专业领域建成 2 000 个专业门类齐全、装备水平较高、优质资源共享的职业教育实训基地，并把其作为深化职业教育教学改革和加强职业教育基础能力建设的重要措施，标志着“职业教育实训基地建设计划”由两部委的计划上升为国务院的计划。

2005 年 12 月，《财政部关于下达 2005 年中央职业教育实训基地建设支持奖励专项资金的通知》决定安排 7.4 亿元，对涉及数控、计算机、汽修、护理、电工电子、建筑技术、煤矿安全、生物技术等 8 个专业类别的 392 个职业教育实训基地项目给予奖励支持。至此，中央财政为实施职业教育实训基地建设计划已投入 8.5 亿元，共支持了全国各省(区、市)的 442 个职业教育实训基地建设项目。

2010 年开始，中央财政加大了对职业教育实训基地建设的支持，职业教育实训基地建设投入资金由 2009 年的 5 亿元提升到 10 亿元。2004—2013 年，中央财政为职业教育实训基地建设共投入 78.52 亿元，共支持了全国各省(区、市)的 4 438 个职业教育实训基地建设项目。

在中央财政对高职院校实训基地建设的长期大力支持下，我国职业教育实训基地得到了迅猛发展。但在校外实训基地建设方面，由于校企在合作程度上不够深入，企业参与的积极性不够高，校企合作培养人才效果不够显著。职业教育实训基地的建设需要多元化发展，加快构建多元主体参与的高水平实训基地管理结构，让社会各方利益相关者积极参与到实训基地日常管理的过程中，既可以有机整合各方优势资源，平衡各方不同的利益诉求，又可以释放职业院校科研及教学活力。同时，许多职业院校仍然缺乏足够的资金及时更新实训设施设备，因此职业教育实训基地需要各级政府的全面支持。

2017 年，全国校企共建生产性实训基地实际启动项目布点 1 933 个，每个基地的平均合作企业为 1.27 个，平均占地面积 26 965.43 平方米，平均实训工位数 166.7 个。每个基地平均专职实训指导教师 12.5 人，企业兼职教师 11 人，兼职教师中企业技术人员平均为 8.61 人，基地规模和指导教师数量可满足实践教学需要。平均开展职业技能鉴定工种 2.56 项，平均鉴定 472.56 人次，平均开展专业技术和专项技能培训 815.91 人次，平均技术成果获得转化 2.04 项。实训基地的产品和服务平均收入 1 409.26 万元，社会服务与技术成果转化能力已初步显现。

(1) 发展阶段

2012—2017 年中国高等职业教育质量年度报告中对实训基地建设的描述如下：2012 年校企合作凸显质量提升—2013 年校企合作育人逐渐走向深化—2014 年产教融合校企合作—2015 年产教融合—2016 年工学结合—2017

年产教融合。

综上，我国高等职业院校产教融合型实训基地主要经历了三个阶段：校企合作、工学结合和产教融合。

① 校企合作

校企合作是一种注重培养质量，注重在校学习与企业实践，注重学校与企业资源、信息共享的双赢模式。高等职业院校通过引进企业资源、与企业共建实训基地，校企合作育人不断深化。

② 工学结合

工学结合以职业为导向，以提高学生就业竞争能力为目的，更加注重学生的仿真训练和实战训练。现代学徒制是推进工学结合的有效途径。教育部首批开展现代学徒制试点的100所高职院校，通过优化管理机制、创新人才培养模式等深入推进现代学徒制实施。

③ 产教融合

产教融合就是高等职业院校聚焦区域经济发展和产业转型升级，主动对接地方经济社会发展需要和企业技术创新要求，鼓励更多社会力量积极参与，打造共商、共建、共享的教育责任共同体，深化“产教融合”、校企合作、协同育人。

(2) 资金投入渠道

资金投入渠道由国家投入为主向多元化发展。高等职业院校实践教学条件的建立与改善，早期主要是中央财政拨款，用于实训基地设施设备的建设。如《教育部 财政部关于推进职业教育若干工作的意见》中明确提出“采用中央财政资金引导的方式推动各地职业教育实训基地建设”的工作要求。《中央财政支持的职业教育实训基地建设项目支持奖励评审试行标准》中指出“为切实发挥中央资金的改革导向作用并提高其使用效益，中央财政用于支持职业教育实训基地建设的专项资金将采取以奖代补的方式下达，主要用于职业教育实训基地购置设备”。随着校企合作的不断深化，行业企业的设备捐助、专家指导、工程师教学等不断出现，逐步走向多元。

(3) 育人主体

实训育人主体：学校单方—校企双主体育人—政行企校四方合作育人。学校具有培养人的天职，但是人是社会关系的总和，企业参与人才培养的全过程的探索形成了双主体育人机制，即校企共同招生、研制人才培养方案、开发课程和教材、设计实施教学、组织考核评价、开展教学研究，共同建立教学质量监控体系，实现了班级授课＋企业师傅带徒弟实践的模式。而“政行企校四方合作育人"机制更加提升了校企合作的有效性。高等职业院校通过联系政府和行业企业，共建产业园、科教园、产学研中心等产教融合平台，建立董事会、理事会、专业指导工作委员会等多种形式的校企合作运行机制，推动校企合作从数量扩张向质量提升转变。

(4) 显性成果

多方共建实训基地已成为我国高等职业教育领域的共识，通过多年努力，已经大大推进了产教深度融合，实现了校企协同育人，建成了职业教育集团和产教深度融合实训平台。

目前，我国已培育形成超过 200 个校企合作示范组合，引导规模以上企业参与职业教育；建成一批示范性职业教育集团，引导行业龙头企业或地方骨干企业牵头组建覆盖全产业链的职业教育集团；改革实训基地建设机制，建成 500 个左右校企共建、产教深度融合的实训平台，使实训平台与产业发展基本保持同步。

开展了现代学徒制试点。520 余所职业院校参与深化产教融合、校企合作、工学结合、知行合一的现代学徒制试点。截至 2019 年，教育部对第一批、第二批开展现代学徒制试点的 356 所(根据公开资料显示，第一批验收 124 所，第二批验收 232 所)高职院校进行了验收。

4.1.2 省级层面

省级政府也在大力支持职业教育实训基地建设，如江苏省 2015 年就印发了《江苏省教育厅、江苏省财政厅关于推进职业学校现代化实训基地建设的通知》(苏教职〔2015〕39 号)，指出"十三五"期间，按照现代职教体系建设要求，以促进就业为导向，以政府为主导、行业企业为支撑、学校为主体，全省重点支持建设 300 个左右高质量对接区域主导产业、支柱产业、特色产业、战略新兴产业，对接职业岗位群和专业技术领域，管理科学，运行高效，实现"互联网+"，集区域技术技能人才培养中心、技能教学研究中心、技术创新推广中心和创业孵化中心等于一体的职业学校现代化实训基地。2015 年，江苏省重点建设了 95 个省高水平示范性实训基地；2016 年，建设了首批 30 个高等职业教育产教深度融合实训平台。2017 年，江苏省印发了《江苏省政府办公厅关于印发江苏高等职业教育创新发展卓越计划的通知》(苏政办发〔2017〕123 号)，强调要健全政行校企协同育人的体制机制，强化高职院校与市县、园区、行业组织的深度系统合作，制订江苏高职院校产教融合实践平台集成建设计划，建设 30 个融实践教学、技术服务、创新创业、产业培育于一体的产教融合大平台，推动优质高职资源示范辐射作用进一步增强，促进高职院校结构优化、布局合理，全面提升高职教育质量、综合实力和服务能力。

广西壮族自治区制定出台了《广西壮族自治区职业教育示范特色专业及实训基地建设项目管理办法(试行)》，进一步加强和规范专业及实训基地建设与管理，2017年统筹中央和省级财政2.9亿元，支持建设41个职业教育示范特色专业及实训基地。

总之，实训基地建设在省级层面已普遍形成共识，并呈现出新特点。以江苏省为例，江苏省高度重视实训基地的建设工作，在功能拓展、机制创新、主体多元化方面不断深化，产教协同推进职教发展。

(1) 功能拓展方面

在功能拓展方面，江苏省努力探索并实现了由单一的"实践教学基地"向"教学、科研和社会服务综合平台"转变。

(2) 机制创新方面

在机制创新方面，江苏省通过整合校内外实践教学资源，构建多种形式的校企合作形式，如建立职业教育集团、推行现代学徒制试点等工作。江苏省出台量化指标监测项目绩效，促进了产教融合。

(3) 主体多元化方面

在主体多元化方面，多方共建实训基地已成为高等职业教育领域的共识。除了政府的宏观指导和资金、政策的扶持外，企业深度参与人才培养的全过程，行业组织积极参与教育教学、开展质量评价等，大大推进了产教深度融合，实现了校企协同育人。

江苏省各地职业院校纷纷充分利用政府政策，紧密联系行业企业，多渠道、多形式筹措资金，建设产教融合实训平台。尤其注重发挥企业在人才培养中的主体作用，积极引导行业企业参与学校的人才培养模式改革和教学改革。

4.1.3 市级层面

部分地级市政府也出台了制度文件，加大对职业教育实训基地的资金投入和政策支持，如江苏省徐州市制定了《关于加快发展现代职业教育提升服务产业发展能力的意见》(徐委发〔2016〕63号)，支持建设徐州职业教育产教深度融合平台20个，校企共建、产教深度融合的实训中心40个。2018年，市级财政预算资金共投入3 500万元，建设高端装备制造、健康养老、现代物流、物联网、新能源五大公共实训平台，建设周期3年。经过资金支持和政策引导，徐州市职业教育产教融合与校企合作更加深入，平台服务能力和利用效率显著提高，应用技术技能型人才培养能力显著增强，形成了职业教育与产业升级发展良性互动的新局面。

4.1.4 立项情况

2004—2013 年中央财政支持的职业教育实训基地项目立项情况，见表 4-1。

表 4-1 2004—2013 年中央财政支持的职业教育实训基地项目立项情况

年份	立项实训基地总数	立项预算（中央预算）/万元	中职立项数量	中职立项预算（中央预算）/万元	高职立项数量	高职立项预算（中央预算）/万元	民办实训基地立项数量	民办立项预算（中央预算）/万元
2004	321	50 000	195	29 380	126	20 620		
2005	392	74 130	222	38 770	170	35 360		
2006	50	11 870	18	3 990	18	7 880		
2007	313	49 860	205	32 310	205	17 550	14	2 180
2008	320	49 870	217	33 540	217	16 330	9	1 490
2009	320	49 490	211	32 690	211	16 880	20	3 150
2010	640	100 000	439	68 410	439	31 590	33	5 340
2011	700	120 000	479	79 610	479	40 390	38	6 890
2012	750	140 000	516	94 360	516	45 640	54	10 410
2013	632	140 000	413	75 170	413	64 830	60	11 550
汇总	4 438	785 220	2 915	488 230	2 794	297 070	228	41 010

4.2 建设产教融合型实训基地的实践成果

4.2.1 “徐工模式实训基地”——徐州工业职业技术学院

(1) 学校概况

学校创办于 1964 年，现有九里校区和大学科技园暨淮海文化科技产业园两个校区，占地 1 100 亩(1 亩＝0.066 7 公顷)。学校坚持社会主义办学方向，贯彻党的教育方针，落实立德树人根本任务，始终坚持“质量立校、人才强校、特色兴校”的办学理念，明确了“服务传统产业转型升级的职业教育先行者、服务战略新兴产业和现代服务业发展的职业教育领头羊、服务淮海经济区职业教育创新发展的排头兵”的发展定位，确立了创建“产教融合特色校”“创新创业示范校”“服务贡献卓越校”“国际影响典型校”的发展目标，努力培养“有德、有能、有技、有为”的高素质技术技能人才，打造国内一流、海内外有影响的高等职业学校。

徐州工业职业技术学院是徐州唯一一所以工业命名、工科为主的省属示范性高职院校，是江苏省高水平高职院校建设单位，国家“双高计划”建设单位，连续四次荣获“全国高等职院校服务贡献 50 强”，连续两次荣获“全国高职院校国际影响力 50 强”，是全国高校实践育人创新创业基地、全国创新创业教育示范校、江苏省产业人才培训示范基地、江苏省技能竞赛先进单位、江苏省职业教育先进单位、江苏省文明单位。

(2) 成果概述

学校设有材料工程学院、化学工程学院、机电工程学院、建筑工程学院、工商管理学院、信息工程学院、汽车工程学院、国际教育学院、创新创业教育学院、马克思主义学院、基础课教学部、体育与艺术教学部、继续教育学院等 13 个教学单位。

学校有国家级实训基地 4 个(高分子材料实训基地、生物化工实训基地、化学制药技术实训基地、工业机器人应用人才培养中心)、省级实训基地 3 个(省级区域开放共享实训基地即徐州市重大装备制造技术实训基地、江苏省分布式能源与智能微电网技术实训平台、江苏省重大装备智能制造技术实训平台)，以及 6 个省级研发中心(江苏省化工新材料工程技术研究开发中心、江苏省橡胶循环利用工程技术研究开发中心、江苏省全合成胶非公路型轮胎工程技术研发中心、江苏省工程涂料工程技术研究开发中心、江苏省凹土功能材料应用工程中心、江苏省绿色橡胶循环制造工程研究中心)、5 个市级实训平台(徐州市校企共建现代物流公共实训平台、徐州工程装备智能制造产教深度融合实训平台、高分子材料智能制造技术实训平台、徐州云计算产教深度融合实训平台、徐州现代物流技术实训平台)以及 39 个市级研发中心(实验室)。

学校师资力量雄厚。有一支素质精良、结构合理的专兼结合的师资队伍，有教授、副教授 240 余人，博士 51 人，全国优秀教师 1 人，江苏省教学名师 2 人，黄炎培杰出教师奖 1 人，国家行业教学名师 8 人，“六大人才高峰”高层次人才 1 人，江苏省青蓝工程优秀青年骨干教师培养对象 29 人，青蓝工程中青年学术带头人 8 人，省“333”工程第三层次培养对象 10 人；有江苏省“青蓝工程”科技创新团队 1 个、江苏省优秀教学团队 5 个，省教师教学创新团队 1 个，全国石油和化工行业优秀教学团队4个;“双师”素质专业教师占比超过85%,还有200余名来自企业的兼职教师活跃在教学一线。

学校人才培养质量好。积极推行学分制改革,实施精英高职人才培养和导师制学生管理改革工程,学生“低进高出”。材料专业群学生与985/211本硕博学生同台竞技连年获奖。2017年,应用电子技术专业和环境监测专业在全国职业院校技能大赛上摘得两个全国一等奖。学业成绩优秀的学生每年可以获得各类奖学金。

学校社会服务成果丰富。成立了由政行企校四方参与的“徐州工业职业技术学院理事会”,开展了服务社会的“三百工程”活动,每年面向企事业工程技术人员和职工开展数控操作和维修等80余个工种“三新”职业技能培训1万人次以上,赢得了行业企业和省内外同行的肯定与好评。

(3) 特色做法

① 改变运行管理与人才培养模式,设备与资源共享

第一,体制机制创新。

基地坚持政府主导、多方共建及谁投入、谁受益的原则,创新投入体制。基地实现资源共享、成本分担,通过技术服务、成果转化、培训鉴定增强造血功能,创新运行机制。徐工集团、徐锻集团、徐州罗特艾德回转支撑有限公司等企业,江苏建筑职业技术学院、徐州生物工程职业技术学院、九州职业技术学院、江苏徐州技师学院等12所中高职院校,共同设计实验实训项目,编写教材及相关资料,根据使用提供材料成本及人员、设备费用。

第二,人才培养模式改革。

建立了高效共享的专业群实训体系,推行教、学、做一体的教学模式,形成以“四共建、三转变”为特点的现代学徒制“徐工模式”。

系统设计实训体系,整合实践教学资源,建设由机械制造通用能力实践平台和专业方向模块构成的高效共享的机械制造技术专业群实训体系,实现院校之间教材共用、学分互认、师资共享。深入分析机械制造技术专业群内核心专业与相关专业和课程的共性与差异性,围绕装备制造核心岗位的工作领域构建专业群核心课程,按照核心岗位涉及的工作内容确定课程内容,形成公共平台与多个专业方向彼此联系、相互渗透、共享开放的课程体系。

为保障人才培养的针对性和适应性,学校与徐工集团签约成立“徐工柔性制造技术学院”,探索现代学徒制,实现了学生从学校到企业的无缝对接。

第三,设备与资源共享建设。

紧跟装备智能制造发展趋势,建设柔性制造技术生产线、工业机器人集成

系统、逆向工程实训室等一流实验实训设施；紧扣工程机械智能制造技术的关键环节，建立工程机械五项全能技师培训基地，通过企业项目引导，开发实训课程，达到“产业链、知识链、技术链”有机结合，“工业化、信息化、智能化”深度融合，产学结合育人、校企协同创新。

徐州飞图机械制造有限公司、徐州艾德1.5兆瓦光伏电站等“校中厂”，徐工科技装备技术培训学校、徐锻机械学院、可成模具学院、晋拓数控学院等“厂中校”，有力地支撑了教育教学改革，形成了一套完整、科学、有效的管理制度和保障体系，为人才培养质量的持续提升提供了保障。

学院“e学平台”包括由优秀数字化媒体素材及优秀教学案例等教学基本素材构成的、可不断扩充的开放式机械制造技术专业群公共平台课程及专业核心课程教学资源库、课程网站、微信互动学习平台等先进的数字化学习空间，线上线下结合，构建了机械制造技术专业群信息化教学资源共享平台。

② 产学研创功能兼具，助力区域经济发展

紧扣工程机械智能制造技术的关键环节，区域开放产教融合实训基地服务职能，由技术技能型人才培养、员工培训、技能鉴定，拓展至科研、技术服务，助力区域主导产业发展；校企同步更新开放产教融合实训基地实验实训设备，与行业企业主流技术同步；创新人才培养模式，形成现代学徒制育人“徐工模式”。

学校依托基地，开展“多方位、立体化”服务，入选高职院校服务贡献全国50强。学校获江苏省机械行业人力资源工作先进单位。2016年9月获批江苏省重大装备智能制造技术实训平台。

③ 管理制度建设完善，打造优秀“双师”团队

建立理事会指导、管委会协调、公司化运作的管理体制，成立徐州工业职业技术学院理事会领导下的实训基地管理委员会。基地探索企业化管理和市场化运作；改革人事制度和用人机制，基地内校企双方人员可以互聘，相互按照各自的考核标准进行量化考核；制定明确的实践教师教学考核制度、明确的教师项目培养评价考核制度；制定明确的实训基地人员岗位责任制度、实训基地安全管理制度；制定明确的实训基地学生实践实训守则，制定明确的实训基地设备安全管理制度；采取“资源共享、成本分摊”的共建共享运行机制，相关学校特殊的实习、实训、实践耗材，由相关学校自行承担；实训基地相关企业的生产性耗材，相关企业自行承担。

根据机械制造技术专业群教学需要，整合实训基地相关专业专兼职教师资源，优化师资队伍结构，发挥不同专业背景和工作经历教师的优势，通过校

企“互聘、互兼”双向交流的团队合作机制，打造一支具有现代职教理念、教学经验丰富、实践能力强的高水平“双师型”实训基地教学团队，提升教学团队的教学能力、技术创新能力和技术服务能力，满足重点专业群实践教学需要和行业企业的发展需要。

实训基地内学校的专业教师作为基地内企业技术人员的补充，与企业的技术人员共同解决企业的技术难题，共同进行产品研发；基地内企业的技术人员可以充当学校的外聘专业教师，与学校的专业教师共同完成基地的实践教学任务；每年基地内学校选派一定数量的专业教师进入基地企业技术锻炼，基地内企业的中级以上技术人员应承担学校毕业生的毕业论文指导任务。

④ 被评为教育部校企深度融合典型案例

学校与徐工集团实施校企一体化办学，被教育部作为校企深度融合典型案例，2014 年 11 月在莱芜会议介绍经验。

学校立足高端技术技能人才培养，以重大装备制造技术作为落脚点，与行业龙头企业——徐工集团全面合作，实施校企一体化办学。自 2004 年学校与徐工集团签约合作以来，历经多年的发展，校企关系深度融合，双方“以需求为导向，以项目为抓手”，在人才培养、基地建设、职工培训、教师锻炼、技术合作、教师与工程师互兼互聘、技能竞赛等方面开展全方位合作，实现了企校双赢。因合作成效显著，被教育部作为校企深度融合典型案例，在 2014 年 11 月于山东莱芜举办的“全国高等职业教育校企一体化办学经验交流暨创新联盟成立大会”上介绍经验，多家媒体对双方的合作做了专题报道。

⑤ 实行以“四共建、三转变”为特点的“徐工模式”

学校与徐工集团践行现代学徒制，形成了以“四共建、三转变”为特点的机械类专业现代学徒制“徐工模式”，实现了学生从学校到企业的无缝对接。

学校与徐工集团签订战略合作协议，开展全方位合作。校企共建“徐工柔性制造技术学院”，实现招生与招工一体化；共建省级区域开放共享型徐州市重大装备制造技术实训基地，实施“实景教学—分解演练—真实操作—多岗轮训”的四层递进式教学模式；共建“学生—青工”同台竞技机制，完善人才培养质量的考核评价体系；共建“技师培训中心”，探索精英技术技能人才培养。

学生在学习知识、掌握技能和积累经验的同时，也传承了徐工的企业文化、国际理念和管理方法，实现了“三个转变”。第一个是学生签订“学徒协议”，完成学生到学徒的转变；第二个是经过专业技能训练和多岗轮训，实现学徒到准职业人的转变；第三个是从顶岗实习开始到完成学业签订正式劳动合同，实现准职业人到职业人的转变，实现了学生从学校到企业的无缝对接。

⑥ 首创“设备＋技师”营销模式

与徐工基础公司共建的工程机械技师培训中心，将机械专业现代学徒制育人模式由“学历型”延伸至“非学历型”，并首创“设备＋技师”营销模式。

2013 年 10 月，校企签约共建“技师培训中心”，其中徐工基础公司提供价值 400 余万元设备，学校投入 150 余万元建培训场地。“技师培训中心”面向社会招收具有一定工作经验的机手，企业招工和学校招生同步、共同制订人才培养方案、共同构筑一体化教学平台、共同建设“双师结构”教学团队、共同开展岗位技能教学、共同评价人才培养质量，培养的技师“懂设备原理，能熟练操作，会选择工法，能判断故障，会维修保养”。2014 年 4 月份开始招生，首期“旋挖钻技师班”招收 31 名学员，就业率 100％，日薪 300 元以上，实现了将机械类专业现代学徒制人才培养的探索由“学历型”延伸至“非学历型”，达到了多方共赢，有效缓解了社会和企业对该类紧缺人才的需求。

⑦ 提升了学生适岗能力

基地教学过程与生产过程对接，实施多岗轮训，提升了学生适岗能力。作为省级区域开放产教融合型实训基地——徐州市重大装备制造技术实训基地，拥有机械加工技术、数控加工技术、机电设备维修技术、工业机器人技术、自动化技术、逆向工程技术六大实训平台，工程机械装配与调试、模具制造、柔性制造等三条生产线，集产、学、研、创等功能于一体，徐工集团派出技术骨干与学校共同组建了 50 人的“混编团队”，采取“师傅带徒弟、多岗轮训”的教学方式，既提高了产品质量和生产效率，又保证了学生各种技能的训练。校企共同开发实训项目、教材和标准，实现了专业与岗位、课程与标准、教学与生产对接，基地文化与徐工文化对接，培养的学生到公司后直接上岗。

⑧ 创新人才培养质量检验方式

学校把技能大赛当作一个展示、交流、反映学校办学水平的平台。自 2011 年起，学校与徐工集团、徐锻集团、徐州罗特艾德回转支撑有限公司等共建在校生与企业青工同台竞技平台，校企联合举办“工院杯”职业技能竞赛，检验学生学习及企业青工成长情况。技能竞赛设数控车工、钳工等 6 个工种，由徐州市人力资源与社会保障局职业技能鉴定指导中心审核命题，难度符合国家职业资格技能鉴定中的高级工标准。在校生与企业青工同台竞技，创新了人才培养质量检验方式。

(4) 经验总结

徐州工业职业技术学院构建了“政府主导、多方共建、理事会指导、公司运作、服务区域、开放共享”的基地运行管理机制，完善并推广了“产学互动，三业一体”的人才培养体制，形成了以“四共建、三转变”为特点的现代学徒制“徐工模式”；设备配置紧跟智能制造技术发展；基于装备制造岗位群，以专业群各专业的岗位通用技能和专门技能为基础建立了校内校外相结合、优质资源充分利用、高效共享的实训体系；线上线下结合，构建了机械制造技术专业群信息化教学资源共享平台；通过“内培外引”和“校企互兼互聘”，建立了一支专兼结合、教学水平高、实践能力强的“双师结构”专业教学团队；圆满完成预期建设目标，在全省乃至全国高等职业院校区域开放产教融合型实训基地的建设与发展中起到了示范和引领作用。

4.2.2 “三级四方合作”——襄阳职业技术学院

（1）学校概况

襄阳职业技术学院是湖北省人民政府批准，教育部备案，于 2000 年 8 月组建的一所公办全日制高等职业院校。学校是国家示范（骨干）高职院校、全国文明单位、中国职业教育百强院校。

学校现有教职工 1 007 人，外籍教师 2 人，拥有教授 50 人、副教授 237 人，省级教学名师 2 人，省级技能大师 1 人，享受省、市政府津贴专家 15 人，兼职教师 564 人，“楚天技能名师”15 人。建有省级教学团队 3 个。全日制在校生 20 000 多人。

（2）成果概述

学校建有国家级精品课程 8 门，国家级精品资源共享课程 8 门，省级精品课程 28 门。独立主持建成特殊教育专业国家教学资源库，联合主持建设医学检验技术专业、建筑室内设计专业、汽车制造与装配技术专业等 3 个国家教学资源库项目。出版国家级规划教材 16 部。

学校建有护理、电工电子、汽车维修、特殊教育、智能制造等 5 个中央财政重点支持建设的国家级实训基地，建有医学影像技术、数控技术、汽车检测与维修技术、计算机网络技术、畜牧兽医等 5 个省级实训基地。建有 34 个校内实验实训中心，324 个实验（训）室，411 个校外一体化实训基地，教学仪器设备资产总值 1.93 亿元。建有国家星火计划农民科技培训基地、国家职业技能鉴定所、农业行业特有工种职业技能鉴定站、湖北省特殊教育中心和 3 个全国重点建设职业教育师资培养培训基地。拥有一所二级优秀附属医院。

学校坚持“立德树人，以用立业”的办学理念，致力于高职教育理论的创新和实践，秉承“立足襄阳，服务湖北，辐射周边，主动为地方经济建设和社会发展服务”的办学定位，被认定为“中国高等职业院校服务贡献 50 强院校”“全国高职院校创新创业示范校 50 强”“教育部人才培养工作水平评估优秀等次院校”“中央财政重点支持建设的示范性职业技术院校”等。

(3) 特色做法

① 建成“三会”办学体制机制

第一，合作办学理事会。

2011 年 10 月，由襄阳市人民政府主导，联合襄阳(国家)高新技术开发区及经济和信息化委员会、财政局、人力资源和社会保障局、教育局、农业委员会、卫生局、文化旅游局等 9 个行业主管部门，汽车产业协会等 2 个行业协会，东风汽车股份有限公司等 22 个紧密型合作企业，成立了由市长任理事长、分管副市长与学院院长任副理事长的“合作办学理事会”。组建了秘书处和发展规划、人力资源、技术服务、经费筹措等 4 个工作组，推动了“政校企行”深层次合作，提升了高等职业教育综合实力与企业核心竞争力。

第二，“行业企业合作工作委员会”和“襄阳市职教联盟”。

2010 年以来，以襄阳(国家)高新技术产业开发区、襄阳市卫生局、农业委员会、文化和新闻出版局、经济和信息化委员会等政府与行业主管部门为主导，联合各行业(产业)龙头企业。行校企合作先后成立了卫生、农业、旅游服务、工业和开发区等“4 行 1 区”5 个行业(区域)校企合作工作委员会；在市政府主导下，依托襄阳市教育局，联合各县市区政府、职教中心和中等职业教育学校，共同组建了“襄阳市第一职教联盟”。建立了行业工作委员会例会制度、年度考评和奖励机制，规范了成员单位行为。

第三，“专业合作建设委员会”。

以专业建设指导委员会为基础，与紧密型合作企业以协议的形式缔结组成了 37 个“专业合作建设委员会”，主任委员全部由产业(行业)内具有较强影响力的企业(行业)专家担任。建立了专业委员会工作章程、工作计划制度、工作信息通报制度与工作例会制度。全面负责专业建设、教师实践锻炼、学生岗位能力培养等具体合作事宜的落实与考核，并搭建技术研发平台、联合开展技术攻关、联合开展应用技术研究和职业教育研究。

② 创立特色办学模式

学校坚持走特色发展之路，创立了多种特色办学模式。

第一，创立了具有自身特色的“1233”办学模式。

“1233”办学模式，即“一个目标、两个依靠、三级平台、三支队伍”。其中，“一个目标”是指在保证学生可持续发展的基础上，以社会职业岗位(群)的需要为依据，培养生产、建设、经营、管理和服务等第一线需要的能将客观规律和科学原理转变为物化形态、直接为社会创造价值的高素质、高技术、高技能应用型专门人才;“两个依靠”是指在专业建设、课程建设、基地建设、教学团队建设和创新人才培养模式等方面,依靠行业组织和行业研究会办学,形成有效的“校企互动”办学机制;“三级平台”是指按照重视基础、拓宽口径、强化技能的原则,搭建“通识能力、专业通用能力、专业特殊能力”三级教学平台;“三支队伍”则为建设“双师型”“理论型”“技能型”三支教师队伍。

第二,建立了“三会主导,四方联动”合作办学体制机制。

学校依托行业组织和行业研究会紧密联系知名企业,建立了“理事会、行业工作委员会和专业合作建设委员会”三级开放式、立体化校企合作办学体制,形成了“政府主导、行业引导、企业参与、学校主体”四方联动的合作办学模式。

第三,确立了“三对接一贯穿”工学结合人才培养模式。

此模式为专业与地方支柱产业对接,人才培养规格与用人单位需求对接,课程与岗位工作任务对接,校企合作贯穿人才培养全过程。

第四,探索形成了“一纳入四融合”创新创业教育模式。

襄阳职业技术学院遵循人才成长规律和高职教育规律,以创新创业教育改革为人才培养改革的突破口,面向全体学生,覆盖所有专业,探索形成了“一纳入四融合”的创新创业教育模式,即将创新创业教育纳入人才培养全过程,通过课程、师资、平台、文化融合,培养具有创新意识、创新能力和创新思维的技术技能人才,培养造就了一批“大众创业、万众创新”的生力军。

第五,实施了“以爱为核心,以职业为切入点”的“四位一体,三全育人”学生教育管理模式。

所谓“三全育人”,是“全员育人、全程育人、全方位育人”三者的简称,具体来说,“全员育人”是指由学校、家庭、社会、学生组成的“四位一体”的育人机制,其中学校方面该学生教育管理模式由专业研究室主任、专业课教师(职业导师)、公共课教师(德育导师)、辅导员(班主任)组成班级管理团队;“全程育人”是指学生从一进校门到毕业,从每个学期开学到结束,从双休日到寒暑假,学校都精心安排思想政治教育,贯穿始终;“全方位育人”是指充分利用各种教育载体,主要包括学生综合测评和奖学金评比、贫困生资助与勤工助学、学生组织建设与管理、校园文化建设、学风建设、诚信教育、社会实践等,将思想政治教育寓于其中。

襄阳职业技术学院特色的多元化办学模式,强化了学生的可持续发展,为学生综合素质和职业能力的提高奠定了基础,毕业生就业率始终保持在95%

以上。

③ 重视建立研究基地

学校组建了湖北麦冬工程技术中心等 17 个技术研究机构，18 个科研团队。建有由中国科学院刘嘉麒院士、中国工程院王天然院士领衔的院士工作站。立项建设国家社科基金项目 1 项、国家教育科学规划重点项目 2 项、教育部人文社科基金 3 项、国家星火计划科技项目 1 项，完成省部级以上教科研项目 165 项，获得各级教科研奖励 152 项，其中获国家教学成果奖二等奖 1 项，湖北省重大成果奖 1 项，湖北教学成果奖、湖北省教育科学研究优秀成果奖 20 项，获得国家专利 148 项，年均完成技术服务项目和公益服务项目 236 项，年均开展各类社会培训和技能鉴定 20 万人次。学校建有 1 个国家级、3 个省级众创空间，学校所属的襄阳市大学科技园被工信部认定为“国家小型微型企业创业创新示范基地”，被科技部认定为“国家级科技企业孵化器”，被人社部评为“全国创业孵化示范基地”。

(4) 经验总结

襄阳职业技术学院在立足高等职业教育特点的基础上，积极开展学生创新创业教育，将创新创业文化融入校园文化建设，大力推进校园内的创新文化环境建设，并从创新型人才培养的高度，结合自身实际和资源优势，将创新创业教育纳入人才培养的统一规划下，与专业教育有效融合。学校立足襄阳，服务湖北，辐射周边，围绕区域支柱产业和全面建设小康社会，主动为地方经济建设和社会发展服务，培育了大批德才兼备的杰出人才和研究硕果。

4.2.3 “县校合作”——重庆三峡职业学院

(1) 学校概况

重庆三峡职业学院 1936 年建校，2003 年组建高等职业院校，是重庆市唯一的一所以现代农业为特色的全日制普通公办高等职业院校，位于重庆市万州区。经过 80 多年深厚文化底蕴的积淀和建院以来超常规、跨越式发展，学院已建设成为一所历史悠久、文化厚重、设施现代、环境优美的高等学府。是首批中国特色高水平高职专业群建设单位，全国毕业生就业典型经验 50 强高校，教育部第三批现代学徒制试点院校；重庆市优质高等职业院校建设单位，重庆市示范性高等职业院校。学院团委获全国“五四”红旗团委荣誉称号。

(2) 成果概述

随着重庆市经济社会的快速发展，重庆市已被国家评为新一线城市，重庆三峡职业学院充分利用区位优势，对教育模式不断进行创新改革，取得了很多成就。

学院建有校内实习实训中心122个，校外实习基地278个。设有重庆市博士后科研工作站、西南大学教育学部博士工作站、劳动和社会保障部命名的“全国特有工种职业技能鉴定站”和“计算机信息高新技术培训考试站”，是重庆市农机高端应用人才星火计划培养基地、重庆市三峡库区移民劳动技能培训基地和万州区农村劳动力转移培训基地、万州区农业职业经理人培训基地。

(3) 特色做法

① 秉承“校企合作，工学结合”的开放办学理念

注重对外交流与合作，注重与企业的合作办学，牵头成立了三峡库区职教集团。与美国、加拿大、比利时、澳大利亚等国家和地区的国内外30余所同类院校及社会机构建立了校际合作联系，与1 000余家企业建立了校企合作关系。学院结合市场人才需求和全国对三峡库区的对口支援，广辟人才安置渠道，长期与30多个省(区、市)的人才交流中心和近100个名优企业、跨国公司、国有大中型企业建立了稳定的毕业生供需关系。学院曾与中国第三方教育数据咨询和教育质量评估机构麦可思公司合作，建立了“社会需求和就业结果跟踪评估系统”指导学院科学办学，毕业生就业率达98.6%，为社会培养了理论扎实、具有较强实践能力的高端技术应用型专门人才。学院已建设成为三峡库区培养高素质技术技能人才的重要基地和摇篮。

2017年7月，重庆三峡职业学院与好利来华中分公司正式签订校企合作协议。近年来，重庆三峡职业学院不断加大校企合作力度，与企业开展多层次、多形式、多领域合作，努力实现校企双方资源的优化配置和有机结合。其中，食品加工技术专业作为校企合作重点专业，建立了21个校外实习基地，先后与亿滋食品、好利来、旺旺集团、喜之郎等行业龙头企业签订了校企合作协议，从专业建设、课程建设、教学实习、学生就业等方面开展紧密合作。学院食品加工技术专业与好利来华中分公司共建“好利来烘焙实训中心”开展校企深度合作，是食品加工技术专业积极探索培养技能型人才的新模式、新方法，是深化产教融合的有益尝试。

② 专业布局调整，坚守“现代化农业”特色发展

在重庆三峡职业学院成立前后，全国正面临农业职业教育的低谷期，为了维持生存，这个时期全国的农业教育院校都一直在实施“去农化”办学。重庆三峡职业学院也不例外，到2007年，仅剩2个纯农、2个涉农专业。专业设置同质化、生源不稳定、在办学定位上摇摆不定等问题凸显，严重影响了学院的办学特色和人才培养质量。

进入21世纪以来，随着农业产业现代化进程的加快，学院开始调整专业布局，改变战略方针。专业布局结构由分散向围绕现代农业集中，课程体系和教学内容也由传统农业向现代农业的技术技能转变。“民以食为天”，农业乃立国之本、强国之基。没有农业现代化，就没有全民的小康，就没有国家的现代化。针对重庆五大功能区定位，在统筹城乡、促进库区发展的大背景下，学院党政领导班子紧紧抓住这一重大历史机遇，主动出击，理性思考，通过市场调研和科学论证，最终确定了立足三峡库区，坚持以“服务三峡”“服务三农”“服务现代农业”为办学宗旨，走以现代农业为办学特色的科学发展思路。大力发展现代农业装备技术、现代农业信息技术、现代农业经营管理与服务三大主体专业群，全力培养现代农业技术技能型人才、经营管理人才。

③ 推进“县校合作”项目

重庆三峡职业学院是渝东片区唯一的一所涉农公办高职学院，学科优势明显，技术实力雄厚；巫溪县是渝东北片区的重要区县，区位优势与资源优势明显，发展潜力巨大，二者在推动区域社会、经济发展中都各自具有独特的地位和作用。双方经过协商决定按照“优势互补、互惠双赢、着眼长远、共同发展”的原则，建立起长期、全面、深度的县校合作关系。双方在科技、培训与人才培养、重大课题等方面开展全面合作。重庆三峡职业学院与巫溪县政府的合作，是科技优势与产业优势的结合、学院与政府双赢合作的结合，更是职业教育与地方经济发展的结合，能积极推进重庆三峡职业学院在渝东北片区经济建设中的示范和拉动作用。学院与巫溪县政府的合作在重庆市高等职业教育范围内尚属首次。

第一，县校合作的具体措施和做法。

首先，根据巫溪县特色农业的发展需求，重庆三峡职业学院协助巫溪县建立运用与推广新品种、新技术、新模式的现代农业生态园区，为当地特色农业提供全方位指导和服务。

其次，重庆三峡职业学院负责为巫溪县提供农业新技术、新成果、新品种的引进和试验、示范及推广工作，对乡镇、村组干部和基层农技人员及农民进行技术培训。

再次，巫溪县政府聘请重庆三峡职业学院相关领域的专家和教师为县政府专家咨询团成员，双方共同研究相关课题，参与巫溪县经济社会发展的咨询决策。

然后，对口支援巫溪县职教中心。发挥示范学院在区域职业教育发展中的带动作用，本着“对口支援、共同发展”的原则，重点在专业及课程建设、专业教师培训及对口交流、教学与学生管理、科研及资源共享等方面开展对口支援，以推动双方优势互补，共同提高。

最后，以县校合作协议为平台，巫溪县的现代农业企业参与学院人才培养模式改革，共同确定现代农业专业人才培养目标和定位，实施课程体系改革。

第二，县校合作开展生产性研究。

学院与巫溪县政府共同成立了研发机构，实现资源共享，共同研发新技术、解决技术问题。根据学院示范建设任务书和县校合作协议内容，由学院与巫溪县政府农业综合办在巫溪县共建巫溪食用菌研究所，同时共组开发团队开展生产性研究。

第三，开展了专项培训技术。

为切实有效地解决巫溪县农户在山羊养殖中的实际问题，提高巫溪县山羊养殖和防疫技术水平，2011 年 5 月重庆三峡职业学院赴巫溪县共同举办了“2011 年山羊养殖与疾病防治技术培训会”。参加培训会的有全县山羊养殖基地村村民、示范村防疫员、各乡镇山羊养殖大户、乡镇畜牧兽医站站长、畜牧兽医局全体职工共 180 多人。培训将理论与实践经验结合，通过多媒体和课外交流讨论方式，采用病例教学方法，让所有学员学有所获、学有所用。

④ 共同打造巫溪县现代农业生态园区

学院组织专家组对红池坝农业生态示范园基地进行土质、气候的调研，对农业园区的产业布局进行了规划。总体布局为“1158”，即：一轴、一心、五园、八区。

一轴：以东西贯穿整个景区的公路为轴线，布局各个产业园区，使景区主要道路成为衔接区内产业发展的“产业大道”“景观大道”。构建“场部核心区—天子城—银厂坪—西流溪—打火坝”景观轴线。

一心：在红池坝场部核心区构建以体现巫文化、农耕文化、红池坝动植物标本等为主的农博馆，建成知识性、科学性、趣味性、观赏性于一体的科普教育基地、科技教育基地、农业科技旅游景点。

五园：即红池坝有机果蔬标准化生产示范园，种苗产业园，有机产品、旅游商品加工园，创意植物园，科技创新园。

八区：万亩黄牡丹观赏区，万亩杜鹃观赏区，万亩芍药观赏区，大宁河土鸡生态养殖区，红池坝黑猪生态养殖区，梅花鹿生态养殖区，牛羊生态养殖区，红池坝野生水果采摘区。

学院和巫溪县政府共同承担了开展“园校互动”办学模式改革试点项目。学院和巫溪方面共同启动了“园校互动”办学模式改革的实施工作，正在依托红池坝农业园区努力办出特色和实效。

(4) 经验总结

重庆三峡职业学院在办好教学教育的同时，善于利用社会经济区位发展优势，积极与社会进行互动，通过“校企合作”“县校合作”等，积极贡献社会，承担社会责任，履行社会义务。学院紧紧围绕重庆市政府提出的深化“农业改革”“园林互动”等要求对专业布局进行合理的调整，建立综合的技能人才培训基地，以“就业为导向”培养企业和社会所需要的人才，实现产业与专业人才的顺利接轨，为当地的教育和经济水平的提高做出贡献。

4.2.4 “校村企模式”——滨州职业学院

(1) 学校概况

滨州职业学院2005年3月被省教育厅确定为山东省骨干示范性职业院校。2013年10月以优秀等级通过首批国家骨干高职院校建设验收，2017年9月以全省第四名的成绩进入第一批山东省优质高等职业院校建设工程立项学校行列。获全国职业教育先进单位、全国教育系统先进集体、国家技能型人才培育突出贡献奖、富民兴鲁劳动奖状，被评为山东省职业教育先进集体、省级文明单位、全国绿化模范单位、全国高职院校魅力校园、山东省卫生先进单位、山东省依法治校示范校。建有山东省首家职业教育公共实训基地。

服务区域经济社会发展是国家骨干高职院校的重要任务，也是高职院校内涵建设的重点。滨州职业学院在办学过程中深刻认识到，服务社会的水平将决定校企合作的深度，学校办学中的很多难题将会随着社会服务能力的提升而得到解决。基于此，学院大力推进开门开放办学，实施了《服务“黄蓝”两区建设行动计划》，该计划被市委、市政府办公室转发，在全市推行。服务“两区”过程中，广大教科人员和学生深入农村及企业一线，开展技术推广、咨询、培训等，同时不断为学院引入教育教学资源，在实践中探索了一些合作办学模式，“校村企”模式就是其中之一。

(2) 成果概述

① 坚持内涵优先发展

滨州职业学院现有国家重点建设专业9个、省级特色专业8个、省级品牌专业群3个，首批国家级现代学徒制试点专业2个、省级试点专业5个；建成国家精品课程3门、国家精品资源共享课程3门、省级精品课程64门、省级精品资源共享课程22门；国家职业教育“十二五”规划教材11种。顺利通过2015—2018年高职教育创新发展行动计划项目认定22个，位列全国第七、全省第一;获 2018 年国家级教学成果奖 5 项、省级教学成果奖 16 项,名列全国第四、全省第一;获批 2019 年山东省职业教育教学改革研究重点资助项目 8 个、省委托项目 1 个,重点项目数量占全省高职院校 1/8,名列全省第一;是全国第一家连续两年承办全国职业院校护理大赛、全国护理专业教师教学能力大赛的职业院校。

② 实施开门开放办学

学院坚持走开门开放办学之路,通过校企合作、校校合作、政校合作等多种形式,开展联合办学,现已与黄河三角洲地区政府、大型企业、学校等形成稳定的合作关系。聚焦产业深化融合,打造校企命运共同体。坚持"服务、融入、引领"的办学理念和"开门开放、多元多样"的办学模式,成立理事会及各级校企合作组织,与省知识产权局、市科技局共建知识产权学院,与滨州各县区全面开展战略合作;牵头成立中国职教学会职业院校培训工作委员会、中国护理职业教育联盟、全国高校第三年龄大学联盟职业院校工作委员会,是全国高职高专校长联席会议主席团成员单位、中国职教学会常务理事单位;校企共建高端铝产业学院、中德合心国际交流学院、移动云教学大数据研究中心、滨州大型智能(仿真)实习实训基地、黄河三角洲智能制造产教融合实训基地等混合所有制二级学院、科研机构和合作项目;被确立为"全国定向培养士官定点院校",涵盖海军、空军和战略支援部队等 3 个军兵种的 4 个专业。

③ 服务区域经济社会发展

学院把社会服务作为开放办学的重要途径,先后实施服务"两区"、服务滨州"转调创"行动两个计划,并被市委、市政府以正式文件向全市转发;依托山东省企业专业技术人员继续教育基地、山东省省级现代农业技术培训基地等 18 个培训资质,积极开展企业员工技能提升,每年完成社会培训 6 万余人次。坚持"从企业中来、到企业中去"的科技研发思路,为企业提供急需关键技术。成立滨州市应用科技研究院,与市工业与信息化局合作打造"中小微企业创新服务平台",校企共建省级以上创新平台 10 个、博士研究中心 8 个、技能大师工作室 17 个,获批省高校工程技术研发中心、省现代农业产业技术体系棉花综合试验站、省技能技艺传承创新平台。承担省级以上科研课题 86 项;主持山东省农业良种工程项目 5 项,省自然科学基金项目、青年科学家基金项目各 1 项,省社科规划课题 7 项,省发展和改革委员会"蓝黄"两区重大理论课题 2 项。获国家科技进步二等奖 1 项,省科技进步二等奖 1 项、三等奖 2 项,省技术发明二等奖 1 项,省社科成果奖 3 项,国家发明专利 87 项;成功选育棉花新品种"滨职棉"1 号,国审大豆"滨职豆"1 号通过国家农作物新品种审定。1 个项目获批省中青年科学家科研奖励基金项目，5 个项目获批山东高等学校科技发展计划重点项目。每年为企业开展技术研发服务近百项，累计实施成果转化 200 余项，创经济社会效益近 10 亿元。

④ 突出文化育人特色

积极打造校园一小时文化游览圈，形成“一轴、二山、三区、四湖、五园”的校园文化格局，获全国高校校园文化建设优秀成果二等奖；学院实训广场被确定为山东省及滨州市首家职业教育公共实训基地。学校被评为全国绿化模范单位、全国高职院校魅力校园(共 30 所)。开展分层教学，致力于打造专升本、技能大赛两张名片，为学生成长“引路搭桥”。按照“国赛有名次、省赛争第一、市赛夺全能、院赛常态化”的工作思路，每年 6 月、12 月设立为学院的技能大赛月，坚持以赛促练、以赛促建、以赛促教、以赛促改，带动学生技能水平全面提高，获省级以上技能大赛奖项 170 余项，其中 2015 年以全国总分第 1 名的成绩获得护理技能大赛一等奖。按照市场需求和学生专业特点，实行订单培养，建立“武警总医院护士班”“上海浦东发展银行班”“尧王制药班”等冠名班 42 个。近几年，毕业生就业率 98.32％，专业对口率 95％，毕业生满意度达 96％，用人单位满意度达 100％。

⑤ 坚持品牌建设战略

学院成立了现代职业教育工作室，开展职业教育政策研究宣传工作，成为全国首家图解《国务院关于加快发展现代职业教育的决定》的高校。受教育部委托，承担了全国职业教育活动周 Logo 和宣传海报设计、全国教学成果奖宣传视频制作等工作，出席在京举办的全国首届“职业教育活动周”启动仪式；成立以“鲁彬之”为笔名的现代职业教育工作室，承担了全国人大职业教育法实施检查各省(市)职业教育述评工作，主持或参与教育部、教育厅 12 个职教文件起草工作。被确定为全国现代学徒制试点单位、全省教育信息化试点单位；被教育部职成司确定为教育部职成司党支部定点联系学校，被评为全国职业核心能力认证示范教学单位，获批成立山东高校首批“孔子学堂”。与青岛科技大学开展“3＋2”对口贯通分段培养。

先后以优秀成绩通过省委高校工委、省教育厅、省人力资源和社会保障厅等部门开展的人才培养工作水平、校园文化建设、德育、固定资产管理、成人办学水平、普通话工作和测试机构、就业、思政课教育、餐厅管理等多项评估。多家媒体对学院的办学特色进行了报道。

(3) 特色做法

① 以服务寻求合作的切入点

实行“县区包片、全员参与”的工作方式，由各教学单位和行动部门分工联合包片相关县区，推动合作办学、合作育人、合作就业、合作发展。在服务“两区”过程中，滨州职业学院科研处与生物工程学院深入到阳信县燕店村，初步构建了“校村企”合作模式。

位于鲁北平原的阳信县燕店村，产业多、发展基础好，且离学院仅 40 千米，这为紧密合作创造了条件。但是仅有好的条件并不能导致紧密合作关系，双方真正的合作源自村里对农业技术的需求。燕店村率先探索了土地流转，注册成立了泰丰蔬菜种植合作社和泰丰农林牧有限公司，确立了“公司＋合作社＋基地”的发展模式，村民以土地入股，加入合作社。村里开始按照规划开发的时候，遇到了农业技术短缺问题。正是在这个关键时刻，滨州职业学院服务“两区”走进了燕店村，为村里送去了技术，双方开始走上合作之路。

② 以贡献拓宽合作的广度与深度

在技术服务过程中，学院了解了燕店村的实际状况，认识到合作的宽度和深度都可以进一步拓展。该村企业规模大，有祥泰煤业有限公司、祥瑞金属制品有限公司、泰丰农林牧有限公司、祥泰贸易有限公司、阳信县庆鑫工艺品有限公司等多家企业；企业涉及产业多，涵盖蔬菜种植、苗木生产、养殖、草编、木制品加工、文化传媒、金属制品、物流等行业。根据实际情况，与该村村委、企业负责人达成协议，双方拟在技术服务、合作研发、技能培训、学生实训就业等方面进行深度合作。技术服务方面，学院确定服务团队，对村内农业、企业生产一线存在的问题给予技术指导，在蔬菜种植、苗木生产、机械、物流等多个领域开展技术服务，帮助解决生产一线技术难题。合作研发方面，通过合作申报，拓宽学院的立项渠道，增加 1～2 项市级科研课题，目前已经针对该村农业生产现状进行了调研，并在高效生态栽培技术、滨海盐碱地高效生态栽培模式和农业物联网实现、示范以及土地流转的实证研究等方面开展了立项论证。学生实习就业方面，与该村企业对接，共建专业。其中，机电、机械类专业与祥泰煤业有限公司、祥瑞金属制品有限公司对接；生物工程学院与泰丰农林牧有限公司对接；工商管理学院、会计学院、信息工程学院等与祥泰贸易有限公司对接等。同时与企业共建校外实习实训基地，满足实习实训需要。积极开展职工培训，针对农业生产和企业需求，对在职员工进行生产技术、管理知识、营销技能等方面的培训；结合企业实际，启动职工技能鉴定；举办职工在职中专学历教育班。

③ 以健全机制保障合作的持续进行

就双方的合作，成立了学校、村委、企业三方参与的领导小组，形成了定期协商机制，“校村企”合作模式初步形成。在领导小组的协调下，实施项目管理的模式推动合作持续进行。学院对承担的服务项目制订项目实施方案，明确完成时间，落实责任人。科研处、继续教育学院等牵头部门对各单位承担的服务项目进行定期检查、督促、审核、汇总。学院采取专项检查和会议调度相结合的方式，通过“行动计划”专题会议、督查通报等途径，实行周调度、月调度制度，开展工作指导和督导检查，及时公布工作进展情况，形成定期检查、定期调度机制。

(4) 经验总结

① 学校与社会合作过程中要切实发挥政府的主导作用

农村、企业等经济实体，在自主决策、自主经营的情况下，首先想到的是在科研层面上同高等职业院校进行合作，最先考虑的是自己的利益最大化问题，最担心的是学校的参与打乱农业、企业的正常生产秩序，降低经济效益。在新形势下，单靠高等职业院校与企业、村委促成深度的合作还有些力不从心，需要政府从全局、整体、长远的角度，站在高等职业院校、企业、农村各自局部利益之上的战略角度，充分发挥政府在宏观调控方面的特殊作用，引导和激励三方的合作。

② 合作过程中要建立以高等职业院校为主体的调控、保障机制

高等职业院校自身必须建立一种根据市场、企业变化随时适应、调整的机制，能够主动适应变化，调整办学方向、专业设置、培养目标、人才规格、办学规模、教学内容以及教学方法等，其途径是建立起社会需求调查—决策—调整—适应的机制；建立学院与市委、市政府、各部门、各大企业、兄弟院校、科研机构之间的协调联动机制，创设良好外部环境；建立保障机制，合作双方应该责、权、利明晰，明确双方在“产学研”合作中各自的地位、作用、权利、义务和相互关系；建立评价机制，检验与评估“产学研”结合开展的情况。

③ 合作过程中要始终把握学校的“育人”主线

学校参与“校村企”合作主要是通过人力资本的投入或培训来提高就业率、促进科技进步，从而推动经济社会发展。因此，作为学校，无论什么层次的合作，要始终把握“育人”主线。合作过程中要与学校建设任务、日常教学工作、社会培训、教科研活动进行“捆绑”，通盘考虑，统筹兼顾，在服务地方社会经济发展中，实现人才培养、社会培训、科技研发的良性互动。通过合作，更加有效地进行培养模式和教学模式的设计、优化、实施，提高学生就业质量和就业率。

4.2.5 “政产校携手育专利”——重庆工程职业技术学院

(1) 学校概况

重庆工程职业技术学院是一所由重庆市人民政府主办,重庆市教育委员会主管的全日制普通高等职业学校。学校始建于 1951 年,1998 年起举办高等职业教育,2001 年升格为高等职业院校。2010 年建成国家示范性高等职业院校,2019 年建成国家优质高职院校,同年被遴选为中国特色高水平专业建设计划学校。

学校建有国家级教学团队 1 个、首批国家级职业教育教师教学创新团队 1 个、国家级重点专业 8 个、国家级骨干专业 6 个、国家级“双师型”教师培养培训基地 1 个、国家级生产型实训基地 2 个、中央财政支持实训基地 8 个,国家级协同创新中心 1 个、国家级“网络学习空间人人通”专项培训基地 1 个。建有国家级精品资源共享课程 3 门,国家级职业教育专业教学资源库 1 个。获得国家级教学成果奖 2 项。学校图书馆藏纸质图书 105.78 万册,电子图书 135 万册,电子期刊 2.57 万册。学校建有共享型专业教学资源库云综合平台,提供各种视频、课件、虚拟实训等内容供全校师生使用。

(2) 成果概述

近年来,在重庆市教育委员会、重庆煤矿安全监察局、重庆市煤炭工业管理局、重庆市安全生产监督管理局、重庆市科学技术委员会、重庆市经济和信息化工作委员会等政府部门及重庆市能源投资集团等行业企业的支持下,学院成立了矿业工程应用技术推广中心、重庆市煤矿安全设备工程技术研究中心、安全科技“政产学研用”协同创新平台等科技研发平台,与企业共同开展科技攻关、产品转化,助推行业企业发展,取得丰硕成果。

(3) 特色做法

① 政产携手建科研平台

第一,成立矿业工程应用技术推广中心。

为了及时跟踪市场发展变化,引进、消化先进实用技术,建设校企合作的“产学研”互动平台,建设先进实用技术的集散中心和推广中心,建成适应市场发展需求的高技能人才培养和实习实训基地,经重庆市教育委员会批准,重庆工程职业技术学院矿业工程应用技术推广中心于 2008 年立项建设,2010 年正式挂牌成立。

第二,联合建立重庆市煤矿安全设备工程技术研究中心。

“产学研”结合是提高自主创新能力的重要手段和途径,为进一步增强自主创新能力，2009 年，在重庆市经信委会同重庆市教委召开的重庆市 2009 年度“产学研”对接交流会上，重庆工程职业技术学院与重庆天巨承机械制造有限公司达成“产学研”合作协议。2011 年，重庆市科委批准重庆工程职业技术学院、重庆天巨承机械制造有限公司联合成立重庆市煤矿安全设备工程技术研究中心，开展自适应通风技术及设备、掘进工作面前探支护技术及设备、采煤工作面支护技术及设备的研究，开发相应新产品，为煤矿企业服务。

第三，建立安全科技“政产学研用”协同创新平台。

2012 年 7 月，为扎实推进“科技兴安”“人才强安”战略，重庆市教委和重庆市安监局共同支持重庆工程职业技术学院建立安全科技“政产学研用”协同创新平台，提升重庆工程职业技术学院安全科技科研水平，加强对重庆市安全生产管理的支撑力度。

通过建立科研平台，重庆工程职业技术学院与煤炭、地测、机电等行业数十家企事业单位、设计研究院所建立了长期、稳定的合作关系。

② 校企合作育专利产品

第一，合作企业简介。

重庆飞尔达机械有限责任公司是一家设计、制造、销售、安装和维护矿用钻凿通风产品、煤矿安全防爆装备的专业公司。近年来，公司重点服务于煤矿安全生产，产品研发主要方向为煤矿安全生产设备和选煤用化工产品。

第二，产品研发背景。

煤与瓦斯突出是煤矿安全生产的主要事故类型之一，抽、排煤层瓦斯是防止煤与瓦斯突出事故行之有效的方法。目前国内煤矿使用的主要钻凿设备是普通全液压钻机。随着现代煤矿开采强度和深度的增加，煤层透气性降低，瓦斯压力及含量大幅增加，易造成钻凿瓦斯抽、排放孔时煤与瓦斯突出事故，造成人员伤亡和财产损失。为维护煤矿安全和正常生产，研究开发安全高效的钻机迫在眉睫，意义重大。

第三，合作科研成果。

重庆工程职业技术学院、重庆飞尔达机械有限责任公司合作组建了煤矿瓦斯抽放专用钻机联合研发团队，针对国内目前常用的普通全液压钻机开孔定位准确性低、自适应能力差、自动防卡钻能力弱、单根钻杆钻进过程自动化程度低等问题，进行技术攻关，先后获取四项技术专利。

第四，成功转化产品。

在取得一系列科技成果的基础上，重庆工程职业技术学院、飞尔达机械有限责任公司联合研发团队继续努力，成功研制出能适应不同作业环境和单根钻杆钻进过程全自动化的新型钻机——ZDY-750型全液压钻机。经重庆市科委组织专家鉴定，该型钻机总体达到国内领先水平，防卡钻技术和自适应技术达到国际先进水平，获得重庆市重点新产品和高新技术产品称号。

第五，产品应用成效。

ZDY-750型全液压钻机在重庆天府矿业集团公司、重庆南桐矿业集团公司、重庆松藻煤电集团公司、四川芙蓉矿业集团公司、四川达竹煤电集团公司、四川广能煤电集团公司下属煤矿以及民营煤矿中大量使用，保障了煤矿安全生产，受到用户的赞誉。

(4) 经验总结

重庆工程职业技术学院在政府部门的大力支持下，与行业企业合作成立了多个科技研发平台，共同开展科技攻关、产品转化，充分发挥学校人才优势和企业市场优势，让学校、企业在人才培养和产品研发上结伴而行，既提高了师生的科研能力和专业水平，又增强了企业的产品竞争力，促进了校企深度融合，从而实现高职院校与行业企业的良性互动、共赢发展。

4.2.6 “院园融合”——宁波职业技术学院

(1) 学校概况

宁波职业技术学院是1999年由教育部批准成立的从事高等职业教育的全日制普通高校，2005年被评为全国职业教育先进单位，是国家首批示范性高等职业院校、中国特色高水平高职学校和专业建设计划建设单位、教育部首批现代学徒制试点院校、浙江省五所重点建设高职院校之一、浙江省四年制高职教育人才培养试点院校、浙江省国际化特色高校建设院校、全国高职高专校长联席会议常务副会长和秘书处单位、商务部中国职业技术教育援外培训基地、教育部高职高专现代教育技术师资培训基地、全国职工教育培训优秀示范点、教育部高等学校继续教育示范基地等。

(2) 成果概述

宁波职业技术学院以“校企合作有效化、教育信息化、办学国际化”和“跨界、跨境、跨专业”的“三化三跨”为学校新一轮内涵发展战略，创新推进“政校企”三方联动的合作办学体制改革，不断深化产教融合、校企合作机制，充分发挥理事会在整合社会资源办学、推动校企合作育人等方面的作用，创新形成“地市共建、区校合作、院园融合”地方高职院校办学体制和产学合作机制。

“院园融合”，其中“院”指的是宁波职业技术学院，“园”指的是宁波经济技术开发区数字科技园。宁波经济技术开发区数字科技园（以下简称数字科技园)由宁波职业技术学院、宁波开发区政府和宁波市经济和信息化委员会三方按股份化公司制模式组建。

(3) 特色做法

① 政府扶持,服务区域经济发展和产业转型需要

数字科技园通过转承政府招商引企、科技服务、人力开发等职能,以服务获得政府对学院的政策支持;围绕人才培养需要,学院作为数字科技园董事长单位,利用政府赋予的政策制定权,为参与“产学研”合作的园区企业提供配套优惠政策和激励措施;数字科技园依托学院科技和人力资源优势,开展科技服务、成果转化、学术研究、地方合作和人才培养培训、引进交流、测评咨询等服务。园区积极服务区域产业转型升级需要,集聚了一批服务外包、文化创意、数字信息等新兴产业和科技企业,“政校企”合作共建起新型的高职院校产业园区。

② 制度创新,构建“产学研”合作教育长效机制

数字科技园把推进“产学研”合作教育工作作为立园之本、发展之基。围绕建设新型的高职院校“产学研”合作教育基地目标,首先从组织管理架构和制度建设层面进行系统设计。由学院执行院长兼任董事长,负责任命总经理及日常管理,开发区政府委托开发区控股公司协助招商引资和财务运作,宁波经信委委托信息化服务中心协助开展企业资质认定和专业化服务,三方职责清晰、互为依托。

数字科技园与区科技局合作共建北仑科技创新服务中心、北仑工业设计促进中心,与学院科研管理机构合署办公;与区人力资源和社会保障局合作共建北仑人力资源开发服务基地和开发区大学生创业园,与学院就业指导中心合署办公;利用数字园区创建成为省市服务外包示范园区之机,与市外经贸局合作成立宁波服务外包学院,和宁波职业技术学院实行“两块牌子、一套班子”的办学模式。这些合署办公机构的负责人均由学院任命,与合作单位领导相互兼职,利于围绕“产学研”合作教育工作目标推进,优势互补、资源共享,形成整体合力,提高运行效率。

③ 搭建平台,提升专业和教师社会服务水平

数字科技园与区人力资源和社会保障局、科学技术局共同搭建起北仑人力资源开发服务基地和北仑科技创新服务中心两大公共服务平台,寻求区域合作市场路径,有效整合各类资源,创新运行管理机制,为各专业多元化开展各类社会服务工作搭建桥梁。

北仑人力资源开发服务基地依托数字科技园大力引进各类专业人力资源

开发公司，集人才交流、管理咨询、人才测评、信息检索等功能于一体，为企业提供各项专业化、个性化的人力资源服务；北仑科技创新服务中心通过区校合作，引进中科院城市环境研究所、自动化研究所等高端科研机构，通过校企合作、校校合作，共建研究所、研发中心、教授（专家）工作室，制定了科技项目补助政策、专利申报鼓励政策，鼓励各专业与这些研究机构进行合作，共同参与企业服务工作，根据企业的发展需要设定科研方向，引导教师和学生参与科技攻关。

数字科技园引进劳动模范、技能大师，成立劳模（技师）创新工作室，学习生产一线先进工作者敬岗爱业、乐于奉献的优良传统和钻研业务、勇于创新的精湛技艺，促进专业教师专业理论教学与生产实践相结合；通过引荐各专业与工作室合作，借助校企双方人才和设备设施优势互补，紧紧围绕企业生产需求开展科技攻关、技术改造、技术协作、技术发明等一系列科技活动，开展员工技能培训，推进企业技术骨干队伍快速成长，使企业切身感受到校企共同培养培训人才的重要性。

④ 政策落实，促使企业参与专业建设和人才培养

数字科技园建立了较为完善的“院园融合”育人的政策扶持和激励制度，促使企业积极和专业开展工学结合人才培养。

配合《宁波市职业教育校企合作促进条例实施细则》的出台，数字科技园和学院分别出台了《关于加强校合作鼓励企业参与人才培养的若干意见》《“产学研”合作贡献奖实施办法》等政策文件，服务于园区企业技术骨干担任专业带头人、兼职教师；企业为专业教师挂职提供岗位和技术指导，为学生提供顶岗实习岗位，进行实训和毕业设计指导；企业对学生创业进行扶持、指导等，都可享不同幅度的税收优惠和政策倾斜。

数字科技园实行市场化的运作管理机制，对入驻企业缴纳税收的地方留成部分，开发区财政按会计年度结算后全额拨入数字科技园，用于扶持数字科技园和入驻企业的发展；数字科技园通过政府赋予的政策和经济调节手段，有效调配财政拨入园区的税收地方留成部分，对落户数字科技园且参与“产学研”合作的企业实行税收优惠，保证在合作育人方面做出贡献的企业除享受开发区相关扶持政策外，还可进一步享受园区的各种优惠政策；数字科技园还根据企业参与“产学研”教育工作的深度和广度，实行较大幅度的房租、物业费用减免政策，进一步鼓励企业参与人才培养。

在学院、数字科技园的引导和支持下，园区企业与学院广泛合作共建二级分院、共建专业，直接与区域经济对接，共同设置专业方向、共同制订和实施专

业人才培养方案等。院园合作共建的专业在教学改革、人事聘任等方面有较大的自主权，合作双方积极探索企业先导、校企一体化合作育人的模式，企业全面参与课程和专业建设，直接对接学生职业素质和职业技能的培养要求与考核标准。

⑤ 条件保障，解决教学师资和技术设备资源瓶颈

数字科技园作为“产学研”合作育人的管理平台，与园区企业签订详尽的合作协议，用法律手段固化合作过程，从教学实施过程和资源整合角度，努力实践教室车间合一、教师师傅合一、学生学徒合一、教程工艺合一、作品产品合一的“五合一”工学结合育人模式。落户数字科技园的企业中，家家做到教室车间合一。

数字科技园是宁波职业技术学院教师的企业实践场所和交流平台，有利于教师熟悉企业的用人标准、岗位职责及管理制度；有利于知晓企业的生产组织方式、工艺流程、操作规程，了解企业应用的新技术、新工艺、新方法；可以为企业技术人员参与教学提供激励机制，通过专兼师资配合实现“教学做”一体化，引导学生接触真实项目并结合企业实际分析、解决问题。同时，针对企业技术创新、产品更新速度远超学校实训设备、技术更新的速度和能力的情况，数字科技园充分利用政府和企业资源，通过“院园融合”用好企业人力智力资源，推动师生及时掌握新技术、熟悉新设备，提高资金使用效率，实现学院教学资源、教学条件的不断更新和优化。

(4) 经验总结

宁波职业技术学院“院园融合”育人模式通过政府扶持，服务区域经济发展和产业转型需要；通过制度创新构建“产学研”合作教育长效机制；通过平台搭建提升专业和教师社会服务水平；通过政策落实促使企业参与专业建设和人才培养；通过条件保障解决教学师资和技术设备资源瓶颈问题。学院坚持走“产学研”相结合、立足区域、服务区域、融入区域的办学之路，在“院园融合”育人模式下，通过和企业的深度互融，专业教学对接企业真实项目，实现任务驱动式教学和“教学做”一体化。学院紧跟企业技术发展，及时了解行业企业新技术、新工艺、新方法；学生以真实项目为训练内容，能力得到有效锻炼；与此同时，企业也收获新鲜创意，并创造经济效益。

4.2.7 “人才定制”——天津中德应用技术大学

(1) 学校概况

天津中德应用技术大学是教育部批准成立的国内第一所应用技术大学，

其前身天津中德职业技术学院由始建于1985年的原天津中德现代工业技术培训中心与原天津企业管理培训中心合并组建，是中国与德国、日本、西班牙三国政府在职业教育和培训领域最大的合作项目。学校坐落在渤海之滨的天津海河教育园区，隶属于天津市政府。

学校占地面积1 000亩，建筑面积29.58万平方米，教学做一体化的实验实训场所330个，全校仪器设备两万余台套，其中大量是由德国、瑞士、西班牙引进的先进生产型设备，价值逾5亿元人民币，遵循“用最先进的设备培养最优秀的人才”实践教学的理念，打造各专业组群多层次“教学工厂”模式。

(2) 成果概述

近年来，伴随着天津经济社会的快速发展，作为国家示范性高职院校，天津中德应用技术大学秉承“以服务为宗旨、以就业为导向”的职业教育办学理念，充分发挥和利用滨海新区开发开放区和国家职业教育改革创新示范区的区域优势，不断创新职业教育新模式。

其在发展过程中紧紧围绕天津经济发展和滨海新区建设高水平现代制造业和研发转化基地的国家战略需求，特别是工业和服务业重大项目建设，“以国际合作为依托，以校企合作为支撑”，瞄准引领技术发展的高端产业，重构专业组群。

与此同时，面向企业和社会开展了大力度的职业培训，年均培训规模达到万余人，为天津工业优势支柱产业和滨海新区众多企业提供了大量技术技能人才，成为天津市产业发展所需高素质技术技能人才培养培训的重要基地。

(3) 特色做法

① 重视人才需求调研

组织开展了180项工业重大项目与学院专业对接及人才需求分析专项调研，定量分析了工业重大项目高技能人才需求总规模、新增规模及其产业分布，并做出了预计，为学院以需求为导向的专业建设调整与规划、人才培养模式创新和办学方向调整提供了重要依据，指明了方向。

通过调研，明确了自身专业设置及发展方向。学校本科、高职和技工学历教育涵盖先进制造技术、自动化技术、航空航天技术与服务、交通技术与服务、软件与通信技术、新能源、经贸管理、文化创意与技术、应用语言等9大专业组群，现有本科专业17个、高职专业32个、中职专业2个、专升本专业5个。学校积极探索“中高本硕”贯通培养，选拔优秀中职毕业生直接进入本科培养；开展专升本招生培养，部分专业与海河教育园区内院校联合招生；着力建设控制工程和航天工程两个领域硕士点，与天津理工大学、天津职业技术师范大学等高校联合培养硕士研究生。现有在校生万余名，其中学历留学生102名，毕业生就业率连续三年超过98%，非学历教育培训规模年均超过2万人次。直接服务于环渤海区域经济和天津滨海新区支柱产业，为天津经济社会发展和滨海新区开发开放提供高素质、可持续发展的技术技能人才。

② 调整专业结构布局

为了适应天津市航空航天、装备制造、新能源、新材料等八大优势支柱产业快速发展对技能人才的迫切需求，学校立足已有的制造业专业优势，主动适应工业重大项目、战略性新兴产业和优势支柱产业的发展，调整专业结构，拓展专业方向，完善专业组群。

学校根据八大优势支柱产业调整改造了已有的传统专业，下大气力组织实施了新增新建的与经济社会发展契合度高的航空、航天、风能、物流、会展、艺术等类专业，同时做大做强制造业与制造类服务业的专业优势。

随着空客A320、中航直升机产业化基地、新一代运载火箭等一批重大项目的实施，天津市航空航天产业已经形成了"三机一箭一星一站"的发展格局，航空航天产业集群正在快速形成。学院抓住机遇，立足原有机电类专业优势，依托重大校企合作项目，加快了航空航天专业组群建设。2007年，学院与空客合作设立了天津高职院校独有的飞机制造技术专业；2009年，航空电子设备与维修技术专业申报成功；2010年，依托与中国运载火箭技术研究院的全面战略合作，在天津航天长征火箭制造公司的鼎力支持下，成功申办全国高职院校唯一的航天器制造技术（运载火箭方向）新专业；2011年，通过与天津航空公司合作，成功申办空乘专业。这样，学院航空航天专业形成了从制造到维修到服务完整的链条和专业组群。

③ 订单培养优秀学生

校企合作是职业院校发展的灵魂和根本所在，项目是推进校企合作的载体。天津中德应用技术大学谋求建立与行业龙头企业的全面战略合作关系，全面丰富工学结合、校企合作人才培养模式的内涵，积极探索校企合作新领域和新机制，在服务中谋求合作、在合作中提高服务水平，取得了突破性进展，极大地促进了专业建设水平和教育教学质量的全面提升。

2010年以来，大火箭、空客、航天等都采取了订单班的方式和学院共同培养企业需要的技术技能型人才。实践证明，订单式培养，企业提前介入，学生精心挑选，课程精心设计，实训精心安排，学生感到收获大、进步快。

例如，为新一代运载火箭重大项目专门订制的"火箭订单班"取得了圆满成功。从2010年9月开始，学院与天津航天长征火箭制造公司联合设立"中德大火箭订单班”，为企业量身打造政治过硬、技能精湛的高技能型人才，两年共培养出两期 60 名学员，获得企业的高度评价，取得了良好效果。学生经历了 2 个月在学校的理论学习，3 个月在首都航天机械公司的实训课程学习，一个半月的企业文化、职业生涯设计、航天知识、火箭装配技术、质量管理等职前课程学习，实现了企业培训前移，学生提早进入状态，最大限度地减少了适应时间，实现了人才培养和企业需求无缝对接。

④ 校企共建共管实习基地

学校与德国德马吉、日本三菱、美国 IBM 等跨国公司和行业龙头企业共同投资 6 800 万元建设了数控技术中心及液压与气动、电机自动化机械手等多个技术实训中心与体验中心。中心是校企共建、共管、共享，一方面为学生创造出真实的生产实训环境，直接服务于技术技能人才培养；另一方面作为企业产品展示中心、培训中心和技术交流中心，实现了产学研结合，走出了以往实训基地建设只是花钱买设备的阶段，既更加贴近市场需求，又可保持技术先进性，真正实现了用最先进设备培养人才的职业教育培养目标。

⑤ 紧跟重大项目

2010 年以来，学院成功实施了多项重大合作项目，对学校事业发展和人才培养模式创新产生了重要影响，带来了巨大效益。

第一，与天津航空公司全方位、宽领域、深层次深度合作。

在学院内合作共建天津航空培训基地，搭建面向社会的高端培训平台，包括建立航天客舱乘务员培训基地和员工训练基地、学生就业实习基地、学员订单培养基地和教员培养基地；校企合作共建空乘服务、飞机维修、航空运输等航空服务类新专业。订单培养的毕业生均被企业成功录用。

第二，与博世力士乐公司合作举办“双元制”订单班。

按照德国“双元制”模式，联合培养精密模具工、工业机械工和机械电子工。通过引入与博世力士乐的合作，根据企业从业要求，学校引入了德国工商会技工认证标准，进行了教材选定、课程设计、教师组建。经过 3 年培养，学生既从学校毕业，又取得了德国工商会技工认证证书。“双元制”班培养的工具机械工均被企业接纳且评价很高。

第三，与中广核风电公司共建“中广核风电培训中心”。

2011 年 11 月 21 日，学院与中广核风电公司合作共建的“中广核风电培训中心”，暨“中德风电实训工场”，在中德工业中心正式落成，企业购置了先进的维斯塔斯 V52-850 风机整机一台、歌美飒 G58-850 风机主要大部件和风机运行检修的主要工器具，总价值 1 000 万元。中德学院提供场地、教学资源支持和管理服务，使培训中心具备了企业风机运维检修员工岗前培训、主要部件检修培训、基本技能培训的条件和功能。同时作为学院的风电实训工场，用于相关专业在校学生的实训，实现了校企优势资源共享。落成以来，该实训中心已成功承担了中广核风电公司多届运检人员技能竞赛，风机大部件培训班、风机运检人员安质环培训班，培训企业员工上百人。

第四，与中国运载火箭技术研究院建立全面战略合作。

新一代运载火箭项目落户滨海新区后，学院主动服务项目建设。学院成功实现了与中国运载火箭技术研究院的全面战略合作，并实现了与火箭研究院下属天津火箭公司、首都航天机械公司、十八所等 6 家大型航天制造骨干企业和研究单位的合作，学校成为首个与“中国航天”全面合作的院校。学校也基于此成功申办了“航天器制造技术（运载火箭方向）”新专业，成为全国首个也是唯一拥有该专业的高职院校。

第五，与空客公司互动合作。

2006 年，学校成功竞标空客 A320 天津总装线的技能人才测评中心和技能人才培训中心，为空客公司考核测评人员 1 344 人次。培训一线员工 255 人，占总装线上首批招募的 400 多名员工的半数以上。2010 年，学院与空客公司再度成功合作，以订单培养方式，按照国际标准，为其 2012 年新入职员工实施为期 6 个月的电工技术培训。主要涉及电工基础（M2）、航空电工基础（M3）和英语（M5）三个模块的培训。抽调教师联合进行教材开发，编制了一套符合空客公司要求和行业规范，拥有自主知识产权的英文专业培训教材。同时发挥学院国际合作的优势，专门聘请空客德国汉堡总部培训中心专家为学院特聘教授，对空客项目和航空专业建设予以支持。学校也组建了 11 人的教学团队，全英文教学、考试、评估，培养锻炼了一支具有国际水准的教师队伍。

（4）经验总结

天津中德应用技术大学在做好学历教育的同时，以国家示范性高职院校建设为契机，充分发挥学院在技能与管理培训领域长期积累的经验和优势，积极履行社会服务职能，紧紧围绕天津市工业和现代服务业重大项目建设需要。通过“校企合作”“学校、政府和企业三方合作”，共建技能人才培训基地，开展定向、定岗培训，为重大项目建设企业，特别是行业龙头企业技能人才培养、储备以及员工再提升培训服务，得到了企业广泛认可，实现了产业和专业的深度对接，提升对滨海新区开发开放的服务能力。

4.2.8 “信息产业园模式”——常州信息职业技术学院

(1) 学校概况

常州信息职业技术学院隶属于江苏省工业和信息化厅，是全国首家、江苏唯一的信息类国家示范性高职院校，入选中国特色高水平高职学校建设单位、江苏省高水平高等职业院校建设单位，是国家示范性软件职业技术学院、国家软件与信息服务外包人才培养基地、国家高技能人才培养基地、国家自然科学基金依托单位、工信部中国工业互联网人才培养培训示范基地、教育部高职院校师资培训基地、教育部现代学徒制试点单位、国家级专业教学资源库(2个)牵头单位、中国软件产教联盟执行理事长单位、中国-南非职业教育合作联盟中方理事会执行秘书处单位、教育部职业院校信息化教学指导委员会主任委员单位、长三角地区软件职教集团理事长单位，入选国家首批“1＋X”证书制度试点院校和江苏省首批高职扩招试点院校。

(2) 成果概述

近年来，学院凝心聚力谋发展，依据“扬优、扶新、集群”的专业建设理念，围绕“找差距、树标杆、强特色”，现有国家级重点专业8个、骨干专业7个、实训基地8个、精品课程9门、资源共享课程3门、优秀教学团队2个、优秀教学名师1名、教育部现代学徒制试点专业1个、国家级“双师型”教师培养培训基地1个、国家级协同创新中心1个，牵头建设国家级教学资源库2个、全国性职教集团1个、区域性职教集团(联盟)3个，并有省品牌专业3个、骨干专业7个、特色专业7个、重点专业群4个，省级工程中心3个、实训基地9个、优秀科技创新团队4个、教学名师3名，市级重点实验室2个。

学院围绕服务社会发展需要和学生个人发展需求，打造课程教学、项目实践、能力展示和精英培育4个平台，构建专业素质、职业素质、人文素质交互融合的大学生综合素质培育体系。

学院还探索“互联网＋教育”范式，全面推进了以“一站、五平台、两中心”为重点的智慧校园建设，与10个国家和地区、20所高校建立了深入合作关系，留学生规模位居省内高职院校前三位。

学院先后被国家相关部委确定为国家示范性软件职业技术学院、高技能人才培养示范基地、软件与信息服务外包人才培训基地、高职院校师资培训基地。

(3) 特色做法

① 多方合作，打造生产性实训园和产学研产业园

遵循“市场化机制、企业化运作”的原则，学院与江苏津通集团、弘扬集团控股有限公司按国际化标准联合打造了一座融招商、研发、生产、教学、实训和服务于一体的“信息产业园”。“信息产业园”构建了由公共技术支撑平台、中小企业共性公共服务平台、人才培养服务平台、企业协作平台、知识产权保护平台和融资保障平台组成的六大公共服务平台。目前“信息产业园”已有16家企业入驻，是常州市科技产业园、江苏省软件和信息服务产业园。

② “官助民营、市场化运作”，创新经营模式

“信息产业园”采用“官助民营、市场化运作”的模式，即学院与武进区政府联合成立“信息产业园”建设领导小组，充分发挥政府的政策支持作用，以加强对园区建设的领导。学院与江苏津通集团、弘扬集团控股有限公司组建了“江苏津通弘扬信息科技发展有限公司”，该公司作为“信息产业园”经营与管理的主体，负责整个园区的基础建设、环境规划、招商引资、人才培训、产业服务以及配套管理服务。

“信息产业园”成立了由政府、行业、企业、学校的专家组成的校企合作专家指导委员会，并在校企合作专家指导委员会下设立产学合作部，负责学院各系(院)与“信息产业园”的沟通联系，监督、指导和检查“信息产业园”的校企合作实施与运行工作。

③ 多方共赢，成为校企合作深度融合的典范

对政府来讲，可以进一步优化常武地区信息产业发展的环境，引导社会资源向本地区集聚，更加有力地推动信息化与工业化的融合，从而抢占新兴产业发展制高点，在更高层次上实现产业结构调整和经济社会转型升级；对于学校来说，政府为学院搭建的校企合作平台，一定程度上推动了学校办学模式、人才培养模式、校企合作体制机制的改革；对于企业而言，在政府支持下入驻“信息产业园”，既可以享有园区的优惠政策和优质服务，又可以与学院优势互补、借梯登高，不断增强企业核心竞争力。

第一，促进师资队伍建设，培养“双栖型”教师。

学院轮流安排教师到“信息产业园”企业当“访问工程师”，教师结合生产性实训教学任务到企业实践，丰富专业知识，积累工程实践，成为企业的技术顾问或兼职技术骨干；同时也能为企业解决技术问题，共同参与技术研究，不断提高“双师”素质。“信息产业园”成了企业“访问工程师”的摇篮，近两年已有60多名教师进企业锻炼。有近100名企业工程技术人员参与专业设置和专业建设，制订教学计划，确定课程定位、教学内容及课程标准，并组织生产性实训教学，成为学校“兼职教师库”成员、“双栖型”工程师，形成学校兼职教师

的人才库。

第二，解决工学结合难点，深化人才培养模式改革，形成校企合作长效机制。

首先，“信息产业园”被列入江苏省“两化融合”试验区建设规划，校企共建了13个生产性实训基地，覆盖学院专业75%的生产性实训教学，可以一次提供1 024个“工学交替”实习岗位，形成了“工学交替”教学的有利条件。近两年，各系(院)在“信息产业园”进行“工学交替、顶岗实习”的班级达30多个，覆盖专业10多个，学生数达7 348人次。其次，学院依托“信息产业园”进行探索创新，构建了“工学交替、两轮顶岗”“职业情境、项目主导”“产品导向、项目递进”“OPC(行业订单、项目递进、三证结合)”“分层递进、工学交替”“分布式工学交替”等人才培养模式，其中软件技术专业人才培养模式被评为“江苏省人才培养创新实验基地”。学院与入驻企业合作，按照“职业、系统、开放”的“双核”课程体系，共同开发了10多部校本教材，开发了30多个项目教学案例。最后，作为常武地区“两化融合”建设核心区，市、区两级政府出台了《武进“两化”融合试验区重大公共技术平台实施细则》《入驻常州信息产业园若干优惠政策意见》鼓励园区发展，支持开展校企技术合作项目28项，并给予每年3 000万元的专项资金扶持。“信息产业园”经营与管理主体江苏津通弘扬信息科技发展有限公司作为乙方与甲方常州信息职业技术学院签订校企合作协议，组织入驻企业与学院合作开展“工学结合”工作。目前，已制定了《“信息产业园”引进企业合作项目暂行办法》《“信息产业园”校企共建校外生产性实训基地管理条例》《“信息产业园”学生校企合作顶岗实习管理条例(试行)》《“信息产业园”工学交替实施方案(试行)》等制度。

④ 提升服务社会能力，推动区域经济发展

“信息产业园”构建了由公共技术支撑平台、中小企业共性公共服务平台、人才培养服务平台、企业协作平台、知识产权保护平台和融资保障平台六大公共服务平台组成的社会综合服务体系，既可促进入驻的孵化企业发展，又可加快区域产业结构优化升级，促进经济转型发展。“信息产业园”建立的江苏省嵌入式软件产业基地、江苏省软件公共服务平台常州分中心，将通过常州企业信息化SaaS公共服务平台，进一步优化常州市电子信息产业发展环境，引导社会资源向电子信息产业集聚，同时推动信息化与工业化融合发展，加快新型工业化步伐。

⑤ 探索创新，凸显合作办学新特色

第一，四方联动，创新合作体制。政府、行业、企业、学校共同参与人才培养，将政策支持、多元化投资、项目服务和人才需求等办学要素有机融于一体。

第二，官助民营，创新运行模式。“官助民营、市场化运作”的运行模式，解决了校企合作过程中校企双方之间的利益矛盾和冲突，形成了校企合作的激励机制，增强了校企合作的造血功能。

第三，校办园区，创新办学模式。“信息产业园”突破传统产业园区模式，将重点放在高素质、高技能人才培养上，突出与企业共建紧密型的校企合作平台，促进教师科研实践能力、学生职业技能培养的全面提升。

第四，依托园区，创新人才培养。学院积极探索“三依托、三合一”人才培养模式改革，依托“信息产业园”，全方位实施“工学结合”人才培养模式的教育教学改革，努力打造校企深度融合的“校中厂”平台。

第五，建设六大平台，创新服务方式。六大平台构成了一所高职院校的社会综合服务体系，创新了高职院校服务社会与区域经济的方式，极大地提升了服务社会的能力。

（4）经验总结

常州“信息产业园”以骨干企业为龙头，以人才引进与培养为基础，以招商引资为抓手，大力发展信息产业、嵌入式软件和服务外包，将信息产业园建设成为国家一流的、与国际接轨的信息产业研究、开发、服务及人才培养的产业高地；打造技术水平高、服务能力强的常州信息产业公共服务平台，建设辐射全市、走向全国的可持续发展的常州信息产业公共服务体系。“信息产业园”将产业、行业、企业、职业和实践等高职要素有机融于一体，它的建设意义不仅在于提升了学院的综合办学实力，关键还在于它符合高职教育发展的趋势，为形成具有中国特色的高职教育提供了一个校企深度融合的范例。

4.2.9　“政行企校合作”——无锡职业技术学院

（1）学校概况

无锡职业技术学院是一所国有公办的省属全日制普通高等职业院校。学校前身是 1959 年 3 月原国家农机部创办的无锡农业机械制造学校；1979 年 3 月更名为江苏省无锡机械制造学校；1999 年 7 月经教育部批准升格为无锡职业技术学院，隶属江苏省教育厅。学校是国家首批“国家示范性高等职业院校”之一，2012 年开始试办四年制高职本科教育，培养本科层次的技术技能人才，2018 年入选江苏省卓越高职院校建设单位，2019 年入选国家“双高”校 A 类建设院校，同时在 2019 年、2020 年高职高专院校竞争力排行榜位列全国第四。在新的发展时期，学校致力于先进制造业及新兴产业高素质技术技能人才的培养，致力于提高区域经济发展服务能力，大力实施“质量立校、人才强校、特色名校、开放兴校、文化厚校”战略，凝心聚力、奋勇拼搏，力求把学校建成“国内一流、国际水准、特色鲜明高职名校”。

(2) 成果概述

2009 年，国家正式确定物联网为国家战略性新兴产业，并确定无锡为国家物联网创新示范中心。国家发展改革委已将无锡作为中国物联网产业发展的两大基地之一，工信部正式批准无锡高新技术产业开发区作为全国物联网示范基地。

为提升学院的办学实力和满足地方产业发展的需要，江苏省、无锡市、行业企业与学校合作，共建“国家级物联网示范校”，建成物联网技术技能人才培养基地和师资培训基地、面向无锡制造业中小企业的物联网技术应用示范和服务基地，助推无锡物联网产业的发展。

2012 年，学校“物联网应用方案大型演示与测试验证服务平台”项目经无锡市经济和信息化委员会立项获 180 万元财政支持。

政府、企业和学校在物联网类专业建设过程中，正在逐步形成良好的多方联动机制。学院的“物联网技术应用类专业人才培养模式和课程体系的改革与探索服务产业转型创新”课题被列为国家教育体制改革试点项目的子项目。

(3) 特色做法

① 调整和优化专业结构，满足产业转型发展对人才的需要

学校在机电类主体专业的基础上，按照物联网核心产业、支撑产业和带动产业对高素质技术技能人才的需求，以物联网技术应用为主线，遵循职业能力发展规律，进行专业的优化改造。根据市场对人才的需求，学院首先调整了部分专业的服务方向，以满足无锡物联网企业对高素质技术技能人才的应急需要。如将计算机应用技术专业调整为智能楼宇方向，将电子信息技术专业调整为物联网系统集成中电子产品的安装、调测、维护方向，将电子工艺管理专业调整为物联网电子产品生产和工艺管理方向等。同时应企业要求，与企业合作开设与物联网相关的射频技术、嵌入式技术、传感器技术等新专业。在“十二五”期间，学校根据产业发展趋势，加快新专业设立与老专业改造，全校有近 2/3 的专业参与改革和建设，促使物联网技术逐步渗入不同专业。

② 组建了物联网职业教育集团，多方联动，整体推进物联网产业水平

受无锡市委托，学校牵头组建了物联网职业教育集团，加入“无锡物联网技术产业联盟”，并与十余家物联网企业建立了双赢合作关系，从而开展了一系列共建活动。学校还为企业开设订单班，开展员工培训。学校与无锡软通

动力、美新半导体公司等合作开设了嵌入式技术、微波技术、3G 通信技术、传感器技术、物联网系统集成技术等方面的专业课程，使教学内容与毕业生工作岗位实际紧密相关；以物联网校园项目为载体，与无锡冠杰电子、科尔华电子等公司共建了射频技术、嵌入式技术、传感器技术、通信技术、物联网系统集成等实训室，逐步形成了与物联网产品研制、生产、集成产业链相关联的工程实训中心；同时安排教师和顶岗实习的学生参加企业提供的工作实践。受省教育厅委托，学校牵头组织实施了江苏省第一届物联网应用技术技能大赛，多次举办物联网技术师资培训班和企业技术人员培训班。学校还牵头成立了全国高职高专院校物联网技术专业建设协作组，完成了相关专业标准、职业资格标准的制定工作。2012 年 6 月，在天津“全国职业院校技能作品展洽会”上展出了具有学校自主知识产权的“物联网综合实训台”，为实践“教、学、练、评”相结合的教学模式提供了条件。

③ 研发生产性“智能工厂”，解决企业应用物联网技术的难题

研发生产性“智能工厂”，作为国家级物联网示范校的重点项目，将“感知工业”“感知物流”进行整合，以解决装备制造企业在物联网技术应用方面“实时感知和质量追溯”等难题。该项目由学校、企业和相关科研院所深层次合作开发、建设、维护，以无锡威孚高科集团的产品组建一个具有自动化仓储系统、数控加工车间、后处理车间、自动装配车间和数据中心的“智能工厂”。构建互联网技术与工业自动化的产品融合，应用 RFID(Radio Frequency Identification，射频识别)技术、无线传感器网络技术等实现管控一体化。“智能工厂”采用“共性平台＋应用子集”模式，其中“共性平台”(服务中小企业的数据集中管控云平台)为项目的复制推广提供了平台技术。

项目建设得到了教育部、省教育厅和无锡市的高度认同，以“智能工厂”建设为重点，教育部、财政部投入 250 万元建设全国第一个物联网技术应用实训基地；省教育厅、财政厅投入 1 000 万元建设区域开放产教融合型实训基地，并批准学校建设江苏省传感网应用工程技术研究开发中心；无锡市也先后投入资金 500 多万元。同时，项目建设得到了行业企业的大力支持，德国瓦尔特公司捐赠了全套刀具管理系统；无锡威孚高科集团委派 4 名技术专家参与项目开发，并同意将开发成果辐射到新厂区建设中。在项目建设过程中，学校开发了 27 个相关专利，并向企业进行了成果转让。

(4) 经验总结

“国家级物联网示范校”建设是学校“十二五”期间的重点工作。学院在各级领导的关心支持下，积极探索、勇于创新，不断提高人才培养质量和服务社

会的能力，从而将该项目建成江苏省和无锡市职业教育改革综合试验区的样板项目。面向新兴物联网产业开展专业建设，学校在办学体制等方面深入改革，探索建立政府主导、社会参与、办学主体多元、办学形式多样、充满生机活力的办学体制，这是“综合改革试验区”的有机组成部分，得到了省教育厅和无锡市政府的大力支持和社会的高度肯定。

4.3 中外产教融合模式的共性和差异

4.3.1 中外产教融合模式的共性

(1) 教育教学改革理念趋同

产教融合、校企合作、工学结合、知行合一已经成为职业教育与培训发展的基本范式。从国外看，德国的“双元制”、英国的学徒制、美国的社区学院、澳大利亚的 TAFE 模式、日本的产教合作是成功模式；从国内看，还没有公认的成功模式，但产教融合、校企一体化办学、协同育人已经成为我国职业教育发展的共识和教育教学改革理念。可以说，从全世界范围来看，多元化办学、多元化实训基地建设已经成为大家的共识。虽然发展程度不一，但对这种模式的认可程度大家都是一致的。

(2) 政府紧迫感加强

有些国家开始采取一系列措施、制订一系列计划，大学和科研机构与企业开展联合研究或委托研究，大学创办科技园，以及支持技术转移中介机构等。我国也有与其相近的做法，只是实施的效果可能不尽相同。政府在这方面的紧迫感普遍加强。

(3) 企业认识普遍提高

企业越来越注重与高校的合作。从日本来说，进行技术研发的企业大约有 70%与其他单位联合进行研发合作，近 40%的企业与高校进行合作。许多企业表示，今后要加强和高校及科研机构的合作，通过产学研合作，使企业学习到自身不具备的专业知识，提高企业的技术研发能力。我国目前还未建立起以企业为主体的技术创新体系，绝大多数企业的自主创新能力不强，迫切需要技术的输入。而国家科研机构和高校的科研力量较强，政府也具有很强的组织和推动力量，这些条件都使得在政府的推动下产学研理应取得更显著的成绩。

(4) 有立法支持

在立法方面，我国制定了相关的推动成果转化和技术转移的法律和法规，但与发达国家相比，立法对产学研的实际推动作用仍显不足，我国更加注重法律的权威性和对相关法律的执行力度。

4.3.2　中外产教融合模式的差异

（1）教育环境不同

发达国家职业教育环境已经趋于成熟，无论是国家、社会还是企业，对职业教育认可度都比较高，尤其是企业与职业教育之间的互动比较充分，形成了良性合作伙伴关系；而我国职业教育环境还有待完善，尽管国家加大了对职业教育的扶持力度，但是社会对职业教育的偏见仍然存在，尚没有形成成熟的职业教育支撑环境体系。

（2）前期办学理念的差异

在办学理念上，发达国家职业教育发展坚持“产业导向”，突出以学生为中心，在职业教育办学中，往往以企业运行模式办学，基于学生主体发展与提升需求实施差异化教学；我国职业教育在办学理念上与发达国家的办学理念是一致的，但是我国职业教育办学理念在教学实践中的践行力度还不够。

（3）社区学院发展程度不同

社区教育集中了一个地区的优质教育资源，社区教育也成为教育体系的一个重要分支。发达国家重视社区教育发展，建设了社区学院，培养了大批人才；我国社区职业教育也逐步推进，但是地区发展差异性较大，社区教育与社区经济发展整合力度不够，对地区经济发展推动效应不显著。

（4）学历体系不同

发达国家职业教育学历体系开放性比较强，职业院校的学生能够升入更高层次的大学，甚至是高一级的大学、名牌院校，职业教育与普通学历教育具有畅通的交互通道。而我国职业教育学历体系相对封闭，尽管中、高等职业教育可以提升，但一般仍有局限性，升入普通高校的有效渠道有待进一步畅通。

（5）重视程度尚不一致

中外职业教育都普遍重视校企合作，将校企合作作为培养职业人才的重要渠道。但是中外在校企合作的深度与广度上存在较大的差距，国外职业教育校企合作双方互动较为充分，校企合作实效性较强，合作关系十分紧密；我国职业教育校企合作存在不均衡现象，往往是职业院校占据主动性，企业缺乏主动性和对其深远发展益处的认识，合作关系较为松散。

4.4 本章小结

本章对我国实训基地建设现状进行客观分析,纵观实训基地建设情况,剖析典型案例中的优秀实践成果,再结合与国外实训基地的对比,对我国产教融合型实训基地的建设与评价形成了更加清晰的认识。

第 5 章
产教融合型实训基地管理评价指标和模型构建

5.1 产教融合型实训基地管理评价指标的初步构建

5.1.1 指标构建的原则

在分析高等职业院校产教融合型实训基地的管理现状、对其管理能力进行评价时,评价指标能否真实反映实训基地的特点,是否涵盖了实训基地教学的所有方面,建立的评价体系是否科学合理,都是至关重要的。从以往对管理能力进行评价的研究来看,通常遵循以下原则:

(1) 科学、准确原则

科学、准确是所有研究的前提,而不是仅仅针对确定管理指标,在实际研究中,需要保证所确定的指标能够有效地反映高等职业院校实训基地的管理特点,基于评价指标科学合理、与实际情况相符的前提,使评价过程和评价结果为决策者提供准确有效的借鉴。评价指标体系的构建是系统性过程,因此,在对高等职业院校产教融合型实训基地管理能力评价体系制定的过程中,应当从高等职业教育的发展现状和实训基地的特点出发,综合考虑各方面的影响因素,才能够使构建的指标科学合理,评价的结果客观公正。不同指标之间应独立且相互关联,避免出现重复或者冲突,做到指标体系能够全面反映产教融合型实训基地的管理水平。

(2) 实用性原则

选取的指标应该是具体的、可衡量的、能够用科学方法进行量化的,指标的相关信息应该是能够比较容易通过调查和访问获取并比较的。一方面,在尽量满足总体要求的前提下做到通俗易懂,使被调查者能够较为容易地理解调查者的意图和想法。评价指标的确定首先要经得起理论上的推敲，从而保证评价结果符合已有的研究，并能真实地反映出研究者的研究目标。另一方面，评价指标的测度需要具备实际操作的可行性，即除满足理论上的合理性要求之外，还要具有实用性，应做到符合实际的教学生产过程，能够被引入实际的管理建设中。评价的过程要能够得到专家学者的认可，并愿意积极地参与到评价中来。

(3) 覆盖性原则

每个指标都应能够反映出产教融合型实训基地的某一方面，所有的指标应该能够覆盖产教融合型实训基地的全部范围。评价指标体系作为有机整体具备良好的内部协同性，并由若干个次级指标共同构成，因此，在构建评价指标体系的过程中，应该将所有可能影响实训基地管理能力的因素纳入指标模型构建的考量中，尽量做到全面覆盖，使每个指标都能够反映出产教融合型实训基地的管理情况。指标体系中的各个指标应该彼此间具有独立性，避免重复冗余，使各个指标之间能够做到相互制约并且互相补充。

(4) 分层量化原则

对评价指标构建时应采取分层量化的做法，同一级的指标之间相互独立，一级指标应该能够概括其所包含的所有二级指标，二级指标也应能够充分地体现其所在的一级指标特点，且所有指标都能够被直接观察测量。下级指标应该能够直接反映出上级指标所要测量的目的，即最下一层指标具有可操作性。因此，在设计指标时，应尽量量化评价指标中一些较高程度的条目，以便进一步分解，使其能够细化或者便于评价。此外，设计评价指标时应做到定量指标和定性指标相结合，既有动态的分析也有静态的观察，并且最终能够对各个测量指标的内涵进行对应的解释和说明。

5.1.2 初步构建指标体系

高等职业教育的性质决定了高等职业院校必须将人才培养作为其发展的最终目标，社会对于人才需求的不断变化需要高等职业院校适时地做出合理准确的调整，不断地深化教学改革，转变和优化知识结构。根据以往研究发现，高等职业教育在推行过程中，通常体现出高等性、职业性、实践性、区域性和开放性这五大特性。产教融合型实训基地是高等职业院校人才培养的主要场所，其在高等职业院校的发展中有着举足轻重的作用，产教融合型实训基地的建设发展过程中也体现出高等职业教育的五大特征。基于上述原因，结合

第2章的理论阐述，本书将从高等性、职业性、实践性、区域性以及开放性五个维度来展开研究，对产教融合型实训基地的管理能力进行评价。

(1) 高等性测量指标构建

相对于中职教育来说，高等职业院校培养人才的规格和质量更高，其高等性主要体现在为学生提供更加前沿实用的信息，学生所学习的理论知识更加丰富和高深，学习过程更加系统，是专业化的培养过程，有利于学生掌握社会所需的技能，由此可见高等职业院校所培养出的人才将拥有更高的素质和能力。

柴勤芳(2012)认为，要实现对高等职业院校实训基地高等性的测量目标需要通过其培养的人才的高质量和高素质来体现。叶小明(2011)等研究认为，高层次人才是高等职业教育人才培养的基础目标，高等职业院校实训基地的高等性能够体现出所培养的人才的高层次和高质量。刘淑艳等(2014)认为，高等职业院校的目标应该是培养出高技能人才，这样能够使得培养的学生具有较高的职业素质，高等性的目标使得培养的学生无论是专业知识水平还是专业素质都处于较高的层次，从而保证所培养的人才是能够符合企业用人条件和社会普遍需要的，增强学生的就业能力和市场竞争力，以拥有较好的职业前景。孙毅颖(2013)强调将产教融合型实训基地的文化环境氛围作为校园文化建设的一部分的重要性，认为可以提高学生参与的积极性，从而不断提高教学效率，既能够体现出高等职业院校对于高等性的文化管理的内涵，也能够反映产教融合型实训基地对于高等性的文化建设的重视。

产教融合型实训基地的人才培养质量除受高等职业院校对于人才文化建设的影响外，还受到教学科研水平的影响，教学科研能力对学生专业能力的影响远远大于纯知识。通过不断进行实训学习，学生的理论联系实践能力得以提高，将对今后的终身学习能力和自身的发展前景产生重大影响，有利于提高其社会地位，从而加快生产发展，逐步发挥主导作用。

基于上述理论，将高等职业教育下的高等性作为反映实训基地管理水平的一方面，建立了关于高等性的评价指标，主要包括人才定位、素质培养、基地文化建设、科研实力四个测量指标。

高等性评价指标中的各级指标用于反映高等职业院校产教融合型实训基地管理水平在高等性上的体现，明确各个指标的内涵，有利于更加准确地对产教融合型实训基地的管理水平做出评价，见表5-1。

表 5-1　高等性测量指标

特性	测度指标	指标说明	参考来源
高等性	人才定位	定位于培养高素质技术技能型人才	柴勤芳、叶小明、刘淑艳、孙毅颖等
	素质培养	注重对人才素质的培养，促进素质的提高	
	基地文化建设	建设内涵丰富凸显职教特色的基地文化	
	科研实力	与高等教育相匹配的科研能力	

① 人才定位

人才定位主要是从产教融合型实训基地中对于人才培养的目标定位来进行评价，产教融合型实训基地将教育目标定位于对高素质技术技能型人才的培养，加强人才对当前社会高技能生产应用的适应能力。

② 素质培养

素质培养主要是从产教融合型实训基地对于人才素质的培养要求以及不断促进素质提高的管理目标来进行评价，产教融合型实训基地突出对人才高素质的培养，所培养的人才具备较高的思想政治素质以及良好的职业素养，并且能够在今后职业生涯中不断追求自身素质的提高。

③ 基地文化建设

基地文化建设主要是从产教融合型实训基地的文化氛围、人文精神和文化活动等方面进行评价，产教融合型实训基地拥有多元的文化内涵建设，能够凸显出实训基地的职教特色，体现出实训基地高等性的特点。

④ 科研实力

科研实力是基于科研能力的实训基地评价，是对实训基地教学水平和研究能力的反映，产教融合型实训基地拥有实力雄厚的科研创新实力，能够明显地体现其教育的高等性，培养出的人才更加具有高水平、高素质。

(2) 职业性测量指标构建

高等职业教育人才培养模式不同于普通高等教育，两者间的主要差别在于高等职业教育需要根据市场需求进行专业课程的设置。专业设置应当基于职业性的前提保证设置的课程具有针对性，满足生产发展的需要。职业性强调对学生专业素质的培养，使学生具备职业所需的专业能力和专业技能是高等职业教育职业性的基本要求，表现出明确的职业取向特征。

黄蕾(2009)从教学计划、培训计划、课程设置等方面对实训基地管理的基本情况进行分析和测度，以体现产教融合型实训基地的职业针对性。在高等职业教育过程中，教学计划对人才培养产生直接影响，实训基地在制订培养计划时应该考虑学生的职业目标，并且在课程设置方面应充分了解现有企业的职业岗位，不断培养学生对将要从事职业的兴趣。

欧阳河等(2005)通过模拟企业的实际生产实践情况，对产教融合型实训基地的职业性进行评价，认为合理地配置教师资源对提高学生专业技能很重要，教师所具备的良好专业素质以及较强的教学能力，将有利于更加高效地开展教学过程。陈玉峰等(2018)实证分析认为，实训基地为学生提供真实的生产环境，可以有效缩小实践训练与上岗工作之间的距离，提高了校内实践教学的质量与效率，产教融合型实训基地是学生通过实践获得专业技能的重要训练场所，通过真实还原实际生产过程中的每个环节，为学生提供现场工作的模拟情境，使学生在实训的过程中更具真实感。

此外，高等职业院校通过为实训基地提供充足的资源，开展生产、教学、科研活动，不仅有利于提高机器设备的利用率，而且能够帮助学生提升工作技能和智力技能。周明星(2003)认为，高等职业教育职业性的特征应该是在对学生环境适应能力和职业发展能力培养的过程中体现的，通过设置满足学生职业规划和用人单位需求的专业性课程，进行统一管理，帮助学生提高社会适应能力的同时为其掌握职业迁移能力从而获得更大的发展空间奠定基础。Salah(2013)认为，应该从通过高等职业院校实训基地培养学生的就业情况来反映实训基地的职业性特征。学生获得的能力最终体现为就业情况的好坏，长期的职业素养未必会快速显现，但学生所具备的职业能力能否达到用人单位的要求则可以进行统计观察。

基于上述学者观点，将高等职业教育下的职业性作为反映实训基地管理水平的一方面，建立了关于职业性的评价指标，包括形成的培养方案、课程设置、实训情境、职业迁移空间、就业情况五个测量指标，见表5-2。

表5-2　职业性测量变量

特性	测度指标	指标说明	参考来源
职业性	培养方案	以职业目标为导向制订培养方案	黄蕾、欧阳河、陈玉峰、周明星、Salah等
	课程设置	课程设置关注职业技能的培养	
	实训情境	仿真现实的工作场景和生产流程	
	职业迁移空间	注重对人才适应能力和发展潜力的培养	
	就业情况	以就业情况反映部分教育成果	

职业性表明高职教育培养的专业化特点，学生的就业目标明确，能够集中

精力专注于提升自身某一职业能力。明确各个指标的内涵，有利于更加准确地对产教融合型实训基地的管理水平做出评价，分别对各级指标的内涵进行解释说明。

① 培养方案

培养方案主要是从产教融合型实训基地中对于培养方案的制订进行评价，在制订培养方案过程中，产教融合型实训基地应该充分考虑实训基地培养人才的最终目的是使人才到企业或是其他机构从事与技术技能性岗位工作，故其人才培养方案应该以职业目标为导向，在广泛了解市场需求的基础上制定。

② 课程设置

从产教融合型实训基地对于教学课程的设置情况进行评价，需要结合课堂所学的理论知识，根据技术领域和职业岗位的任职要求以及相关岗位的标准来设置，同时应该充分关注对学生职业技能的培养。

③ 实训情境

从产教融合型实训基地的环境仿真、设备先进性和生产流程的真实性来进行评价，实训基地通过模拟企业的真实生产环境，要求学生按照企业的生产或工艺流程进行操作，能够有效了解学生对技术能力的掌握情况。

④ 职业迁移空间

从产教融合型实训基地对注重人才多样性以及潜能培养情况等方面进行评价，产教融合型实训基地培养的人才能够具有较强的适应能力，能够适应生产实践的各个环节，不断地挖掘人才的发展潜能，从单一技能型人才培养转化为复合型人才培养。

⑤ 就业情况

以产教融合型实训基地培养人才的就业情况进行评价，良好的就业情况能够体现产教融合型实训基地对职业特性的践行，基地的毕业生得到企业和社会的认可程度是对教育成果最直接有效的衡量。

(3) 实践性测量指标构建

实践性是高等职业教育与普通高等教育的另一个重要区别，是高等职业院校在开展教学活动中必须达到的首要目标，也是对高等职业教育基本要求的践行，体现着产教融合型实训基地的本质特点。实践性主要指在实训基地现场实践中体现出的特征，学生通过课堂学习理论知识，通过实训基地实践学习专业知识，以能力为中心，以胜任工作为导向。

教育部提出职业教育的核心在于增强学生就业创业能力，以工学结合为基础，开展实践教学。保证实训装备与企业技术流程、管理规范、设备水平同步发展，分专业（群）建设公共实训中心，推进资源共建共享。李玉民（1995）认为，通过明确教学目标，合理规划教学课程，综合考虑理论、实践等因素的影响，对学生的学习任务进行分解并细化其专业能力，能够实现对产教融合型实训基地体现的实践性进行测量的目的。沈时仁等（2000）通过研究实训基地实践教学过程中基础教学设备提供的充足性、更新的及时性、工作情境模拟的真实性以及学生参与的积极性对产教融合型实训基地进行测度。毕志辉（2011）强调教师在实践教学中的不可替代作用，认为应该充分了解实训基地的教师结构现状并加以改革，构建"双师"模式的教师结构。教师具备的理论知识越丰富，实践素质越高，越有利于指导学生进行实践生产的模拟训练，帮助学生快速掌握专业技能，满足人才需求的新要求，充分体现实训基地的实践特性。以建设高素质"双师型"教师队伍为重点，加强以专业技术人员和高技能人才为主的兼职教师队伍建设，是教育部在新阶段对高等职业院校实训基地建设的新要求。

职业教育的重点在于通过实践培养学生的就业创业能力，基于"工学结合"的基础，分专业（群）建设公共实训中心，以提高职业院校学生的技术能力，促进资源的共享。晓坛（2006）认为，实践能力是检验高等职业教育成果和产教融合型实训基地实践性的重要指标，学生通过实践对技术能力的掌握程度要远远高于理论层次的学习。黄学光（2005）认为，高等职业教育的目的在于培养技能型人才，企业评价是对人才培养质量的有效衡量，将企业认可度作为实践性的评价指标更具有全面性。

实训基地是教学实践活动的主要开展场所，基于上述学者观点，将实践性作为衡量实训基地管理水平的一方面，建立了关于实践性的评价指标，包括教学目标、教学条件、"双师"结构、技术能力、企业认可度五个测量指标，见表5-3。

表5-3　实践性测量变量

特性	测度指标	指标说明	参考来源
实践性	教学目标	以培养学生的实际操作能力为目标	李玉民、沈时仁、毕志蜂、晓坛、黄学光等
	教学条件	教学设施、机器设备等软硬件更新快且充足	
	"双师"结构	授课教师来源于学校和企业，工作经验丰富	
	技术能力	通过实训基地掌握并提高技术能力	
	企业认可度	企业对学生操作实践能力的认可	

实践性评价指标体系中的各级指标用于反映高等职业院校产教融合型实训基地管理水平在实践性上的体现，明确各个指标的内涵，有利于更加准确地对产教融合型实训基地的管理水平做出评价，以下分别就评价指标体系中的各级指标内涵进行解释说明。

① 教学目标

教学目标主要是衡量产教融合型实训基地实践教学是否以培养学生的实际操作能力和理论联系实践能力为目标，产教融合型实训基地的教学以实践操作为主，学生在生产实践过程中能否不断提高并完善自身的实践操作能力。

② 教学条件

产教融合型实训基地的实践教学条件包括设备条件和其更新情况，教学设备的先进性和良好的辅助性，各种实验设备是否为许多企业机构正在使用或将要投入使用的，更新的速度是否及时。

③ “双师”结构

“双师”结构主要是从产教融合型实训基地的师资队伍情况来进行评价，产教融合型实训基地中教师除了要有具有理论教学能力的专业教师，另外是否聘请了行业企业的专业人才和能工巧匠到学校担任一部分教学任务，授课教师是否来自学校和企业以及对理论和实践教学的掌握能力均是该指标想要测度的。

④ 技术能力

技术能力主要是从产教融合型实训基地培养学生的实践技术能力水平进行评价，产教融合型实训基地通过实践性教学培养的人才，能够掌握生产实践所需要的技术能力，充分体现出实训基地管理水平的实践性，所具备的能力水平通过该指标进行测度。

⑤ 企业认可度

企业认可度主要是从产教融合型实训基地培养人才在行业企业中的认可程度来进行测度，产教融合型实训基地的毕业生参加工作后能否得到社会和企业的认可，从而反映企业对于学校人才培养质量的认可。

(4) 区域性测量指标构建

现有国情决定了我国产业结构和经济发展水平之间存在差异，而高等职业教育的发展在很大程度上取决于当地的经济水平，政府和社会的支持对高等职业院校产生重要影响。国家在新阶段要求高等职业教育以“服务地方经济和社会生产”为目标，以就业为导向，加快教学改革建设，主动适应区域、行业经济和社会发展。产教融合型实训基地是高等职业院校发展的重要载体，可以看作是当地支柱产业的缩影，能够满足当地产业对于人才发展的需要，并为高等职业院校人才培养指明方向。

徐燕兰等(2009)认为,高等职业院校在制订课程培养方案时进行区域定位,能够有效提高教学质量,考虑所在区域的经济发展现状,及时调整办学策略,是高等职业院校规划人才培养、服务社会时的必然要求。刘灵芝(2013)通过实地研究某建筑职业技术学院的地理位置、办学特色,强调高等职业院校依当地经济发展需要设置专业、制订人才培养计划,能够加强学校与地方政府、企业的联系,获得持续的经济支持,促进区域协同发展。肖明胜(2015)通过对实训基地培养的人才质量、职业层次、职业能力和职业素养进行测度,认为植根于地方产业需求的人才培养计划更具可行性。丁金昌(2015)、舒红群(2004)表示,实训基地培养人才的最终目的是适应现阶段行业企业发展需要,可以通过其培养的人才是否能够适应产业需求,是否达到企业的人才使用标准,职业素养能否与企业发展同步提升,来衡量高等职业教育的区域性。

实训基地通过企业项目将学生实践能力与应用能力进行结合,在应用研发和技术服务过程中培养学生的发展迁移能力。高等职业院校实训基地的管理水平越高,对区域经济需求越了解,越能够针对性的制定学生的发展培养计划,重点建设适应经济发展的特色专业,培养适销对路的专业人才,从而满足经济发展的需要。教育部要求高等职业院校发展要适应区域产业需求,依据区域发展规划划分人才培养层次,更新课程内容,调整课程结构,将专业知识融入课程教学,强化对学生职业道德、职业技能、就业创业能力的培养。

基于上述学者观点,将区域性作为衡量实训基地管理水平的一方面,建立了关于区域性的评价指标,形成定位区域发展、调整专业设置、职业素质需求、职业能力需求四个测量指标。主要内容见表5-4。

表5-4　区域性测量指标

特性	测度指标	指标说明	参考来源
区域性	定位区域发展	培养的人才能够适应区域经济和产业调整	徐燕兰、刘灵芝、肖明胜、丁金昌、舒红群等
	调整专业设置	专业设置根据区域经济发展做出调整	
	职业素养需求	培养的人才具有企业所需要的职业素养	
	职业能力需求	培养的人才具备企业需要的职业能力	

区域性特征具有明显的地方特色,所有评价体系中的各级指标用于对产教融合型实训基地管理水平在区域性上的体现进行测度,为明确各个指标的内涵,下面分别就评价指标体系中的各级指标内涵进行解释说明。

① 定位区域发展

实训基地具有本地植根性的特点，从产教融合型实训基地定位区域发展情况进行评价，能够有效对产教融合型实训基地是否根据区域产业调整教学方向，对技术发展趋势以及区域经济发展状况的预测能力进行测度，以便规划和培养不同类型和层次的人才，从而不断促进区域经济的发展。

② 调整专业设置

从产教融合型实训基地根据区域经济发展对专业设置进行调整的情况来进行评价，产教融合型实训基地通过与时俱进、充分考虑区域产业结构发展的趋势，准确把握市场对人才的新需求，可以不断调整和更新专业设置。

③ 职业素养需求

从产教融合型实训基地培养人才的职业素养是否符合区域企业需求进行评价，能够测度实训基地不断完善自身发展以满足当地区域企业对技术技能人才职业素养要求的能力。

④ 职业能力需求

从产教融合型实训基地培养人才的职业能力是否符合区域企业需求角度进行评价，有利于了解产教融合型实训基地是否注重对于学生职业能力的培养，以及不断提高自身以满足当地区域企业要求的职业能力。

（5）开放性测量指标构建

“开放”是指事物在系统状态中积极地进行物质与信息的交换，通过开放的角色系统，可以吸收和输出能量资源，从而优化系统的结构和发展。产教融合型实训基地作为高等职业教育人才培养系统中的子系统，与普通高等教育存在着差异性的办学模式，注重将企业引入实践教学，发挥企业在实践育人方面的主体作用，是其主要办学特色。开放性的实训基地可以获得更多的信息，帮助学校及时了解社会用人发展需求，针对性地制订培养方案，实现实践育人、对技术技能型人才培育的目标。

开放性的管理体制将赋予高等职业院校更大的自主权，有利于对课程和教学方法进行改进，提高教育质量。夏茵（2011）、夏继梅（2012）从积极开展校际合作、教师交流学习、学生交换培养、引进课程以及开放的校企合作方面等来评判产教融合型实训基地的开放性。许建平（2007）认为，可以通过实训基地的开放性、实践体系更新的及时性、师资队伍建设的开放性、与地方主体间的互动频率等方面对实训基地的开放程度进行测度。Shegelman 等（2015）研究实训基地的开放性时，从学校办学职能的开放性、师资队伍的开放性、资金筹措的开放性等方面展开测度。

高等职业院校之间的频繁互动，加速了学术知识和前沿信息的交流传播，有利于丰富教学资源、扩大教育范围；高等职业院校和企业之间的交流互动，能够提供技术流程改进的灵感，促进技术创新成果的扩散，同时了解企业的用人需求，为人才培养指明方向；高等职业院校与政府社会间的沟通交流，有利于促进知识传播，加强跨界合作，提升学校专业化资源的配置效率，同时，政府的政策支持将影响着职业院校的教学质量，决定其社会信誉，进而影响学校的生源和发展的持续性。高等职业院校实训基地建设资金来源渠道多样，由政府、企业、社会等机构提供，充足的资金供应能够保障实训基地有序发展，各项教育工作逐步开展，满足市场用人需求，提高社会信誉，同时又促进学校资金筹措的多元化，以此形成良性循环，从而维持实训基地健康持续的运行。

《高等职业教育创新发展行动计划（2015—2018）》要求高职教育办学状态从相对封闭向全面开放转变，深化校企合作发展，与当地企业共建以市场为导向的多方应用技术协同创新中心。开放性是专业布局得以优化的前提，开放的高等职业教育便于资源信息以及其他教学要素的流动，能够强化人才培养效果。因此，对产教融合型实训基地的开放性管理进行评价分析，有利于提高办学质量，推进高等职业院校实践育人的制度化改革进程。

基于上述学者观点，将开放性作为衡量实训基地管理水平的一方面，建立了关于开放性的评价指标，形成学校与学校间、学校与企业间、学校与政府间、实训基地开放性、资金筹措五项测量指标，见表 5-5。

表 5-5　开放性测量指标

特性	测度指标	指标说明	参考来源
开放性	学校与学校间	校际间经常进行学术、科研交流	夏茵、夏继梅、许建平、Shegelman 等
	学校与企业间	校企间经常进行信息、资源的沟通交流	
	学校与政府间	学校与政府之间信息交流	
	实训基地开放	允许参观和学习，促进知识的传播	
	资金筹措	资金来源渠道多样	

开放性评价指标体系中的各级指标用于反映产教融合型实训基地与各责任主体往来交互的程度，开放性意味着资源渠道的多样性，明确各个指标的内涵，能够更加准确地对产教融合型实训基地的管理水平做出评价，下面对各评价指标的内涵进行解释说明。

① 学校与学校间

主要是从产教融合型实训基地中校际间的交流情况来进行评价，产教融合型实训基地通过校际之间的合作，就教学资源和研究发展相互沟通交流，建立区域教育资源共享平台，实现校际教学科研合作的深度融合，进一步推进高等职业院校间的交流均可以通过该指标得以测度。

② 学校与企业间

从产教融合型实训基地中学校与企业之间的交流情况来进行评价，产教融合型实训基地通过校企合作推进高等职业院校与企业行业间的深化了解，提高人才产出与企业行业需求的切合程度。通过企业和学校双方开放各自的优势资源实现优势互补，对实训基地共建共享提高人才培养的质量。

③ 学校与政府间

从产教融合型实训基地中学校与政府间的信息交流情况来进行评价，产教融合型实训基地明确与政府之间的交流合作、信息互通、政策扶持等，作为对实训基地的监管主体，保证其与社会各界的信息反馈及时准确。

④ 实训基地开放

从产教融合型实训基地的开放情况进行评价，是对产教融合型实训基地是否保证时刻开放共享，在管理过程中是否允许企业和其他院校的参观和学习，是否就实训基地之间的信息、技术以及教学模式进行相互交流和学习，以促进知识技术的传播等方面的测度。

⑤ 资金筹措

从产教融合型实训基地建设过程中的资金筹措情况来进行评价，产教融合型实训基地建设经费筹措渠道是否切实可行，资金来源渠道是否多样，政府、企业以及社会各界参与对实训基地建设资助的积极性，资金能否满足实训基地建设规划的经费预算均可以通过该项指标测度。

（6）指标结构说明

结合实训基地的发展现状、高等职业教育的特性，分别从高等性、职业性、实践性、区域性和开放性五个方面进行研究，通过学者的理论研究成果，初步确定 23 项测量指标。其中以五个特性作为一级指标，对应的测度指标作为二级指标，具体说明如下：

“高等性”用 A 表示，二级指标为：人才定位、素质培养、基地文化建设、科研实力，分别用 A1、A2、A3、A4 表示。

“职业性”用 B 表示，二级指标为：培养方案、课程设置、实训情境、职业迁移空间、就业情况，分别用 B1、B2、B3、B4、B5 表示。

“实践性”用 C 表示，二级指标为：教学目标、教学条件、“双师”结构、技术能力、企业认可度，分别用C1、C2、C3、C4、C5表示。

“区域性”用D表示，二级指标为：定位区域发展、调整专业设置、职业素质需求、职业能力需求，分别用D1、D2、D3、D4表示。

“开放性”用G表示，二级指标为：学校与学校间、学校与企业间、学校与政府间、实训基地开放性、资金筹措，分别用G1、G2、G3、G4、G5表示。

汇总得出产教融合型实训基地初步管理评价指标及说明，见表5-6。

表5-6 产教融合型实训基地管理初步评价指标及说明

目标	一级指标	二级指标	符号	指标说明
实训基地管理能力评价	高等性（A）	人才定位	A1	定位于培养高端技术型人才
		素质培养	A2	注重对人才素质的培养，促进素质的提高
		基地文化建设	A3	建设内涵丰富凸显特色的基地文化
		科研实力	A4	与高等教育相匹配的科研能力
	职业性（B）	培养方案	B1	以职业目标为导向制订培养方案
		课程设置	B2	课程设置关注职业技能的培养
		实训情境	B3	仿真现实的工作场景和生产流程
		职业迁移空间	B4	注重对人才适应能力和发展潜力的培养
		就业情况	B5	以就业情况反映部分教育成果
	实践性（C）	教学目标	C1	以培养学生的实际操作能力为目标
		教学条件	C2	教学设施、机器设备等软硬件更新快且充足
		“双师”结构	C3	授课教师来源于学校和企业，工作经验丰富
		技术能力	C4	通过实训基地掌握并提高技术能力
		企业认可度	C5	通过企业对培养学生操作实践能力的认可
	区域性（D）	定位区域发展	D1	培养的人才能够适应区域经济和产业调整
		调整专业设置	D2	专业设置根据区域经济发展做出调整
		职业素养需求	D3	培养的人才具有企业所需要的职业素养
		职业能力需求	D4	培养的人才具备企业需要的职业能力
	开放性（G）	学校与学校间	G1	校际间经常进行学术、科研交流
		学校与企业间	G2	校企间经常进行信息、资源的沟通交流
		学校与政府间	G3	学校与政府之间信息交流
		实训基地开放	G4	允许参观和学习，促进知识的传播
		资金筹措	G5	资金来源渠道多样

汇总得出产教融合型实训基地管理初步评价指标体系，见表 5-7。

表 5-7　产教融合型实训基地管理初步评价指标体系

目标	一级指标	二级指标	三级指标
实训基地管理能力评价	高等性(A)	人才定位	学校办学特色
			政府引导
			市场需求
		素质培养	德技并修
			工匠精神
			能力本位
		基地文化建设	专业文化建设
			校企文化融合
			科学与人文精神的培养
		科研实力	科研经费
			图书资料
			教师水平
			生源质量
	职业性(B)	培养方案	师资力量
			职业目标定位
		课程设置	政治要求
			社会需求
			科技进步
		实训情境	人才培养需求
			学校教育理念
			基础硬件设施
		职业迁移空间	人才适应能力
			发展潜力
		就业情况	就业率
			就业后稳定性
			专业对口率

表 5-7(续)

目标	一级指标	二级指标	三级指标
实训基地管理能力评价	实践性(C)	教学目标	学生主观能动性
			满足社会需求
			完备的课程体系
		教学条件	资金充足
			技术同步
		“双师”结构	良好的福利待遇
			完备的硬件设施
			良好的科研氛围
		技术能力	个人条件
			设备与场地
			知识的完备
		企业认可度	工作态度
			工作适应性
			工作成果
	区域性(D)	定位区域发展	区域发展定位
			区域产业转型升级
			区域优势与劣势
		调整专业设置	区域产业结构
			科技进步
			生源因素
		职业素养需求	职业信念
			职业知识技能
			职业行为习惯
		职业能力需求	职业沟通能力
			团队合作能力
			自我管理能力
			职业基础能力

表 5-7(续)

目标	一级指标	二级指标	三级指标
实训基地管理能力评价	开放性(G)	学校与学校间	核心学术成果
			交流方式
		学校与企业间	定期培训
			专家讲座
			实习实践
		学校与政府间	工作指导
			政策支持
			工作报告
		实训基地开放	开放时间
			开放对象
			学习权限
		资金筹措	政府教育经费
			教育资本运营机制
			社会筹措

5.2 专家访谈

5.2.1 选取访谈对象

(1) 确定访谈对象并实施访谈

上节形成的初步评价指标是基于相关理论,综合多个研究成果建立的,带有研究者的主观目的,是否与实训基地现有的发展状况相符合还有待验证。

为确保研究结论的准确,使获得的成果能够指导实践管理,需要结合相关专家学者的意见对指标进行修正。本书选取江苏建筑工程区域开放共享型实训基地和无锡市数控设备维护维修实训基地作为研究对象,分别进行了深入的访谈与调研。

总体而言，两家实训基地具有较强的代表性。江苏建筑工程区域开放共享型实训基地和无锡市数控设备维护维修实训基地位于不同的地区，经济发展水平不一，面向的产业和服务的行业不同，在实训基地管理水平完善程度上各有所长。

本次访谈的对象主要为上述两家实训基地管理部门的管理人员，除此之外还请教了两校研究产教融合型实训基地相关方面的专家。管理人员对实训基地的管理情况较为了解，能够使构建的指标更贴合实际；相关的专家对实训基地的研究经验丰富，能够使评价体系更加完善、更具代表性。

(2) 两家实训基地访谈结果对比

为简化对比结果，现将江苏建筑工程区域开放共享型实训基地和无锡市数控设备维护维修实训基地分别简称为建筑基地和数控基地，两者的访谈结果对比分析如下：

① 从高等性来看

建筑基地成立的时间较长，已构建了较为完善的管理体系，定位于培养建筑型专才，具有较强的与建筑相关的教科研实力，通过定期举办基地建筑文化相关的活动，提高了学生的专业素质和对职业的热情；数控基地成立的时间相较于建筑基地短，致力于培养学生数控相关的专业技能，制定并构建了专业课程帮助学生掌握操作、维护、销售等技能。

② 从职业性来看

建筑基地毕业的学生具有更强的职业提升实力，其在逐步发展的过程中已形成完善的学生培养机制，工作场景的模拟更加贴近生产实际，学生的就业情况相较于数控基地存在较大的提升空间；数控基地的培养课程更具有针对性，比较符合现阶段企业用人需求，其学生的就业情况更好。

③ 从实践性来看

两所基地均以培养高素质的技术技能型人才为基地的教学目标，将“双师”结构引入对学生的培养管理中，认真贯彻“做中学、学中做”的理念，将课堂理论教学与实践相结合，获得用人单位的一致好评。

④ 从区域性来看

位于苏北地区的建筑基地相较于位于苏南地区的数控基地，地区的经济、政策、产业的植根性有待加强；苏南地区的经济发展较快，技术型中小企业数目种类繁多，对人才的需求旺盛，有利于数控基地结合无锡当地的发展合理安排实践课程，能够快速培养技术技能型人才，提高其职业能力。

⑤ 从开放性来看

数控基地与企业、政府间的交流更加频繁，资金来源渠道更加多样充足；建筑基地与其他院校的互动频繁，基地的持续发展主要依靠政府的政策支持，资金来源种类单一。此外，两所基地在监督管理机制方面均不够完善。

综合以上的访谈结果可以看出，相比较之下，建筑基地的管理评价更好一些，主要得益于其成立的时间长，在发展过程中各项管理不断地被改进和完善。

5.2.2 专家访谈的指标修正

依据访谈提纲对江苏建筑工程实训基地和无锡市数控设备维护维修实训基地中的专家学者进行了多轮详细的访谈，接受访谈的专家学者均非常专业，并在对初步的评价指标进行肯定的同时也给出了不少的修改建议，帮助了本研究在原有评价指标的基础上进行修正，保证调查的全面可行，其修改意见主要集中于对高等性、职业性、实践性、开放性进行指标的扩充与删减。

具体如下说明：

(1) 一些专家认为高等性所包含的指标中，科研实力虽是实训基地管理评价中的一方面，但由于高等职业教育的首要目标是通过实践培养技术技能型人才，故认为教学实力更能够体现出高等性，对实训管理能力的影响程度更大，因此更倾向于用教学实力代表高等性。

(2) 高等职业教育除培养应用型人才外，使培养的人才适销对路，对于职业院校本身和学生获得持续性发展能力的影响程度更大，教育对接需求则显得尤为重要，通过了解市场用人趋势，对学生进行针对性的培养，以满足生产发展的人才需求。

(3) 技术技能型人才与从普通高等学校毕业的学生的主要区别在于技术技能型人才具备更强的实践能力，通过校企合作，尤其是实训基地的实践，学生能够更加适应企业的岗位要求，成为企业所需人才，从而增强自身的竞争力。

(4) 实训基地具有开放性，是多种信息资源的集合体，尽管与不同的社会组织机构存在交流互动，但开放并不意味着无序发展，有效的监督管理机制是实训基地良性发展的前提，实施外部监督管理，能够确保各项政策、资金使用有章可循，从而保证管理效率。

结合专家的意见和实训基地发展的现状，构建了表 5-8 所列的实训基地管理评价指标体系，共计二级评价指标 27 个。

表5-8 专家修正后的实训基地管理评价指标体系

目标	一级指标	二级指标	符号	指标说明
实训基地管理能力评价	高等性（A）	人才定位	A1	定位于培养高端技术型人才
		素质培养	A2	注重对人才素质的培养，促进素质的提高
		基地文化建设	A3	建设内涵丰富凸显特色的基地文化
		教学实力	A4	与高等教育相匹配的教学能力
		科研实力	A5	重视科研，增强理论联系实践的能力
	职业性（B）	培养方案	B1	以职业目标为导向制订培养方案
		课程设置	B2	课程设置关注职业技能的培养
		实训情境	B3	仿真现实的工作场景和生产流程
		职业迁移空间	B4	注重对人才适应能力和发展潜力的培养
		教育对接需求	B5	教育与企业需求对接的精准度
		就业情况	B6	以就业情况反映部分教学成果
	实践性（C）	教学目标	C1	以培养学生的实际操作能力为目标
		教学条件	C2	教学设施、机器设备等软硬件更新快且充足
		“双师”结构	C3	授课教师来源于学校和企业，工作经验丰富
		技术能力	C4	通过实训基地掌握并提高技术能力
		“双主体”育人	C5	实习实训课程与理论课程比例
		企业认可度	C6	通过企业对培养学生操作实践能力的认可
	区域性（D）	定位区域发展	D1	培养的人才能够适应区域经济和产业调整
		调整专业设置	D2	专业设置根据区域经济发展做出调整
		职业素养需求	D3	培养的人才具有企业所需要的职业素养
		职业能力需求	D4	培养的人才具备企业需要的职业能力
	开放性（G）	学校与学校间	G1	校际间经常进行学术、科研交流
		学校与企业间	G2	校企间经常进行信息、资源的沟通交流
		学校与政府间	G3	学校与政府之间信息交流
		实训基地开放	G4	允许参观和学习，促进知识的传播
		资金筹措	G5	资金来源渠道多样
		督导评估制度	G6	开放性的外部监督机制及教育质量评价体系

5.3 小样本数据收集与分析

5.3.1 小样本数据收集

为检验专家访谈后修改的关于实训基地管理评价指标体系是否科学合理、遵照实际，根据表 5-8 设计调查问卷，内容见附录，考虑到实施的可行性和访谈的结果，决定采用预调查的方式，对江苏建筑工程区域开放共享型实训基地实地发放修正后的调查问卷共计 50 份，通过相关专家进行填写，共回收有效问卷 44 份，满足样本数据分析大于 30 份的最低要求。

小样本的调查问卷由两部分组成，包括：① 被调查人员的基本信息；② 问卷主体。被调查人员的基本信息包括性别、年龄、工作年限、学历和工作岗位，问卷主体基本与专家访谈后建立的评价指标中的指标说明的内容一致。

5.3.2 小样本信度分析

信度分析检验量表的合理性和有效性，即在设计的测量变量时考虑的是否全面，问题项是能够真实反映研究者意图。反映研究、对象一致性的内在信度和评估结果是否可靠有意义的外在信度，以 Cronbach's α 系数表示，要求分量表的 α 值大于 0.5，整体量表的 α 值大于 0.8。

校正的项总计相关性（CITC，Corrected Item-Total Correlation）表示所对应题项与其他题目总分的积差相关系数，系数值越高，代表该题与其他题项的内部一致性越高，通常要求数值大于 0.5。题项已删除的 Cronbach's α 值表示若删除该题，分量表的内部一致性 α 系数将会出现波动。变量 α 值表示该分量表的整体信度水平，要求得分值大于 0.8。

研究借助软件 SPSS 检验信度，分别对预调研样本的各指标维度进行检验，然后对各变量进行整体检验，所得结果见表 5-9。

由表 5-9 可以看出：

(1) 高等性所包含的各指标中，A5（科研实力）的初始 CITC 值为 0.459，小于 0.5，未满足条件，故删除该指标，重新对高等性的信度进行分析可得，各指标的 CITC 值均大于 0.5，且整体信度由 0.883 提升至 0.889，由此认为删除 A5 指标后，高等性指标具有较高的内部一致性。

(2) 职业性所包含的各指标中，B5（教育对接需求）的初始 CITC 值为 0.424，未满足大于 0.5 的要求，将该指标予以删除后重新进行计算，所得各项指标的 CITC 值均大于 0.5，且该指标的信度得分提高了 0.05，由此认为删除 B5 指标后，职业性指标具有较高的内部一致性。

表 5-9　专家访谈评价指标信度分析

指标	符号	初始 CITC	最终 CITC	题项已删除的 Cronbach's α 值	α 值	整体 α 值
高等性	A1	0.713	0.724	0.870	初始：0.883 最终：0.889	0.917
	A2	0.767	0.781	0.849		
	A3	0.760	0.761	0.856		
	A4	0.756	0.766	0.854		
	A5	0.459	删除	—		
职业性	B1	0.824	0.832	0.746	初始：0.831 最终：0.836	
	B2	0.759	0.768	0.766		
	B3	0.601	0.609	0.810		
	B4	0.640	0.644	0.835		
	B5	0.424	删除	—		
	B6	0.775	0.780	0.759		
实践性	C1	0.789	0.798	0.529	初始：0.703 最终：0.718	
	C2	0.702	0.706	0.574		
	C3	0.754	0.760	0.551		
	C4	0.468	删除	—		
	C5	0.620	0.622	0.612		
	C6	0.484	删除	—		
区域性	D1	0.790	—	0.891	0.911	
	D2	0.759	—	0.902		
	D3	0.876	—	0.865		
	D4	0.808	—	0.883		
开放性	G1	0.789	0.800	0.722	初始：0.791 最终：0.820	
	G2	0.716	0.726	0.749		
	G3	0.303	删除	—		
	G4	0.687	0.701	0.758		
	G5	0.331	删除	—		
	G6	0.803	0.813	0.722		

(3) 同理,将实践性指标中的 C4(技术能力)、C6(企业认可度)两项初始 CITC 值小于 0.5 的题项删除,重新计算后的信度得分由 0.703 提升至 0.718,此时实践性具有较好的内部一致性。

(4) 区域性各指标的初始 CITC 值均大于 0.5,满足要求,无须删除,信度得分为 0.911,故认为区域性具有较高的内部一致性。

(5) 对开放性指标来说,G3(学校与政府间)、G5(资金筹措)两项未满足大于 0.5 的要求,故进行删除,经重新计算,其信度得分获得明显提高,由 0.791 提升至 0.820。

此外,将小样本数据中初始 CITC 值得分小于 0.5 的项删除后,对剩余的指标整体进行信度计算,所得的 α 值为 0.917,大于 0.8,满足要求,由此认为删除后的评价指标具有较高的内部一致性。

5.3.3 小样本效度分析

通过对小样本效度进行分析,并删除未满足 CITC 值大于 0.5 的要求的指标后,对剩余指标进行效度分析。效度则用于检测数据结果能否准确反映被测对象的行为程度,效度越高代表结果越能真实地反映被测对象的行为,达到通过问卷进行测量的目的。调查问卷是基于已有的研究成果和对专家访谈的结果进行综合制定的,因此具有较高的内容效度。效度分析即是探索性因子分析,因子分析能够从多个指标中提取潜在公共因子,简化数据,把握事物的本质特点。为更好地验证量表的效度,将借助 SPSS 软件进行探索性因子分析。

探索性因子分析通常以 KMO(Kaiser-Meyer-Olkin)检验和巴特利特球形得分表示检验结果,当 KMO 值越大,变量间具有的共同因素就越多,就越适合进行因子分析,通常要求 KMO 值大于 0.7。通过主成分分析和最大方差法进行旋转,得到旋转矩阵和变量共同度,变量共同度大于 0.6 时探索性因子分析较理想。见表 5-10。

由表 5-10 得,分别对各一级指标进行探索性因子分析时,评价指标的整体 KMO 值为 0.711,大于 0.7 的最低要求,且巴特利特球形检验达到显著水平,共抽取变异 77.962%,表示五个特性之间的结构性和相关性明显,适合进行因子分析。通过主成分分析和正交旋转,共得到五个因子,且各组得分较高的因子与评价指标一一对应,现分别对其进行说明。

表 5-10　小样本的探索性因子分析

指标	高等性		职业性		实践性		区域性		开放性	
因子载荷	A1	0.844	B1	0.920	C1	0.950	D1	0.882	G1	0.903
	A2	0.882	B2	0.872	C2	0.868	D2	0.859	G2	0.872
	A3	0.868	B3	0.782	C3	0.885	D3	0.939	G3	—
	A4	0.873	B4	0.751	C4	—	D4	0.902	G4	0.852
	A5	—	B5	—	C5	0.838			G5	—
			B6	0.898	C6	—			G6	0.881
变量共同度	A1	0.712	B1	0.846	C1	0.902	D1	0.777	G1	0.816
	A2	0.778	B2	0761	C2	0.754	D2	0.738	G2	0.761
	A3	0.754	B3	0.612	C3	0.784	D3	0.883	G3	—
	A4	0.762	B4	0.723	C4	—	D4	0.814	G4	0.726
	A5	—	B5	—	C5	0.703			G5	—
			B6	0.806	C6	—			G6	0.776
KMO	0.835		0.806		0.783		0.804		0.822	
显著性	0.000		0.000		0.000		0.000		0.000	
因素解释方差	75.132%		62.955%		78.554%		80.319%		76.973%	
评价指标整体 KMO			0.711		0.000		抽取变异		77.962%	

(1) 高等性因子分析：包含的四个因素占累积因素解释方差的 75.132%，指标整体的 KMO 值为 0.835，达到显著水平，各指标的变量共同度均大于 0.6，说明因子分析所提取的公共因子能够反映原始变量 60%以上的信息。因子载荷均大于 0.7，指标的收敛效度较为理想，因子分析效果较好，能够真实地反映高等性所包含的信息。

(2) 职业性因子分析：整体的 KMO 值为 0.806，大于 0.7，且巴特利特球形检验达到显著水平，共抽取变异 62.955%，表示指标之间结构性和相关性明显，适合进行因子分析。因子的变量共同度均大于 0.6，因子分析所提取的公共因子能够反映原始变量 60%以上的信息，因子载荷均大于 0.7，量表的收敛效度十分理想，因子分析效果较好，对职业性指标的划分比较合理。

(3) 实践性因子分析：各指标的因子载荷数均大于 0.8，实践性量表的收敛效果较理想，变量共同度均大于 0.7，说明所获得的公共因子能够解释原始变量 70%以上的信息，KMO 值为 0.783，达到显著水平，累积解释方差为 78.554%，实践性指标的因子分析效果较好，指标划分较为合理。

(4) 区域性因子分析，该指标的累积解释方差为 80.319%，KMO 值为 0.804，达到显著水平，所包含的四个二级指标的因子载荷均大于 0.8，变量共同度能够解释原始变量 70%以上的信息，因子分析的效果较理想，指标划分合理。

(5) 开放性因子分析，二级指标的因子载荷均大于 0.8，量表的收敛效度较理想，变量共同度能够解释原变量 70%以上的信息，KMO 值达到显著水平，因素的累积解释方差为 76.973%，开放性指标的划分合理。

5.4 最终评价指标和模型的构建

5.4.1 最终评价指标的确定

以专家访谈后的评价指标设计的调查问卷开展调研，获得小样本数据并进行信度、效度分析，在信度分析的过程中将初始 CITC 值小于 0.5 的指标予以删除，从而提高问卷的整体一致性，使问卷能够更加准确地反映出实训基地管理水平。对删除了部分不合要求的指标后所剩余的指标进行因子分析，由结果看，剩余指标的收敛效度较为理想，剩余指标划分科学合理。由此可以确定最终评价指标体系，对剩余的指标重新定义符号，结果见表 5-11。

表 5-11　实训基地管理评价最终指标体系

目标	一级指标	符号	二级指标	指标说明
实训基地管理能力评价	高等性（A）	A1	人才定位	定位于培养高端技术型人才
		A2	素质培养	注重对人才素质的培养，促进素质的提高
		A3	基地文化建设	建设内涵丰富凸显特色的基地文化
		A4	教学科研实力	重视教学科研，增强理论联系实践的能力
	职业性（B）	B1	培养方案	以职业目标为导向制订培养方案
		B2	课程设置	课程设置关注职业技能的培养
		B3	实训情境	仿真现实的工作场景和生产流程
		B4	职业迁移空间	注重对人才适应能力和发展潜力的培养
		B5	就业情况	以就业情况反映部分教育成果
	实践性（C）	C1	教学目标	以培养学生的实际操作能力为目标
		C2	教学条件	教学设施、机器设备等软硬件更新快且充足
		C3	“双师”结构	授课教师来源于学校和企业，工作经验丰富
		C4	“双主体”育人	工学集合，校企共育

表 5-11(续)

目标	一级指标	符号	二级指标	指标说明
实训基地管理能力评价	区域性(D)	D1	定位区域发展	培养的人才能够适应区域经济和产业调整
		D2	调整专业设置	专业设置根据区域经济发展做出调整
		D3	职业素养需求	培养的人才具有企业所需要的职业素养
		D4	职业能力需求	培养的人才具备企业需要的职业能力
	开放性(G)	G1	学校与学校间	校际间经常进行学术、科研交流
		G2	学校与企业间	校企间经常进行信息、资源的沟通交流
		G3	实训基地开放	允许参观和学习,促进知识的传播
		G4	督导评估制度	开放性的外部监督机制及教育质量评价体系

5.4.2 评价模型的构建

为更科学合理地对产教融合型实训基地管理工作进行评价,在确定最终评价指标体系后,基于表 5-11 最终建立实训基地管理评价模型,分别以高等性、职业性、实践性、区域性、开放性作为评价模型的一级指标,以 A1、A2、A3、A4 四个二级指标对高等性所代表的一级指标进行划分;同理,以 B1、B2、B3、B4、B5 五个二级指标划分职业性;以 C1、C2、C3、C4 四个二级指标划分实践性;通过 D1、D2、D3、D4 四个二级指标代表区域性;通过 G1、G2、G3、G4 四个二级指标划分开放性。构建的管理能力评价模型如图 5-1 所示(见下页)。

5.5 本章小结

(1) 从指标体系构建而言

本章内容是在对文献综述和相关理论研究的基础上,基于已有成果构建初步的评价指标体系,为确保构建的指标符合实际,对实训基地的专家学者进行了多轮访谈调研,并结合专家的意见制定修改后的评价体系和预调研问卷。

(2) 从调查研究的角度而言

从调查研究的角度,研究以江苏建筑工程区域开放共享型实训基地为预调研对象,实地发放问卷并进行小样本的信度效度分析,在分析过程中删除 CITC 得分较低的指标,并通过因子分析,从而确定最终的评价指标体系。根据最终评价体系,建立产教融合型实训基地管理评价模型,为后续的调查研究奠定基础。

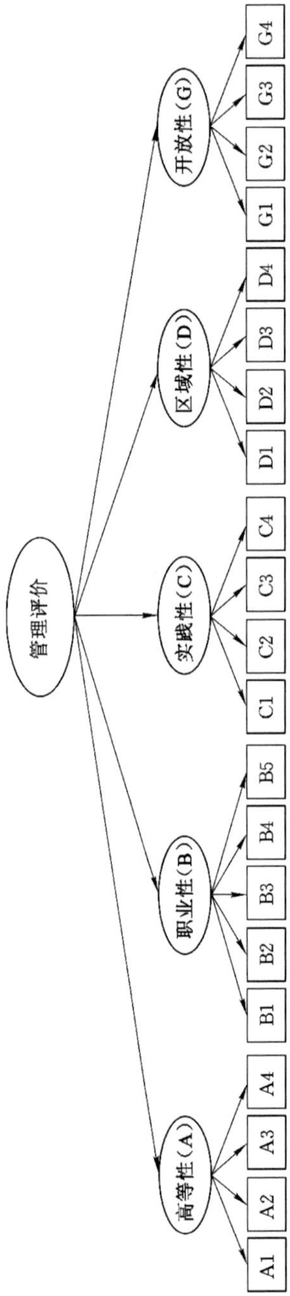

图5-1 产教融合型实训基地管理评价模型

(3) 从样本的选择角度而言

从样本的选择角度，两个主要访谈对象具有较强的代表性。首先江苏在全国职业教育发展过程中走在前列，同时江苏建筑工程区域开放共享型实训基地位于苏北，无锡市数控设备维护维修实训基地位于苏南，均代表着两个地区的先进水平。加上这两个主要访谈对象办学历史悠久、实训基地建设较为完善等，对其的研究具有一定的代表意义。

第6章 大样本调查和数据分析

6.1 数据收集与描述

6.1.1 数据收集

(1) 调查问卷的设计

依据高等职业教育的特性,结合指标设计的原则,基于管理实训基地专家学者的意见,在小样本调查问卷的基础上进行修改,从而得到正式的问卷。正式问卷是将调查问卷A中的部分描述项删除,包括高等性(5)、职业性(5)、实践性(4,6)、开放性(3,5),现对其进行如下说明:

从高等性、职业性、实践性、区域性、开放性五方面测度实训基地的管理水平,并最终确定二级指标共计21项。问卷包含被调查者基本信息和问卷主体两部分,主体部分采用易于编制和形式简单明了的Likert 5级量表来检测评价指标的重要性,问卷的答案通过“非常重要”“重要”“不一定重要”“不重要”“非常不重要”五种程度让被调查者进行作答,其结果分别记为5、4、3、2、1五种得分进行统计分析。得分越高则表明被调查者认为该项指标在实训基地管理上越关键;相反,如果得分偏低则说明被调查者认为该项指标不能构成实训基地管理评价的影响指标或是该指标对实训基地管理水平的影响程度低。

(2) 调查对象的选择

江苏省经济发达,教育水平较高,考虑到研究的可行性,所以将研究范围定位于江苏省,选取了13个地级市有代表性的高职院校实训基地建设情况进行统计。如图6-1所示,通过对省内高等职业院校实训基地进行调查发现,实训基地依托于高等职业院校建立，且相对集中分布于经济发达的地区。

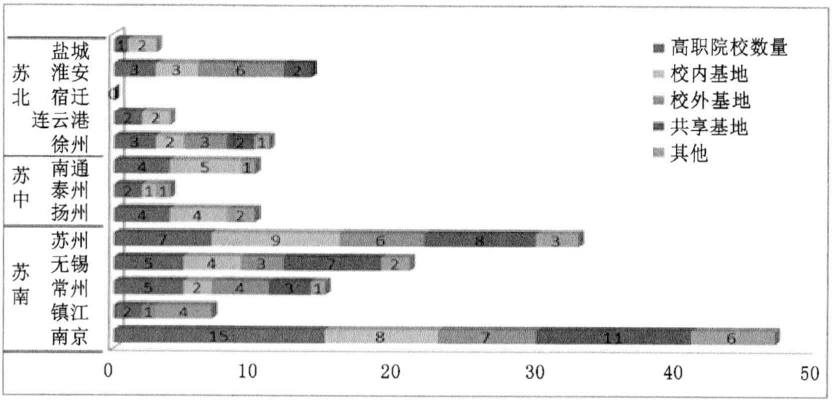

图 6-1 有代表性的江苏省实训基地分布图

现依照各地区基地的数量按比例分别选取江苏省的苏南、苏中、苏北三个区域的产教融合型实训基地共 5 所作为调查研究对象，5 个实训基地具体情况见表 6-1。

表 6-1 江苏省部分产教融合型实训基地

高职院校名称	实训基地名称
无锡职业技术学院	无锡科教产业园区工业服务基地
常州科教城现代工业中心	常州高职教育园区先进机械制造技术实训基地
南京工业职业技术学院	国家职业教育数控技术实训基地
苏州经贸职业技术学院	苏州经贸职业技术学院生产性实训基地
江苏食品药品职业技术学院	江苏食品药品职业技术学院教育部生物技术实训基地

(3) 调查问卷发放以及回收分布

被调查的 5 个产教融合型实训基地，分别位于无锡市、常州市、南京市、苏州市以及淮安市，通过联系各地的实训基地管理部门，在沟通约定好之后，根据各个基地的具体情况选择邮寄纸质问卷和电子邮件的方式进行发放问卷、回收并回寄，共历时三个月。每个产教融合型实训基地发放问卷 50 份，共计 250 份，并由所在产教融合型实训基地的教师及管理人员进行填写，这些人员对实训基地的发展现状和管理水平较为了解，调查结果的可信度高，能够较为真实反映实训基地管理现状。在回收的问卷之中，剔除不完整问卷以及无效问卷剩余 187 份符合要求，问卷的有效率为 74.80%，具体情况见表 6-2。

表 6-2　调查问卷发放及回收分布

实训基地	问卷发放数	问卷有效回收数	问卷有效回收比例
无锡科教产业园区工业服务基地	50	44	88.00%
常州高职教育园区先进机械制造技术实训基地	50	37	74.00%
国家职业教育数控技术实训基地	50	32	64.00%
苏州经贸职业技术学院生产性实训基地	50	40	80.00%
江苏食品药品职业技术学院教育部生物技术实训基地	50	34	68.00%
合计	250	187	74.80%

6.1.2　样本描述性统计分析

(1) 问卷基本信息分析

此次调查对象为实训基地教师及管理人员，被调查对象的基本信息包括性别、年龄、受教育程度、工作年限、工作岗位等，现对被调查对象的基本信息进行分析，见表 6-3。

表 6-3　被调人员的基本信息

基本信息	题项	数量	所占比例
性别	男	118	63.10%
	女	69	36.90%
年龄	20 岁以下	1	0.00%
	21～30 岁	46	24.60%
	31～40 岁	77	41.18%
	40～50 岁	56	29.95%
	50 岁以上	7	3.74%

表 6-3(续)

基本信息	题项	数量	所占比例
工作年限	2 年以下	24	12.83%
	2～5 年	69	36.90%
	6～10 年	53	28.34%
	11～20 年	21	11.23%
	20 年以上	20	10.70%
受教育程度	中专及以下	3	1.60%
	大专	21	11.23%
	本科	92	49.20%
	研究生及以上	71	37.97%
工作岗位	基地管理人员	66	35.30%
	实训基地教师	121	64.70%

由表 6-3 可知，性别方面：被调查人员中，男性多于女性，男性为 63.10%，女性为 36.90%。年龄方面：31～40 岁年龄段的人数最多，为 77 人，占 41.18%；其次为 40～50 岁年龄段，占 29.95%，两者之和约占被调查人员的 70%。工作年限方面：工作 2～10 年的人员最多，20 年以上的人员最少，仅占 10.70%，虽然实训基地在我国起步的时间较晚，但高职教育具有广泛性，职业院校的教师工作年限适度，对实践教学管理相关方面有着丰富的经验，确保了样本的真实性。受教育程度方面：学历为本科的被调查人员占 49.20%，研究生及以上为 71 人，占 37.97%，教育发展对教师以及管理相关人员的学历要求在逐步提高，与其年龄和工作年限相符，高学历意味着教学过程更加系统科学，有利于提高教学质量。

此外，被调查者中，管理人员占 35.30%，教师占 64.70%，实训基地是实践教学的重要环节，教师在该环节中仍居于主导地位，相关的管理人员为辅，两者结合保障实训基地正常有序的运行。

(2) 样本的描述性统计

描述性统计主要是对样本数据进行归纳、整理及整体的概括和描述，是分析了解数据的基本特征和数据的分布形态特征的工具。描述性统计量一般分为两类:一类是反映数据中心位置的指标,如最小值、最大值、均值等;另一类是反映数据离散程度的指标,如方差、标准差等。现对数据进行描述性统计分析,以便了解数据的基本情况,为后续分析奠定基础。见表 6-4。

表 6-4　样本描述性统计

指标	最小值	最大值	平均数	标准差	指标	最小值	最大值	平均数	标准差
A1	2.00	5.00	3.87	0.99	D1	2.00	5.00	4.02	0.88
A2	1.00	5.00	3.87	1.05	D2	2.00	5.00	4.11	0.90
A3	1.00	5.00	3.74	1.06	D3	1.00	5.00	4.31	0.79
A4	1.00	5.00	3.67	1.07	D4	2.00	5.00	4.33	0.81
B1	2.00	5.00	3.85	0.98	G1	2.00	5.00	4.16	0.80
B2	2.00	5.00	3.93	0.93	G2	2.00	5.00	4.21	0.79
B3	2.00	5.00	3.77	0.97	G3	2.00	5.00	4.21	0.81
B4	1.00	5.00	3.96	0.99	G4	2.00	5.00	4.22	0.83
B5	2.00	5.00	4.02	0.98					
C1	2.00	5.00	4.06	0.91					
C2	2.00	5.00	4.11	0.92					
C3	2.00	5.00	3.99	0.90					
C4	1.00	5.00	4.06	0.92					

由表 6-4 数据可得,21 个观测变量的最小值是 1,最大值是 5,说明调查数据具有一定的区分度。从集中趋势来看,所有指标均值均在 4.0 附近波动,其中较大的几个指标均值分别为 D4(职业能力需求)4.33,D3(职业素养需求)4.31,最小的指标是 A4(教学科研实力)3.67,A3(基地文化建设)均值也相对较小,仅为 3.74。从离散趋势来看,21 个观测变量中,标准差都在 1 附近波动,但波动并不大,说明数据得分相对集中,问卷具有较好的代表性,初步看出实训基地的实践性、区域性、开放性略优于高等性和职业性。

6.1.3　预统计分析

6.1.3.1　基本信息

为确保本次问卷调查的真实性、科学性、有效性,我们在问卷的开始设置了对被调查者基本信息的收集,力求排除非实验变量的影响因素,保证实验结果的科学准确。

(1) 性别

由图 6-2 和图 6-3 可以看出，男性有 69 人，占比 37%；女性有 118 人，占比 63%。被调查者中女性居多，这也可以间接反映出在高校实训基地建设中师资队伍的基本构成情况。

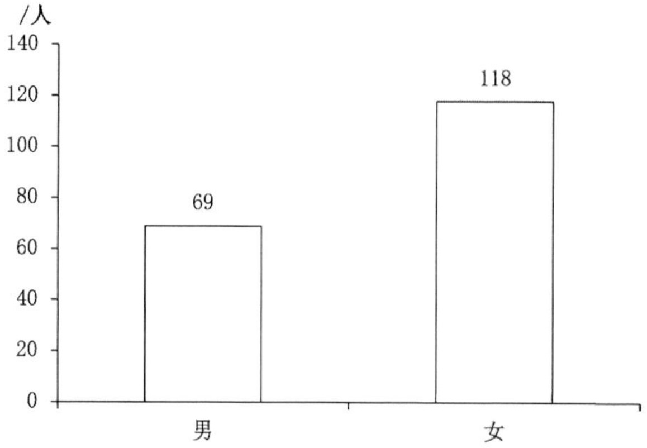

图 6-2　性别柱状统计图

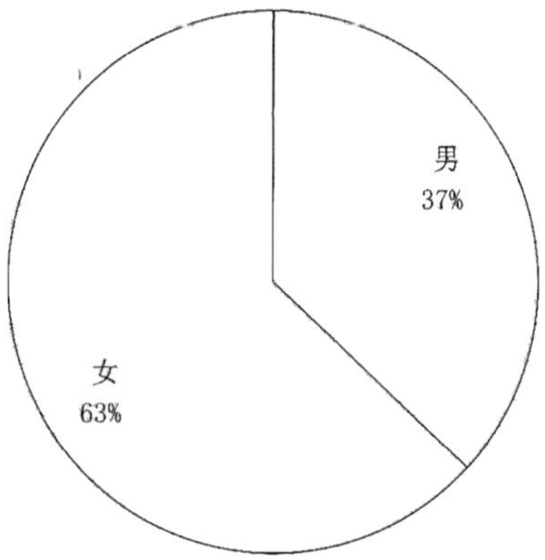

图 6-3　性别扇形统计图

(2) 年龄

由图 6-4 和图 6-5 可以看出，被调查者中 20 岁及以下者有 30 人，占比 16%；21～30 岁者有 132 人，占比 70%；31～40 岁者有 17 人，占比 9%；41～50 岁者有 5 人，占比 3%；50 岁及以上者有 3 人，占比 2%。被调查者中绝大多数年龄为 21～30 岁。

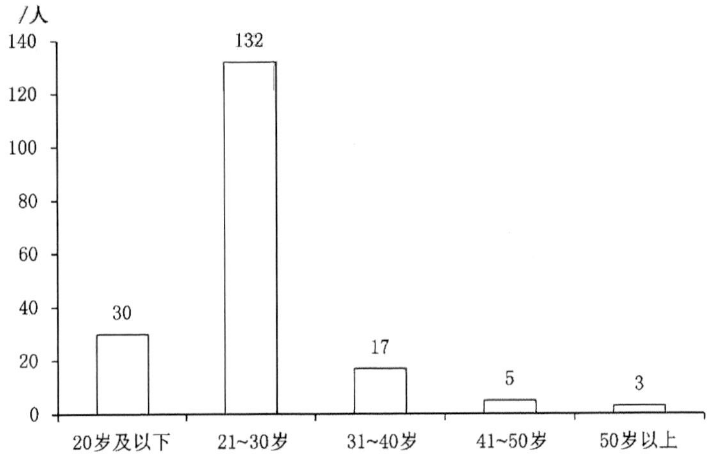

图 6-4　年龄柱状统计图

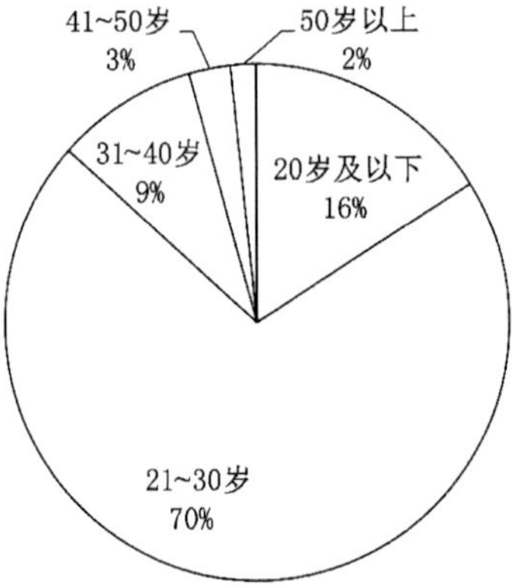

图 6-5　年龄扇形统计图

（3）工作年限

由图 6-6 和图 6-7 可以看出，被调查者中工作 2 年以下者有 74 人，占比 39%；2～5 年者有 80 人，占比 43%；5～10 年者有 24 人，占比 13%；10～20 年者有 7 人，占比 4%；20 年以上者有 2 人，占比 1%。

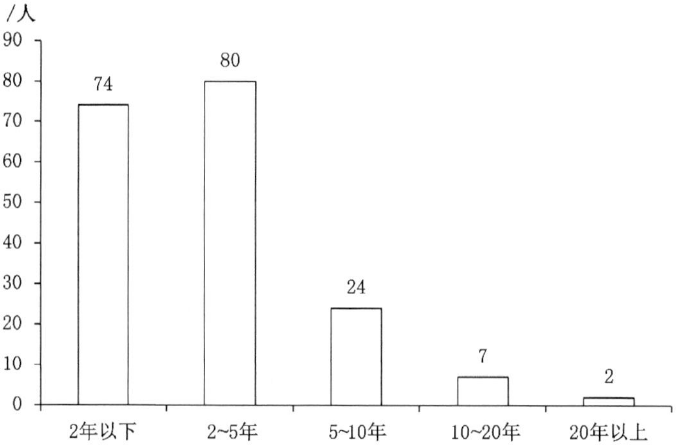

图 6-6　工作年限柱状统计图

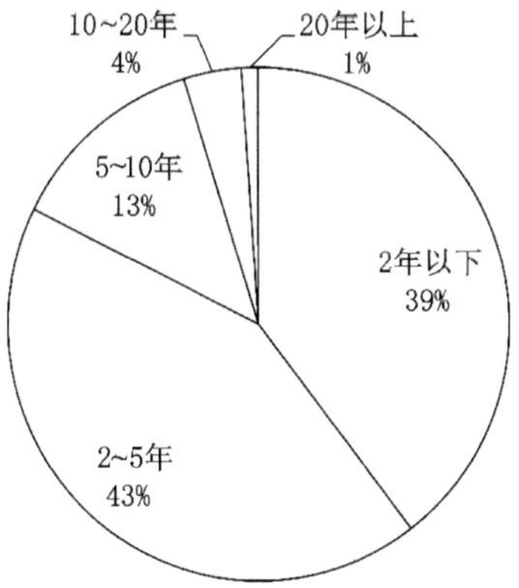

图 6-7　工作年限扇形统计图

（4）学历

由图 6-8 和图 6-9 可以看出，被调查者中具有中专及以下学历的有 68 人，占比 36％；具有大专学历的有 41 人，占比 22％；具有本科学历的有 72 人，占比 39％；具有研究生及以上学历的有 6 人，占比 3％。被调查者中虽然大专及以上学历者占据大多数，但仍有 36％的被调查者为中专及以下学历，这表明产教融合型实训基地的建设中师资队伍的建设仍旧任重而道远，还需要进一步加强师资队伍建设。

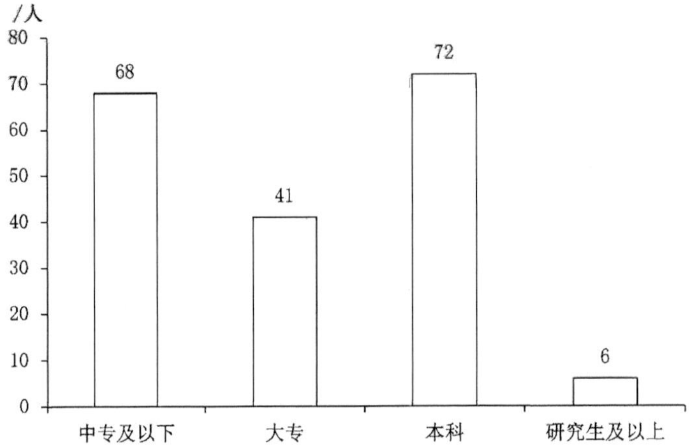

图 6-8 学历柱状统计图

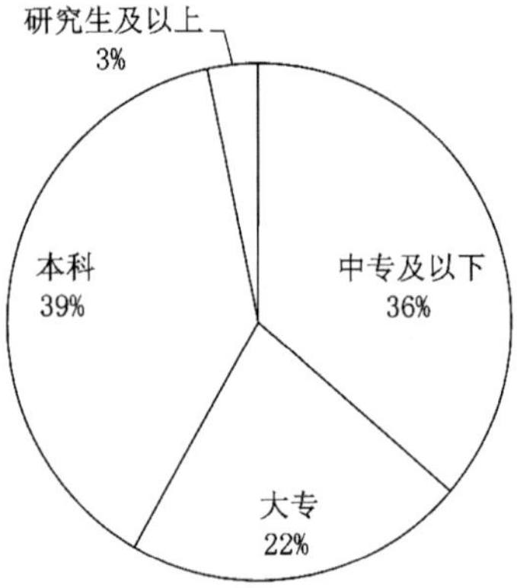

图 6-9 学历扇形统计图

（5）在基地担任的角色

由图 6-10 和图 6-11 可以看出，被调查者中基地管理人员有 66 人，占比 35%；实训基地教师有 121 人，占比 65%。被调查者中管理人员与教师的比例约为 1∶1.8，这表明管理人员与教师间基本为各司其职，所以得到的结果是从各自的立场出发，能够更全面地了解所研究问题的情况，使收集到的数据更贴近现实，更为科学、合理。

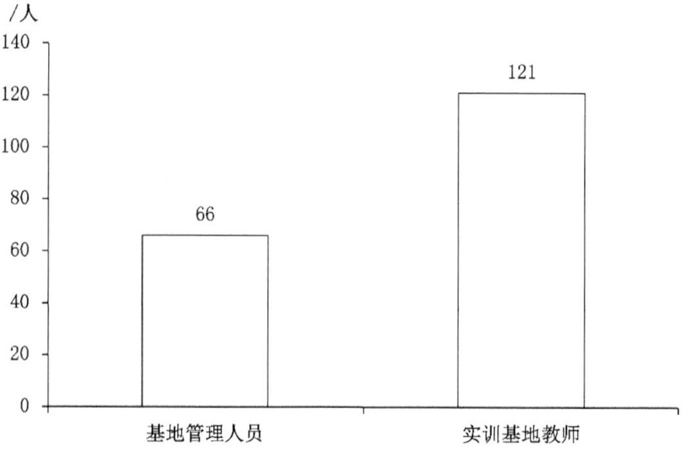

图 6-10　在基地担任角色柱状统计图

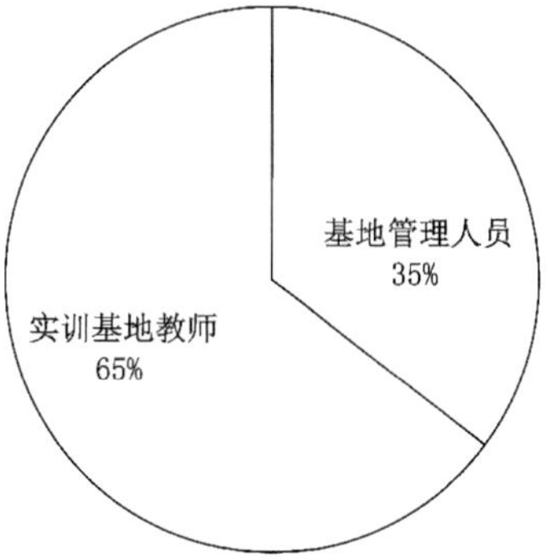

图 6-11　在基地担任角色扇形统计图

6.1.3.2　问卷主体

A1

由图 6-12 和图 6-13 可以看出，被调查者中选择不重要的有 19 人，占比 10%；选择不一定重要的有 49 人，占比 26%；选择重要的有 56 人，占比 30%；选择非常重要的有 63 人，占比 34%。

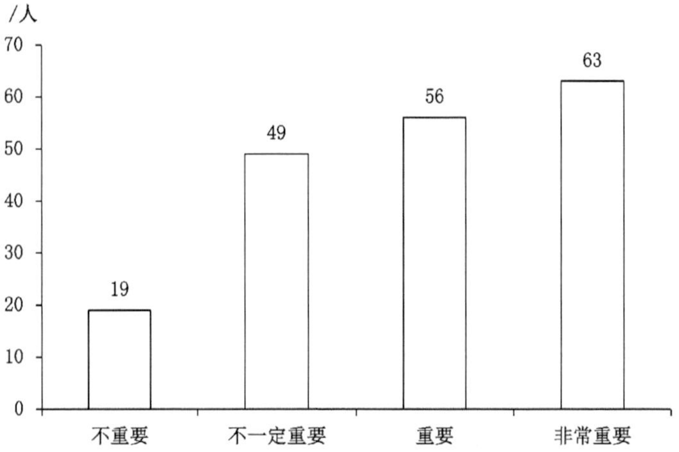

图 6-12　问项 A1 柱状统计图

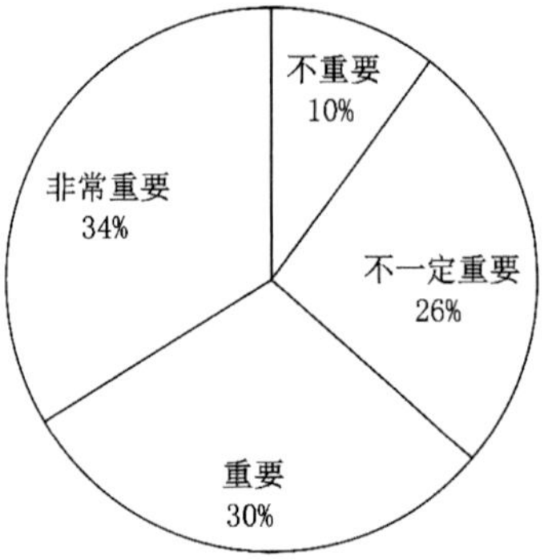

图 6-13　问项 A1 扇形统计图

A2

由图 6-14 和图 6-15 可以看出，被调查者中选择非常不重要的有 1 人，占比 1%；选择不重要的有 19 人，占比 10%；选择不一定重要的有 53 人，占比 28%；选择重要的有 44 人，占比 24%；选择非常重要的有 70 人，占比 37%。

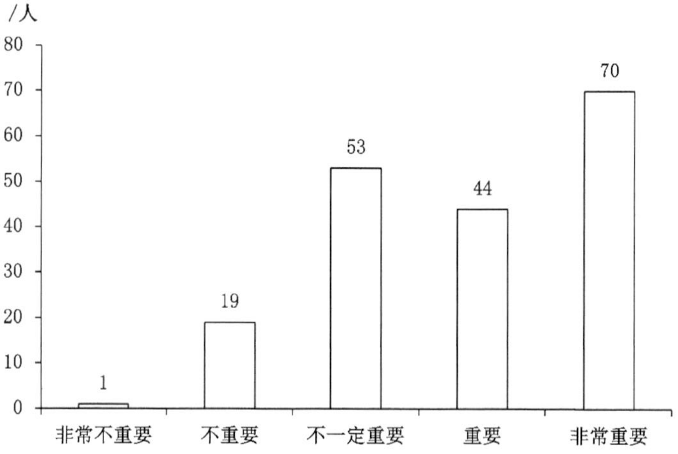

图 6-14　问项 A2 柱状统计图

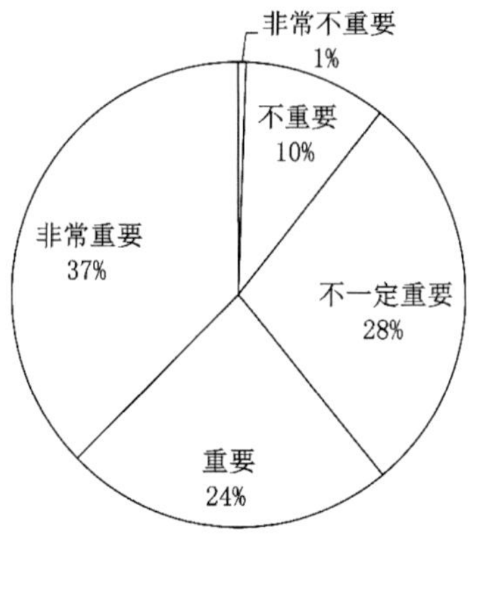

图 6-15　问项 A2 扇形统计图

A3

由图 6-16 和图 6-17 可以看出，被调查者中选择非常不重要的有 3 人，占比 2%；选择不重要的有 23 人，占比 12%；选择不一定重要的有 48 人，占比 26%；选择重要的有 58 人，占比 31%；选择非常重要的有 55 人，占比 29%。

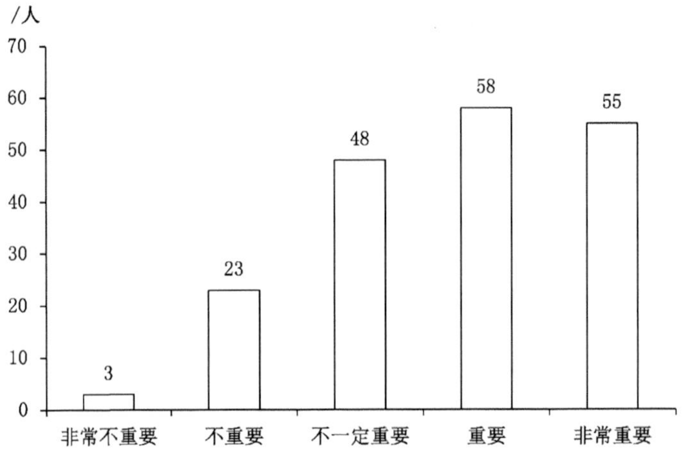

图 6-16　问项 A3 柱状统计图

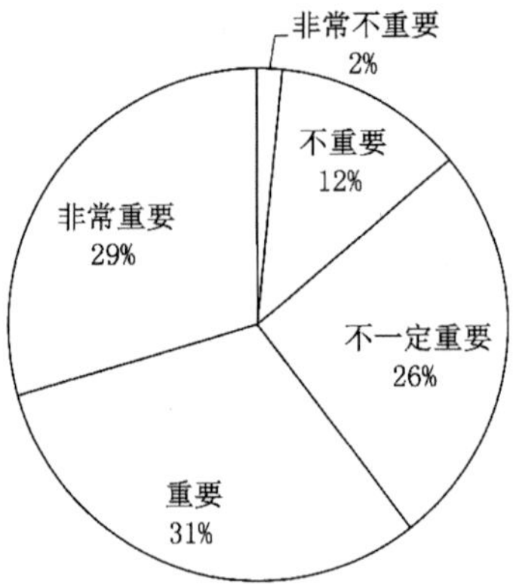

图 6-17　问项 A3 扇形统计图

A4

由图 6-18 和图 6-19 可以看出，被调查者中选择非常不重要的有 3 人，占比 2%；选择不重要的有 22 人，占比 12%；选择不一定重要的有 62 人，占比 33%；选择重要的有 46 人，占比 24%；选择非常重要的有 54 人，占比 29%。

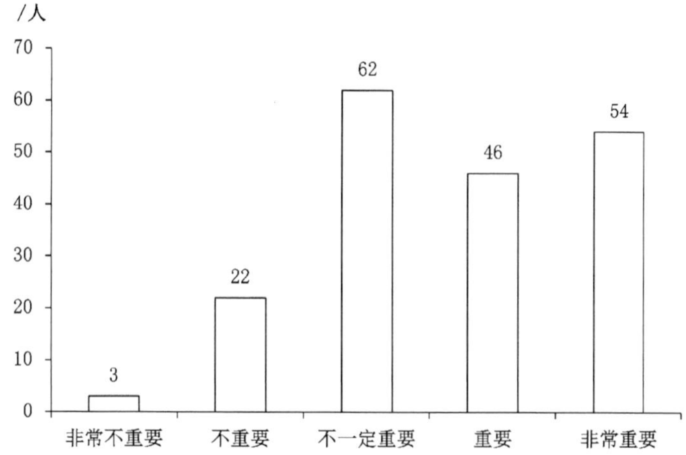

图 6-18 问项 A4 柱状统计图

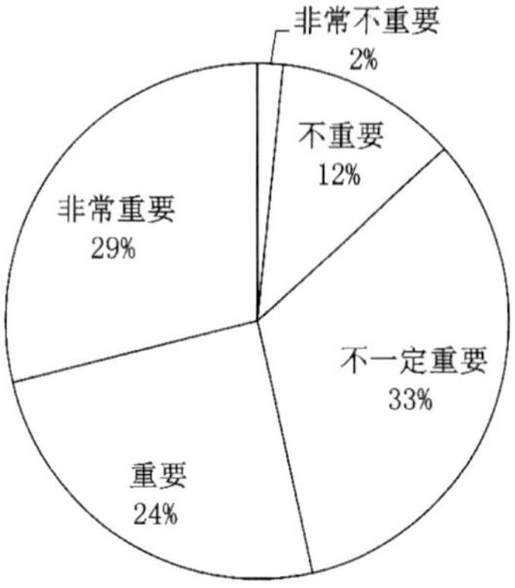

图 6-19 问项 A4 扇形统计图

B1

由图 6-20 和图 6-21 可以看出，被调查者中选择不重要的有 15 人，占比 8%；选择不一定重要的有 60 人，占比 32%；选择重要的有 50 人，占比 27%；选择非常重要的有 62 人，占比 33%。

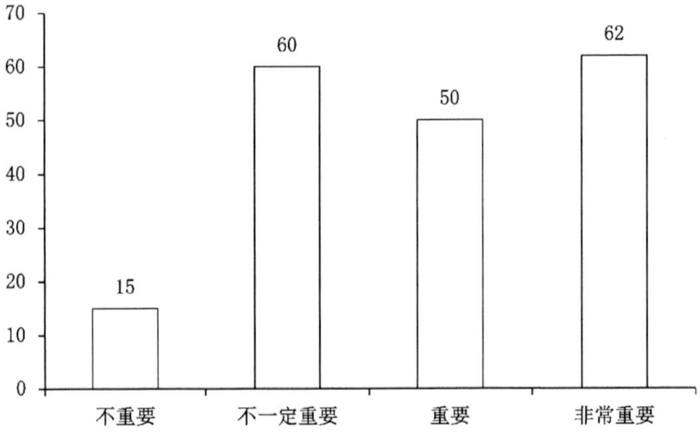

图 6-20　问项 B1 柱状统计图

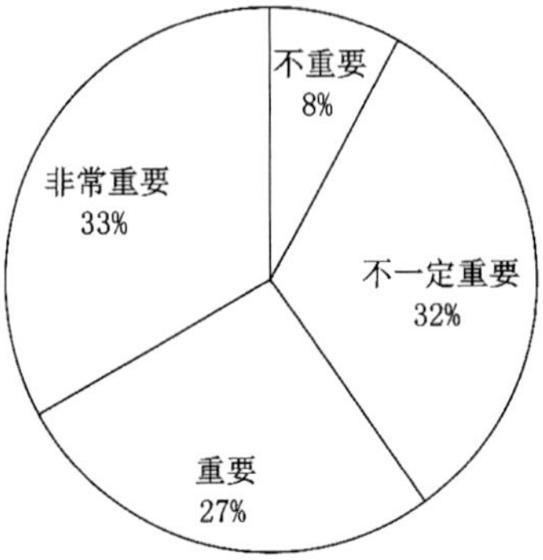

图 6-21　问项 B1 扇形统计图

B2

由图 6-22 和图 6-23 可以看出，被调查者中选择不重要的有 9 人，占比 5%；选择不一定重要的有 61 人，占比 33%；选择重要的有 51 人，占比 27%；选择非常重要的有 66 人，占比 35%。

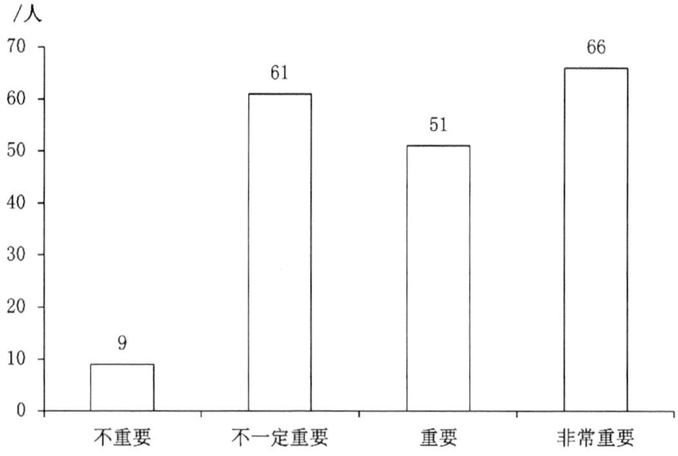

图 6-22　问项 B2 柱状统计图

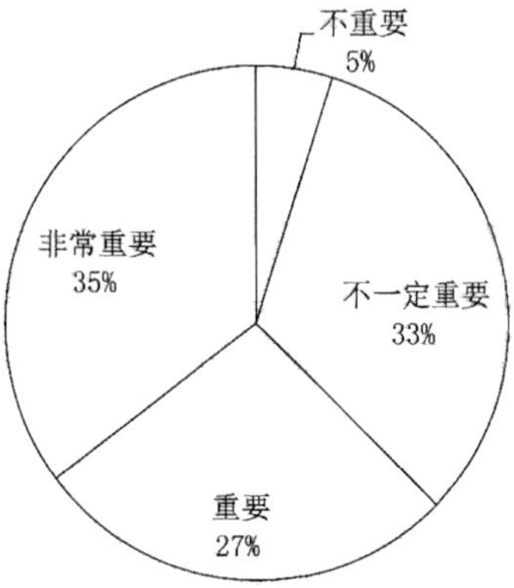

图 6-23　问项 B2 扇形统计图

B3

由图 6-24 和图 6-25 可以看出，被调查者中选择不重要的有 12 人，占比 6%；选择不一定重要的有 78 人，占比 42%；选择重要的有 38 人，占比 20%；选择非常重要的有 59 人，占比 32%。

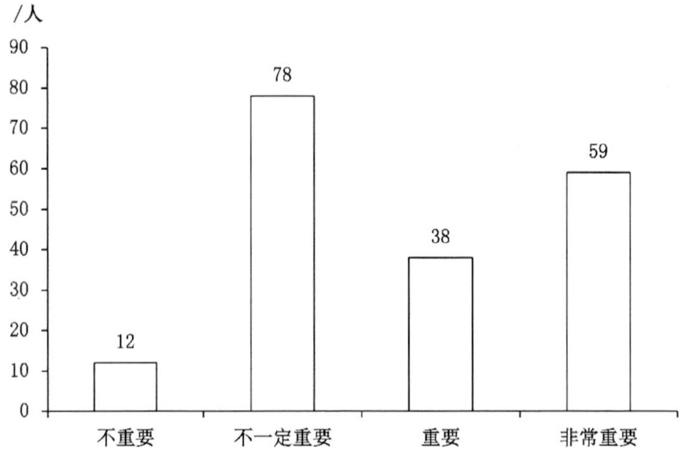

图 6-24　问项 B3 柱状统计图

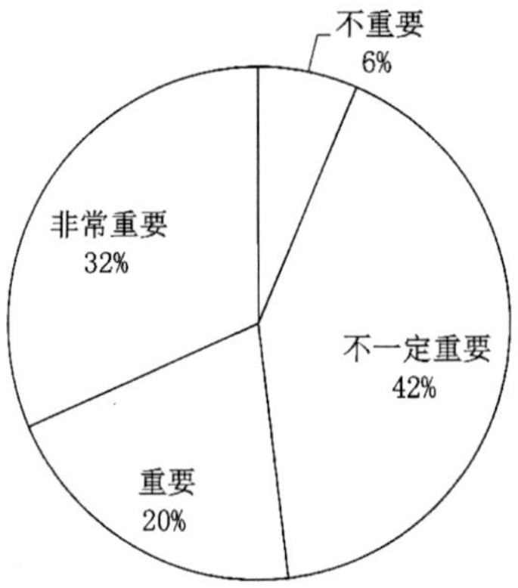

图 6-25　问项 B3 扇形统计图

B4

由图 6-26 和图 6-27 可以看出，被调查者中选择不重要的有 12 人，占比 6％；选择不一定重要的有 58 人，占比 31％；选择重要的有 42 人，占比 23％；选择非常重要的有 75 人，占比 40％。

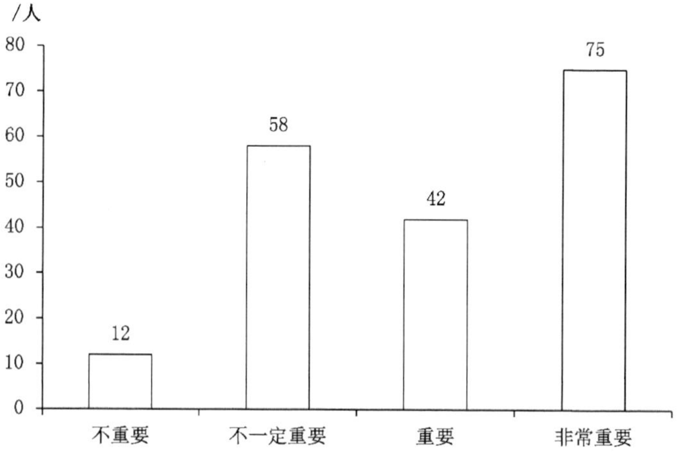

图 6-26　问项 B4 柱状统计图

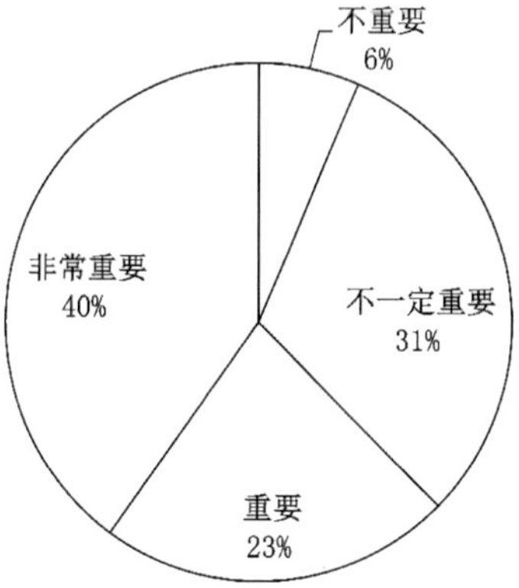

图 6-27　问项 B4 扇形统计图

B5

由图 6-28 和图 6-29 可以看出，被调查者中选择不重要的有 13 人，占比 7%；选择不一定重要的有 48 人，占比 26%；选择重要的有 48 人，占比 26%；选择非常重要的有 78 人，占比 42%。

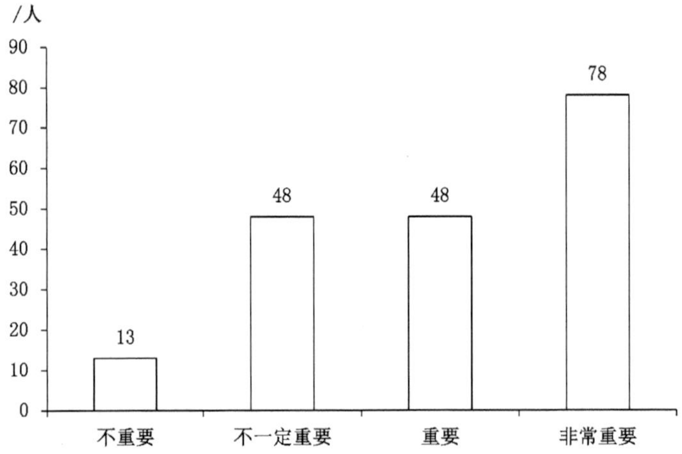

图 6-28　问项 B5 柱状统计图

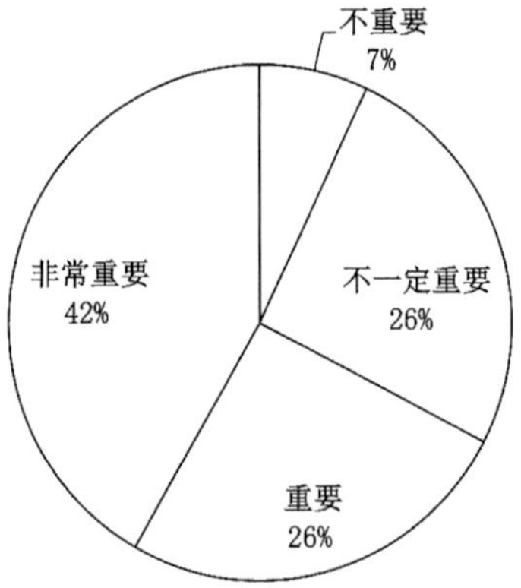

图 6-29　问项 B5 扇形统计图

C1

由图 6-30 和图 6-31 可以看出，被调查者中选择不重要的有 9 人，占比 5%；选择不一定重要的有 45 人，占比 24%；选择重要的有 58 人，占比 31%；选择非常重要的有 75 人，占比 40%。

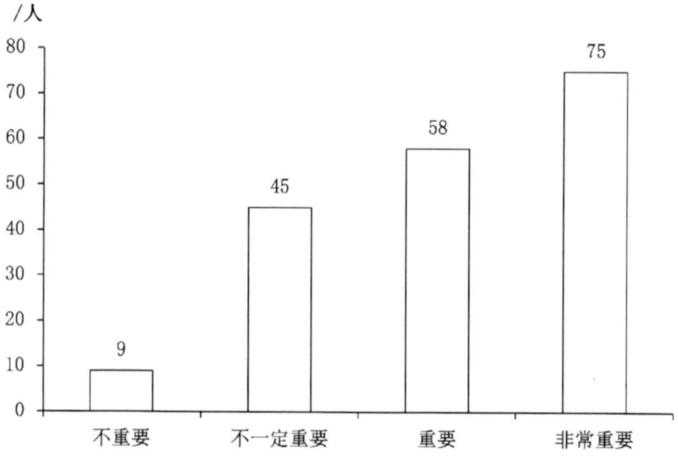

图 6-30　问项 C1 柱状统计图

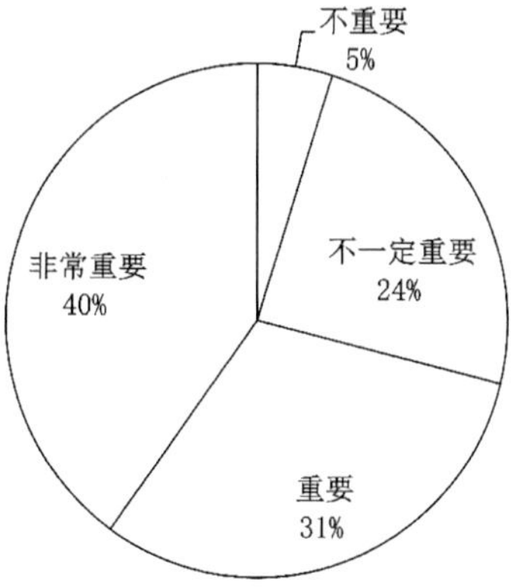

图 6-31　问项 C1 扇形统计图

C2

由图 6-32 和图 6-33 可以看出，被调查者中选择不重要的有 9 人，占比 5%；选择不一定重要的有 43 人，占比 23%；选择重要的有 53 人，占比 28%；选择非常重要的有 82 人，占比 44%。

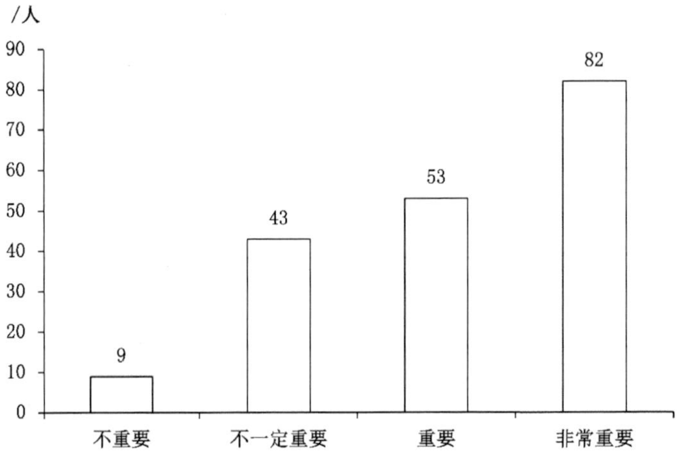

图 6-32　问项 C2 柱状统计图

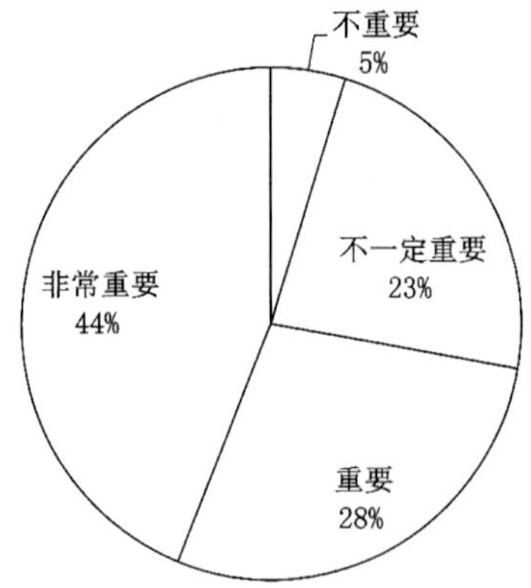

图 6-33　问项 C2 扇形统计图

C3

由图 6-34 和图 6-35 可以看出，被调查者中选择不重要的有 6 人，占比 3%；选择不一定重要的有 54 人，占比 29%；选择重要的有 58 人，占比 31%；选择非常重要的有 69 人，占比 37%。

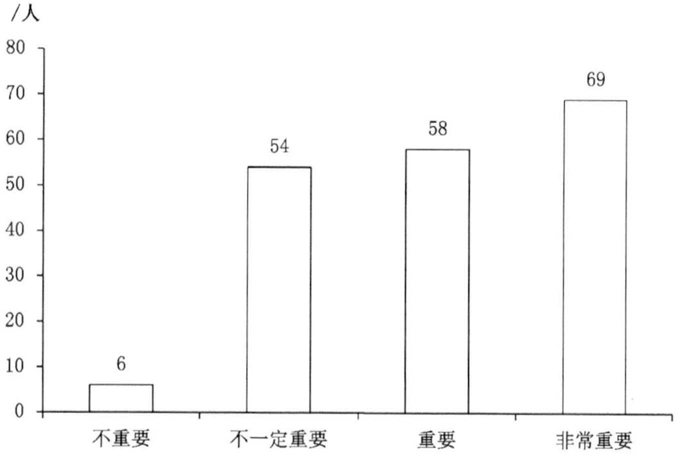

图 6-34 问项 C3 柱状统计图

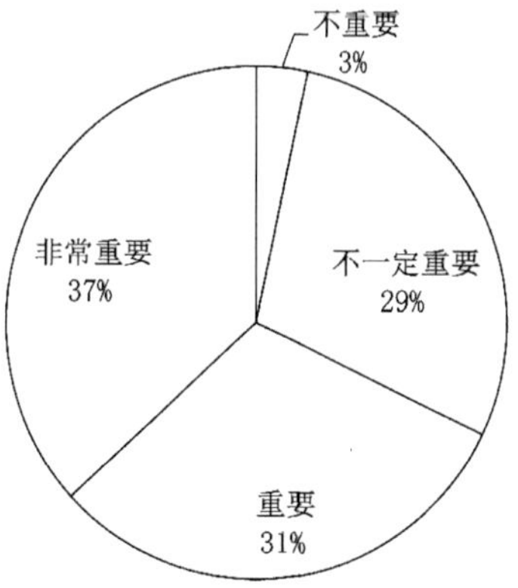

图 6-35 问项 C3 扇形统计图

C4

由图 6-36 和图 6-37 可以看出，被调查者中选择不重要的有 8 人，占比 4%；选择不一定重要的有 49 人，占比 26%；选择重要的有 54 人，占比 29%；选择非常重要的有 76 人，占比 41%。

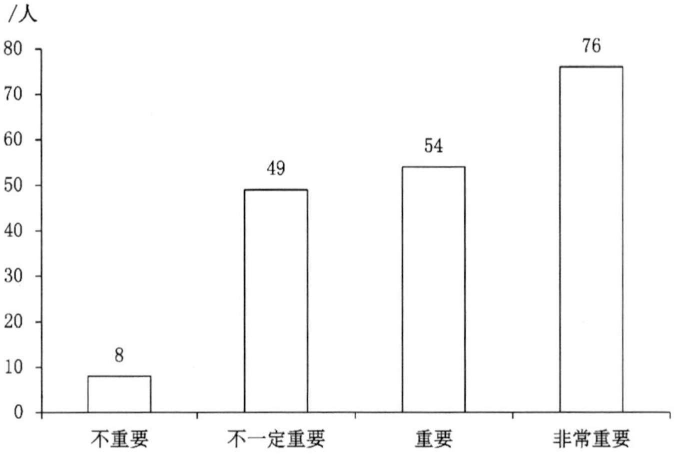

图 6-36　问项 C4 柱状统计图

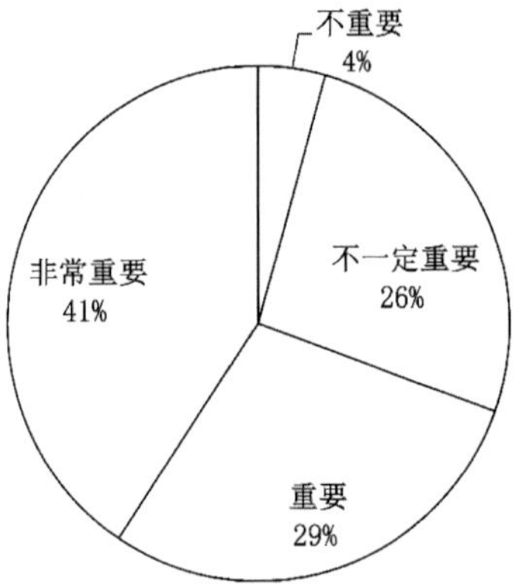

图 6-37　问项 C4 扇形统计图

D1

由图 6-38 和图 6-39 可以看出，被调查者中选择不重要的有 8 人，占比 4％；选择不一定重要的有 47 人，占比 25％；选择重要的有 66 人，占比35.5％；选择非常重要的有 66 人，占比 35.5％。

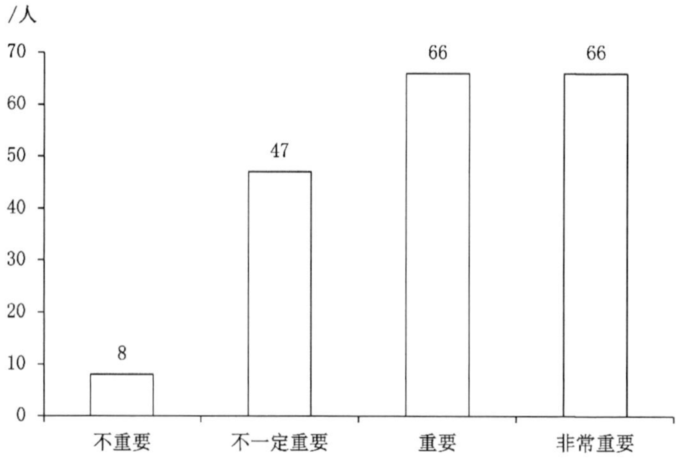

图 6-38　问项 D1 柱状统计图

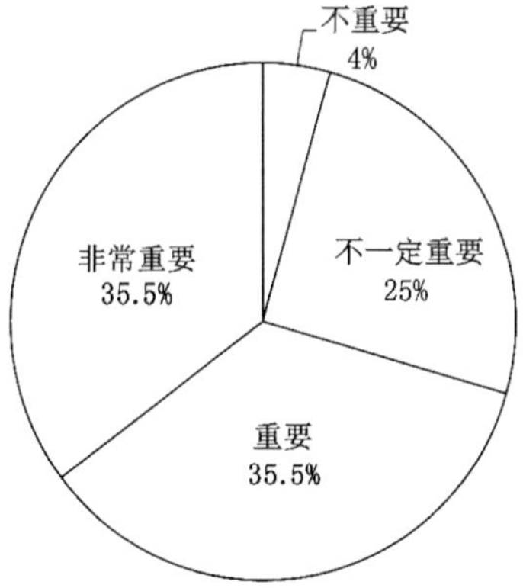

图 6-39　问项 D1 扇形统计图

D2

由图 6-40 和图 6-41 可以看出，被调查者中选择不重要的有 8 人，占比 4%；选择不一定重要的有 42 人，占比 23%；选择重要的有 58 人，占比 31%；选择非常重要的有 79 人，占比 42%。

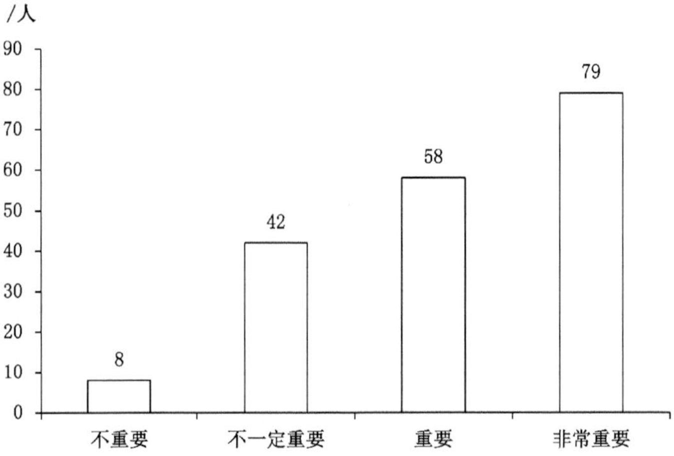

图 6-40　问项 D2 柱状统计图

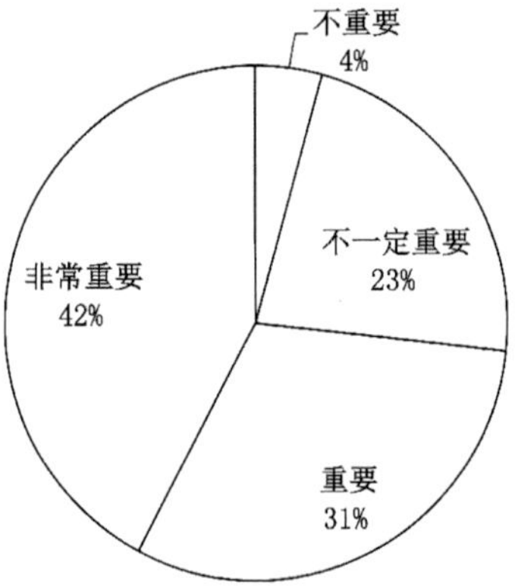

图 6-41　问项 D2 扇形统计图

D3

由图 6-42 和图 6-43 可以看出，被调查者中选择不重要的有 3 人，占比 1%；选择不一定重要的有 30 人，占比 16%；选择重要的有 61 人，占比 33%；选择非常重要的有 93 人，占比 50%。

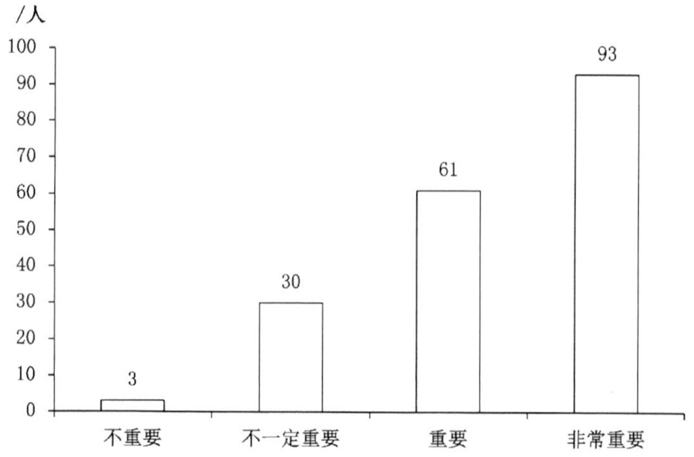

图 6-42　问项 D3 柱状统计图

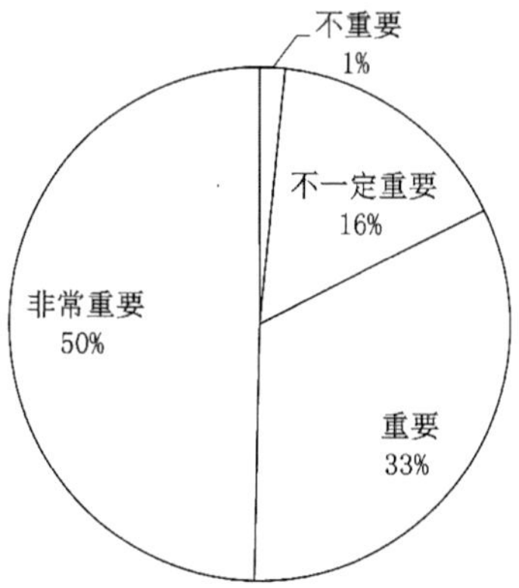

图 6-43　问项 D3 扇形统计图

D4

由图 6-44 和图 6-45 可以看出，被调查者中选择不重要的有 5 人，占比 3％；选择不一定重要的有 26 人，占比 14％；选择重要的有 59 人，占比 31％；选择非常重要的有 97 人，占比 52％。

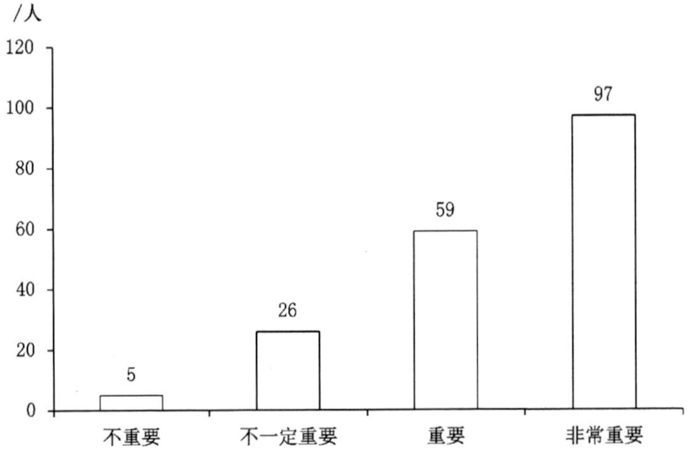

图 6-44　问项 D4 柱状统计图

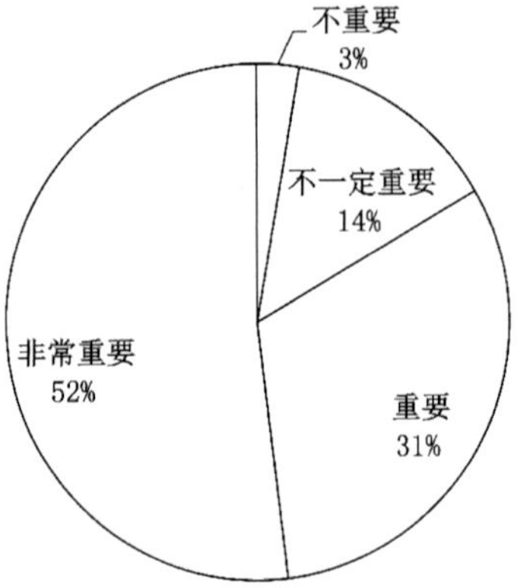

图 6-45　问项 D4 扇形统计图

G1

由图 6-46 和图 6-47 可以看出，被调查者中选择不重要的有 6 人，占比 3%；选择不一定重要的有 30 人，占比 16%；选择重要的有 80 人，占比 43%；选择非常重要的有 71 人，占比 38%。

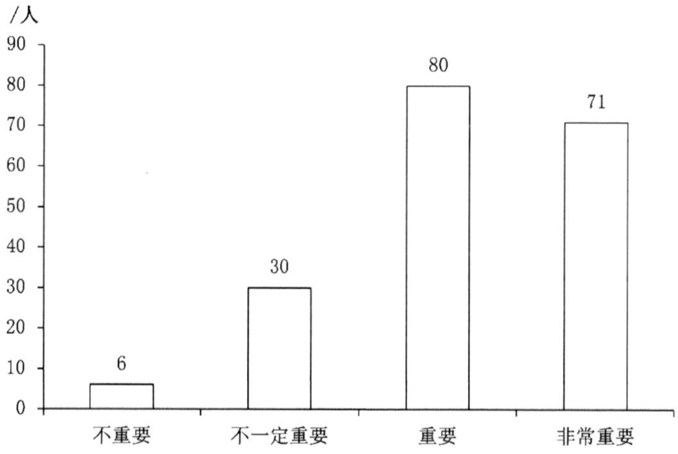

图 6-46　问项 G1 柱状统计图

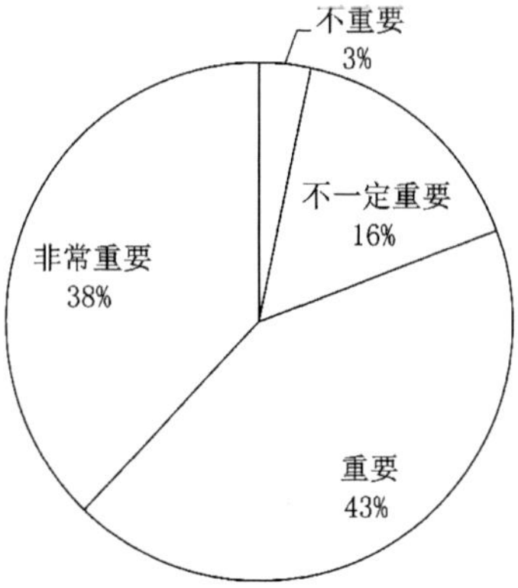

图 6-47　问项 G1 扇形统计图

G2

由图 6-48 和图 6-49 可以看出，被调查者中选择不重要的有 3 人，占比 2%；选择不一定重要的有 34 人，占比 18%；选择重要的有 71 人，占比 38%；选择非常重要的有 79 人，占比 42%。

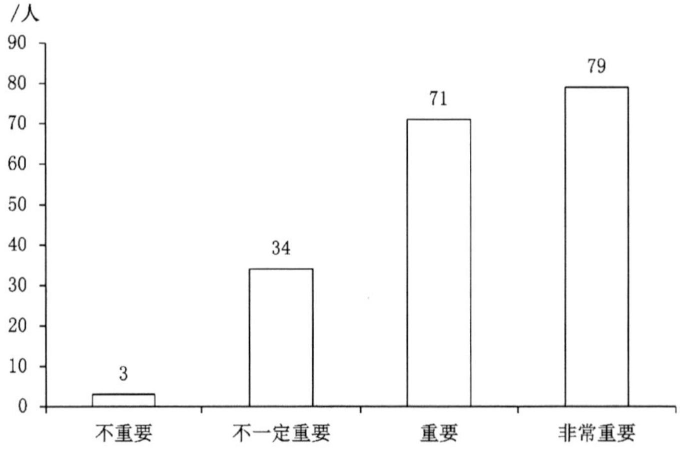

图 6-48　问项 G2 柱状统计图

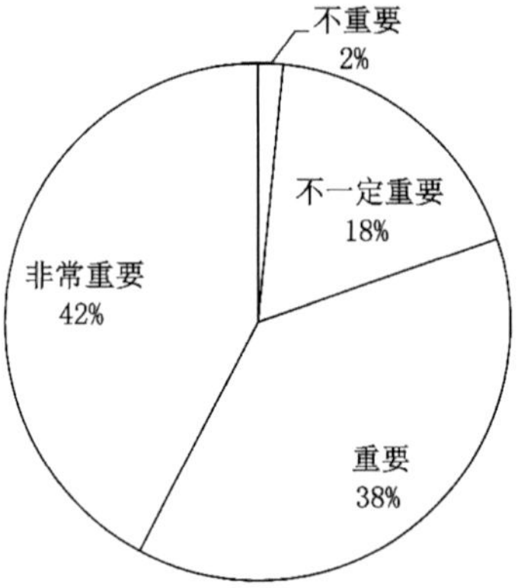

图 6-49　问项 G2 扇形统计图

G3

由图 6-50 和图 6-51 可以看出，被调查者中选择不重要的有 5 人，占比 3%；选择不一定重要的有 30 人，占比 16%；选择重要的有 72 人，占比 38%；选择非常重要的有 80 人，占比 43%。

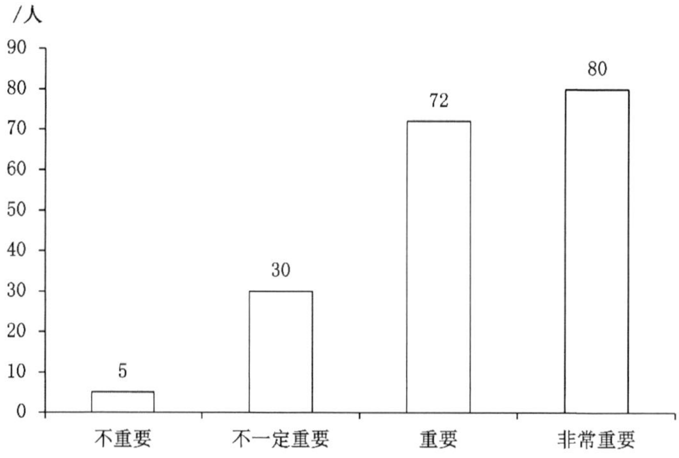

图 6-50　问项 G3 柱状统计图

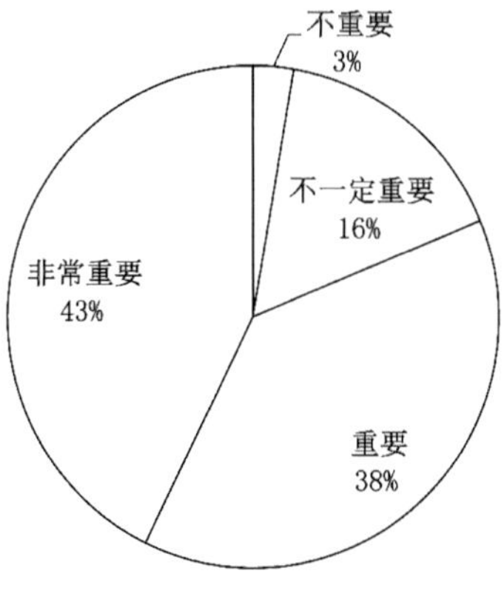

图 6-51　问项 G3 扇形统计图

G4

由图 6-52 和图 6-53 可以看出，被调查者中选择不重要的有 5 人，占比 3%；选择不一定重要的有 33 人，占比 17%；选择重要的有 65 人，占比 35%；选择非常重要的有 84 人，占比 45%。

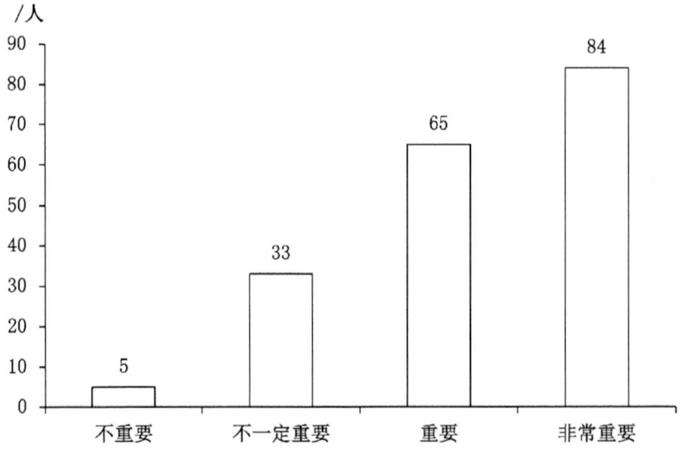

图 6-52 问项 G4 柱状统计图

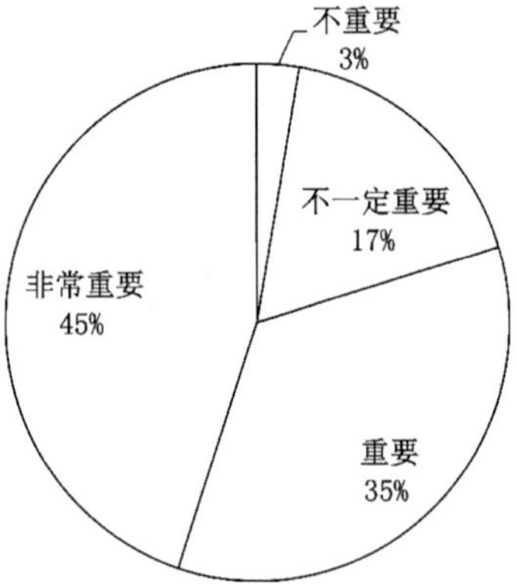

图 6-53 问项 G4 扇形统计图

6.1.4 方差分析

方差分析是从观测变量的方差入手，主要指二级评价指标，研究诸多控制变量中哪些变量是对观测变量有显著影响的变量。研究选取被调查者工作年限、受教育程度以及工作岗位作为控制变量，探究其对产教融合型实训基地管理水平的各维度评价结果是否存在影响。若无影响，则认为实训基地管理水平与被调查者工作年限、学历、岗位无关；若存在显著影响，则实训基地在今后的管理中应该纳入对产生影响的控制变量的考量。

（1）工作年限的影响

通常认为被调查对象工作年限越长，对实训基地的管理现状就越了解，就越能发现基地管理中存在的问题，同时对高等职业院校学生的职业发展和实践课程的理解也较为深刻。因此，研究假设被调查者工作年限的差异将对实训基地职业性和实践性管理水平产生了显著影响，借助 SPSS 对样本进行方差齐性检验和方差分析，见表 6-5 和表 6-6。

表 6-5　方差齐性检验

指标	Levene 统计量	$df1$	$df2$	显著性
职业性	0.291	4	175	0.883
实践性	0.705	4	175	0.589

表 6-6　工作年限方差分析

指标	变异来源	平方和	df	平均值平方	F	显著性
职业性	群组之间	3.125	4	0.781	0.791	0.000
	在群组内	172.853	175	0.988		
	总计	175.978	179			
实践性	群组之间	1.108	4	0.277	0.350	0.000
	在群组内	138.336	175	0.790		
	总计	139.444	179			

由表 6-5 得，以被调查者工作年限为自变量，分别以职业性和实践性为因变量，采用单因素方差分析法，分别对两者进行方差齐性检验。结果显示，职业性和实践性的显著性水平均大于 0.05，说明方差齐性，可以进行方差分析。

由表 6-6 得，F(职业性)$=0.791$，$P=0.000<0.05$，达到显著水平；F(实

践性)=0.350，$P=0.000<0.05$，达到显著水平，因此认为被调查者的工作年限将对实训基地在职业性和实践性的管理水平上产生显著影响。

(2) 受教育程度的影响

被调查对象受教育程度越高，对实训基地相关管理的研究就越深入，其见解就越深刻，在实践教学过程中更偏好采用科学有效的方法而不仅仅是凭借经验培养学生。因此，研究假设被调查者受教育程度的差异对实训基地高等性和开放性管理水平产生了显著影响，通过 SPSS 对调查结果进行方差齐性检验和方差分析，详见表 6-7 和表 6-8。

表 6-7 方差齐性检验

指标	Levene 统计量	$df1$	$df2$	显著性
高等性	1.480	3	176	0.222
开放性	1.384	3	176	0.249

表 6-8 受教育程度方差分析

指标	变异来源	平方和	df	平均值平方	F	显著性
高等性	群组之间	0.198	3	0.066	0.055	0.000
	在群组内	209.197	176	1.189		
	总计	209.395	179			
开放性	群组之间	0.200	3	0.067	0.083	0.000
	在群组内	141.711	176	0.805		
	总计	141.911	179			

由表 6-7 得，以被调查者受教育程度为自变量，分别以高等性和开放性为因变量，采用单因素方差分析法，分别对两者进行方差齐性检验。结果显示，高等性和开放性的显著性水平均大于 0.05，说明方差齐性，可以进行方差分析。

由表 6-8 得，F(高等性)=0.055，$P=0.000<0.05$，达到显著水平；F(开放性)=0.083，$P=0.000<0.05$，达到显著水平，因此认为被调查者的受教育程度对实训基地在高等性和开放性的管理水平上产生显著的影响，在后续的相关管理中应注重对管理人员的二次培训，从而提高其业务水平。

(3) 工作岗位的影响

通常被调查者受工作岗位和工作职能的限制，无法完全掌握实训基地的所有管理方面，可能存在对实训基地管理能力的认知偏差。因此，研究假设被调查者工作岗位的不同对实训基地实践性和区域性管理水平产生了显著影响，通过 SPSS 对调查结果进行方差齐性检验和方差分析，详见表 6-9 和表 6-10。

表 6-9 方差齐性检验

指标	Levene 统计量	$df1$	$df2$	显著性
实践性	0.007	1	178	0.934
区域性	3.150	1	178	0.078

表 6-10 工作岗位方差分析

指标	变异来源	平方和	df	平均值平方	F	显著性
实践性	群组之间	0.503	1	0.503	0.645	0.423
	在群组内	138.941	178	0.781		
	总计	139.444	179			
区域性	群组之间	3.090	1	3.090	3.904	0.050
	在群组内	140.888	178	0.792		
	总计	143.978	179			

由表 6-9 得，以被调查者工作岗位为自变量，分别以实践性和区域性为因变量，采用单因素方差分析法，分别对两者进行方差齐性检验。结果显示，实践性和区域性的显著性水平均大于 0.05，说明方差不齐，但仍可进行方差分析。

由表 6-10 得，F（实践性）$=0.645$，$P=0.423>0.05$，未达到显著水平；F（区域性）$=3.904$，$P=0.050=0.05$，未达到显著水平，拒绝原来假设。因此认为被调查者的工作岗位对实训基地在实践性和区域性管理方面不存在显著影响。分析原因，一方面实训基地的不同部门存在岗位职责的差异，结合实训基地的主要任务是通过实践锻炼提高学生的技能水平，因而在实践性管理方面更加受到实训基地教师教学能力的影响；另一方面，对于管理水平的区域性来说，高职教育具有地域根植性的特点，与地方企业等组织机构产生的交互较多，受其影响的程度更大，因而与实训基地管理人员的岗位职责关系不大。

方差分析结果表明，被调查者的工作年限对实训基地管理的职业性和实践性产生显著性影响，被调查者的受教育程度对实训基地管理的高等性和开放性产生显著性影响，被调查者的工作岗位对实训基地管理的实践性和区域性影响不显著，这为实训基地管理部门针对性的拟订招聘培训计划，提高内部人员的职业素质提供了借鉴。

6.2 信度分析

调查问卷的信度分析就是对问卷的有效性进行分析研究。信度是指一组测量分数的真变异数与总变异数的比率，反映被测值的真实程度指标，即是问卷数据是否有效并具有内部一致性。研究借助 SPSS 分别对高等性、职业性、实践性、区域性、开放性各指标进行检验，然后对变量进行整体检验，详见表 6-11。

表 6-11 大样本信度分析及结果

指标	符号	CITC	Cronbach's α	α 值	整体 α 值
高等性	A1	0.673	0.811	0.847	0.912
	A2	0.718	0.792		
	A3	0.694	0.802		
	A4	0.655	0.819		
职业性	B1	0.771	0.876	0.901	
	B2	0.806	0.869		
	B3	0.760	0.878		
	B4	0.641	0.904		
	B5	0.799	0.870		
实践性	C1	0.812	0.832	0.887	
	C2	0.758	0.852		
	C3	0.764	0.850		
	C4	0.679	0.882		
区域性	D1	0.762	0.895	0.909	
	D2	0.794	0.884		
	D3	0.828	0.872		
	D4	0.803	0.880		
开放性	G1	0.776	0.869	0.899	
	G2	0.813	0.856		
	G4	0.775	0.870		
	G5	0.737	0.884		

由表 6-11 得，信度分析中，各评价指标的 CITC 值均大于 0.5，满足要求，无须删除任何题项，验证了问卷设计的合理、科学。各二级指标的 α 值均大于或是接近 0.8，评价指标体系的内部一致性较好。五个一级指标的信度得分均大于 0.8，整体信度得分大于 0.9，达到本研究的研究标准。

6.3 因子分析

因子分析是一种统计方法，用于提取多个潜在的公共因子，从众多的潜在变量中抽取少数几个公共因子，使这些因子能够最大程度地概括和解释原变量的信息，从而揭示事物本质。因子分析主要包括探索性因子分析和验证性因子分析两部分。

6.3.1 探索性因子分析

(1) KMO 值和巴特利特球形检验

由于问卷是在理论研究和专家访谈的基础上通过预调研验证后得到的，因此具有良好的结构效度，适合做因子分析。借助 SPSS 分别对五个特性进行探索性因子分析，得出其 KMO 值和巴特利特球形检验结果，见表 6-12。结果显示，各指标的 KMO 值均大于 0.8，且巴特利特球形检验均达到显著水平，指标之间的相关性和结构性明显，因子分析的结果较好。

表 6-12　KMO 检验和巴特利特球体检验结果

指标		A(高等性)	B(职业性)	C(实践性)	D(区域性)	G(开放性)	整体
KMO		0.820	0.866	0.818	0.847	0.842	0.875
巴特利特球形检验	卡方	297.963	577.573	422.425	497.713	449.730	2 524.620
	df	6	10	6	6	6	210
	显著性	0.000	0.000	0.000	0.000	0.000	0.000

(2) 解释方差

对五个指标所得到的解释方差分别进行分析，由表 6-13 可以看出，通过因子分析得到因子解释原有变量中，高等性的次级指标对高等性的总方差解释了 68.623%，其初始特征根大于 1；同理，职业性次级指标占累积解释方差的 71.998%。从管理能力整体评价的累积解释方差来看，共提取了五个特征值大于 1 的因子，五个因子共同解释了原来变量总方差的 74.586%，因此认为原有变量的信息丢失情况较少，因子分析效果较理想。

表 6-13　解释的总方差

指标	初始特征值	累积解释方差/%	整体	初始特征值	累积解释方差/%
高等性	2.745	68.623	管理能力	7.743	17.319
职业性	3.600	71.998		2.501	32.079
实践性	2.991	74.766		2.041	46.831
区域性	3.157	78.919		1.832	61.252
开放性	3.073	76.830		1.547	74.586

（3）因子载荷和共同度

对评价体系的 21 个二级指标进行主成分分析和正交旋转，所得结果见表 6-14。可以看出，所有评价指标共形成 5 个因子，每个因子的载荷量处于 0.5～0.95 之间，因子中原始变量之间的相关性比较显著。各评价指标的变量共同度除 B4 外均大于 60％，可以认为探索性因子分析所提取的公共因子能够反映原变量 60％以上的信息。每个公共因子的指标个数均多于 3 个，能够独立形成因子，因子分析效果较好。由此认为，评价指标所构建的 5 个维度，即高等性、职业性、实践性、区域性以及开放性是科学合理的。

表 6-14　旋转成分矩阵及共同度

成分	评价指标维度构成					变量共同度
	A	B	C	D	G	
A1	0.118	0.150	0.148	0.075	0.782	0.675
A2	0.114	0.129	0.176	0.067	0.816	0.731
A3	0.125	0.134	0.061	0.179	0.804	0.716
A4	0.188	0.194	0.096	0.081	0.745	0.644
B1	0.826	0.155	0.140	0.124	0.091	0.749
B2	0.815	0.233	0.066	0.206	0.148	0.787
B3	0.824	0.133	0.083	0.159	0.105	0.740
B4	0.678	0.281	0.128	0.086	0.116	0.575
B5	0.843	0.155	0.062	0.105	0.190	0.785
C1	0.209	0.143	0.131	0.850	0.079	0.810
C2	0.150	0.171	0.123	0.824	0.067	0.750

表 6-14(续)

成分	评价指标维度构成					变量共同度
	A	B	C	D	G	
C3	0.181	0.134	0.081	0.834	0.142	0.773
C4	0.060	0.101	0.160	0.787	0.120	0.673
D1	0.288	0.779	0.109	0.117	0.173	0.745
D2	0.180	0.829	0.103	0.191	0.165	0.794
D3	0.191	0.855	0.085	0.155	0.167	0.828
D4	0.248	0.819	0.102	0.141	0.185	0.796
G1	0.170	0.080	0.837	0.095	0.164	0.772
G2	0.058	0.073	0.870	0.190	0.135	0.820
G3	0.070	0.086	0.859	0.076	0.135	0.774
G4	0.111	0.116	0.825	0.131	0.052	0.727

6.3.2　验证性因子分析

验证性因子分析的目的是检验因子结构假设的合理性，为进一步分析潜在因子对观察变量的影响程度奠定基础，增加对自变量和因变量之间关系的理解。借助 AMOS，采用极大似然法得到因素负荷量，即标准化路径系数，代表共同变量对测量变量的影响程度，要求结果处于 0.50～0.95 之间，此时模型的适配度良好。因素负荷量越大，指标变量对潜在变量的解释程度就越大。验证性因子的信度和效度用组合信度（Composite Reliability，CR）、平均方差抽取量（Average Variance Extracted，AVE）、拟合指标（详见表 6-15）来衡量，规定当 *CR*、*AVE* 大于 0.5，且结果达到适配指标时，模型的内在质量理想。

表 6-15　理想适配指标

CMIN/DF	*P*	*GFI*	*AGFI*	*RMSEA*	*NFI*	*RMR*
1～3	>0.05	>0.90	>0.90	<0.05	>0.90	>0.90

（1）高等性验证性因子

分析高等性的验证性因子时，把高等性作为一阶因子，包含四个测量指标，每个指标仅受一个潜变量的影响，分析结果见表 6-16，估计模型如图 6-54 所示。可以看出，各测量指标的因素负荷量均大于 0.7，且小于 0.95，说明各测量指标能够解释 70%以上的潜在变量，有效反映了高等性。临界比 *C.R.*值均大于 2.58，参数估计小于 0.001，达到显著水平。组合信度 *CR* 值大于 0.60，模型的建构效度较好，平均方差抽取 *AVE* 值接近 0.60，说明高等性对测量指标解释的变异量只有接近 40%来自测量误差，高等性的模型内在质量较好。模型拟合结果显示，*P* 大于 0.05，各项适配指数 *GFI*、*AGFI*、*NFI* 均大于 0.9，*SMSEA*＝0.023，小于 0.05，模型的适配度良好。

表 6-16 高等性验证性因子分析结果

指标	符号	因素负荷量	临界比 *C.R.*	*P*	*CR*	*AVE*
高等性	A1	0.751	—	—	0.847 9	0.580 6
	A2	0.806	10.109	* * *		
	A3	0.771	9.764	* * *		
	A5	0.723	9.209	* * *		
CMIN/DF	*P*	*GFI*	*AGFI*	*RMSEA*	*NFI*	*RMR*
1.342	0.710	0.998	0.991	0.023	0.998	0.019

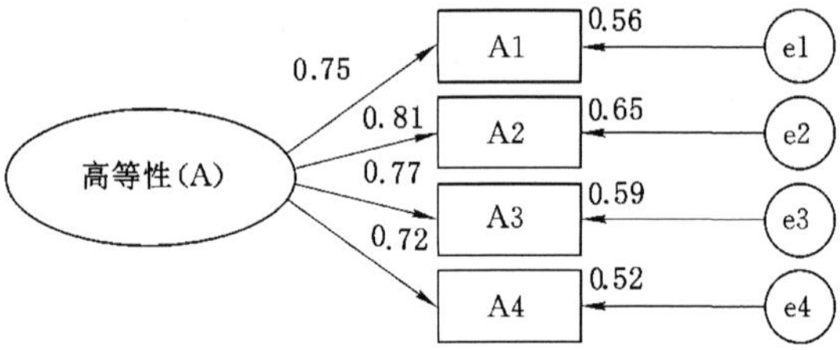

图 6-54 高等性验证性因子模型

(2) 职业性验证性因子

分析职业性的验证性因子时，把职业性作为一阶因子，包含五个测量指标，每个指标仅受一个潜变量的影响，分析结果见表 6-17 和图 6-55。结果显示，各测量指标的因素负荷量除 B4 外均大于 0.7，且小于 0.95，说明多数测量指标能够解释 70%以上的潜在变量，这里认为反映了职业性。临界比 *C.R.*值均大于 2.58，参数估计小于 0.001，达到显著水平。组合信度 *CR* 值大于 0.60，平均方差抽取 *AVE* 值大于 0.60，说明职业性中对测量指标解释的变异量只有不到 40%来自测量误差，职业性的模型内在质量较好。此外，拟合指数 *GFI*、*AGFI*、*NFI* 均大于 0.9，达到绝对适配标准，尽管显著性水平显著，但整体来看，职业性模型的适配良好。

表 6-17　职业性验证性因子分析结果

指标	符号	因素负荷量	临界比 *C.R.*	*P*	*CR*	*AVE*
职业性	B1	0.802	—	—	0.903 2	0.652 9
	B2	0.873	13.545	* * *		
	B3	0.822	12.522	* * *		
	B4	0.670	9.651	* * *		
	B5	0.857	13.227	* * *		
CMIN/DF	*P*	*GFI*	*AGFI*	*RMSEA*	*NFI*	*RMR*
3.262	0.006	0.967	0.902	0.092	0.972	0.025

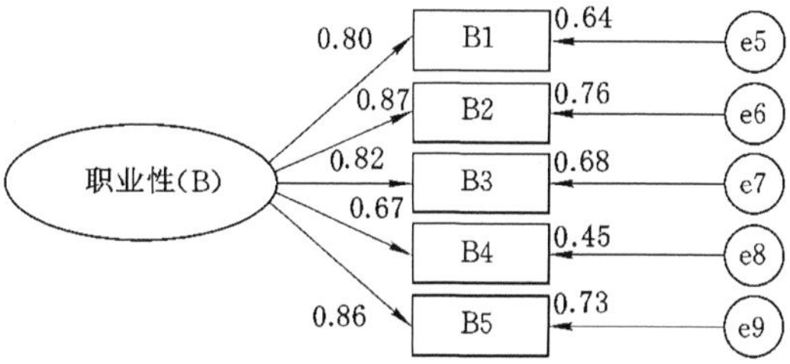

图 6-55　职业性验证性因子模型

(3) 实践性验证性因子

由表 6-18 和图 6-56 得，将实践性作为一阶因子，包含的四个二级指标作为自变量对实践性进行分析，实践性的标准化路径系数均处于 0.7～0.95 之间，各测量指标对潜在变量解释变异的程度大，能够有效反映实践性。临界比 *C.R.*值均大于 2.58，参数估计小于 0.001，达到显著水平，说明回归系数显著不等于零。组合信度 *CR* 值大于 0.80，平均方差抽取 *AVE* 值大于 0.60，实践性能够解释测量指标 66.71%的变异量，模型具有较好的内在质量。卡方自由度比值介于 1～3 之间，*P* 值大于 0.05，各绝对适配指数均达到拟合标准，*RMSEA* 值为 0.094，尽管大于规定的 0.05，但小于 1，故认为模型具有较好的适配度。

表 6-18 实践性验证性因子分析结果

指标	符号	因素负荷量	临界比 *C.R.*	*P*	*CR*	*AVE*
实践性	C1	0.900	—	—	0.888 4	0.667 1
	C2	0.818	13.964	* * *		
	C3	0.827	14.204	* * *		
	C4	0.711	11.271	* * *		
CMIN/DF	*P*	*GFI*	*AGFI*	*RMSEA*	*NFI*	*RMR*
2.653	0.070	0.987	0.935	0.094	0.988	0.015

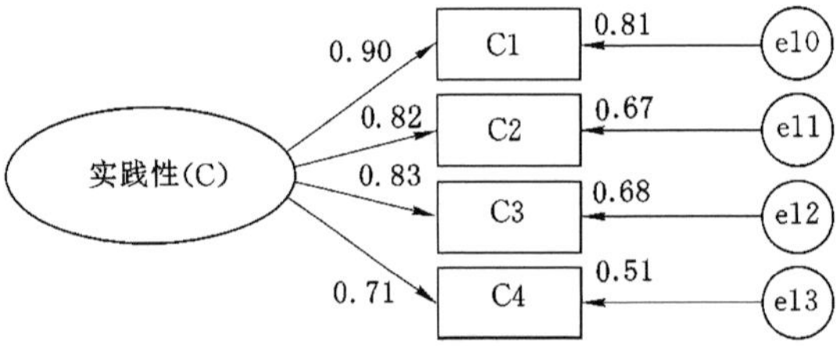

图 6-56 实践性验证性因子模型

(4) 区域性验证性因子

将区域性作为一阶因子,包含的四个二级指标作为自变量对其进行分析,分析结果见表 6-19 和图 6-57。结果显示,各指标的因素负荷量介于 0.8~0.9 之间,临界比 *C.R.*值达到显著水平,回归系数不显著为零,平均方差抽取 *AVE* 值为 0.719 4,说明能够被区域性解释的变异量为 71.94%,所建立的区域性模型的内在质量良好。卡方自由度比值为 1.252,介于 1~3 之间,各拟合指标均达到绝对适配要求,模型具有较好的适配性。

表 6-19 区域性验证性因子分析结果

指标	符号	因素负荷量	临界比 *C.R.*	*P*	*CR*	*AVE*
区域性	D1	0.800	—	—	0.911	0.719 4
	D2	0.839	12.855	* * *		
	D3	0.891	13.842	* * *		
	D4	0.860	13.264	* * *		
CMIN/DF	*P*	*GFI*	*AGFI*	*RMSEA*	*NFI*	*RMR*
1.252	0.286	0.967	0.902	0.037	0.995	0.008

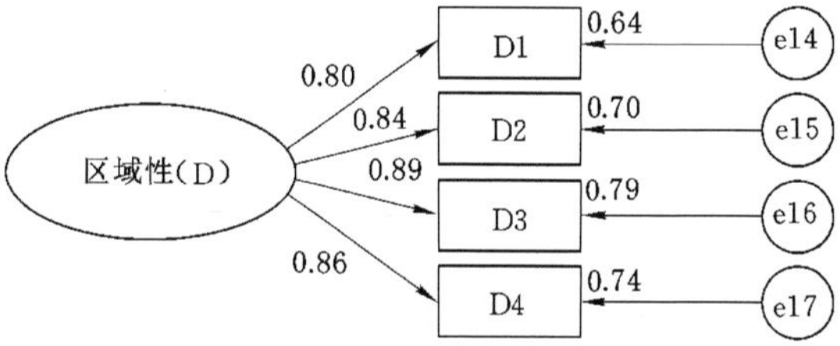

图 6-57　区域验证性因子模型

(5) 开放性验证性因子

分析开放性的验证性因子时,把开放性作为一阶因子,包含四个测量指标,每个指标仅受一个潜变量的影响,分析结果见表 6-20,估计模型如图 6-58 所示。可以看出,各测量指标的因素负荷量均大于 0.7,且小于 0.95,说明各测量指标能够解释 70%以上的潜在变量,有效反映了开放性。临界比达到显著水平,回归系数不显著等于零。组合信度值接近 0.90,平均方差抽取值大于0.60,开放性能够解释测量指标 69.19%的变异量。模型的适配指标整体上达到要求,绝对适配指数均大于 0.9,说明开放性模型具有较好的适配性,因子分析的效果好。

表 6-20　开放性验证性因子分析结果

指标	符号	因素负荷量	临界比 *C.R.*	*P*	*CR*	*AVE*
开放性	G1	0.829	—	—	8 996	0.691 9
	G2	0.882	14.155	* * *		
	G3	0.833	13.183	* * *		
	G4	0.780	12.023	* * *		
CMIN/DF	*P*	*GFI*	*AGFI*	*RMSEA*	*NFI*	*RMR*
0.814	0.443	0.996	0.978	0.017	0.996	0.006

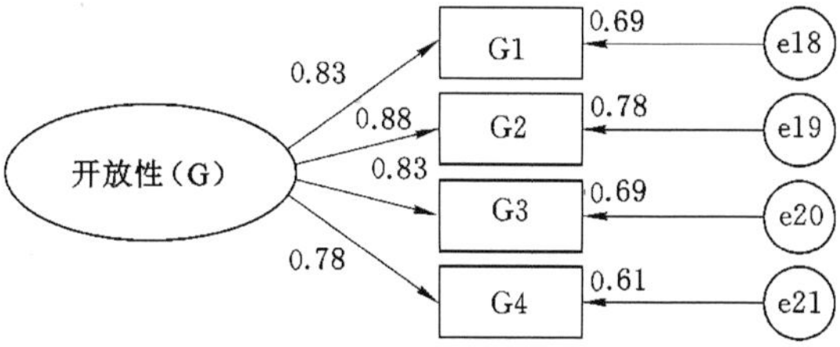

图 6-58　开放性验证性因子模型

6.4 相关分析

相关分析可以确定变量间的作用关系以及关联程度，通常用皮尔森相关系数表示，借助 AMOS 得到相关系数矩阵，见表 6-21。可以看出，五个变量间呈现中度的正相关，其相关系数介于 0.301～0.528 之间，表明各指标间不存在多重共线性。

表 6-21 潜在变量间相关矩阵

指标	高等性	职业性	实践性	区域性	开放性
高等性	1.000				
职业性	0.440	1.000			
实践性	0.380	0.428	1.000		
区域性	0.470	0.528	0.447	1.000	
开放性	0.301	0.339	0.287	0.365	1.000

6.5 结构方程确定指标权重

6.5.1 相关原理

建立管理评价模型并确定各指标的权重对于获得真实的评价结果尤为重要，确定权重的常用方法为 AHP(Analytic Hierarchy Process，层次分析法)，即通过分层量化，两两进行重要程度的对比计算，虽较为简单，但需要建立两两评价模型，步骤烦琐。通过利用结构方程的路径系数相关原理，能够较为快速地得出指标权重，简化处理过程。

路径分析假定每个潜在变量均只有一个观察变量或测量指标，且测量指标能够完全代表其潜在变量的变异情况，即测量误差为零。简单来说，结构方程具有验证性因素分析的作用，可以对理论模型进行检验，输出结果中的标准化路径系数，代表了共同因素对测量变量的影响。标准化路径系数是各级评价指标在实训基地整体管理水平中重要性的反映，即标准化路径系数值越大，评价指标被解释的程度就越大，就越能体现实际管理水平，因此，应该依据标准化路径系数计算指标权重。

6.5.2 确定指标权重

(1) 构建管理评价模型结构图

基于研究内容和评价指标体系，为了使评价结果能够更好地被解释，首先构建评价模型结构图，管理能力评价的整体结构类似于二阶验证性因素分析时的二阶因素构念。将管理评价作为二阶因素构念，将高等性、职业性等五类特性看作一阶因素构念，从而得到所有评价指标的模型结构如图 6-59 所示。

(2) 评价指标路径分析

借助 AMOS，对上小节构建的评价模型结构进行计算，得到其标准化路径系数，如图 6-60 所示，观察各指标的标准化路径系数。

由表 6-22 可得，管理评价随各一级指标的标准化路径系数均显著，且除开放性指标外，各路径值均处于 0.5～0.95 之间，模型适配良好。高等性→A1 的路径系数为 0.749，表示潜在变量高等性对测量变量 A1 的直接效果值为 0.749。表 6-23 显示各二级指标的路径也都显著，临界比大于 2.58，回归路径系数显著不等于零。此外，各路径系数均为正，说明各层评价指标与管理能力呈正相关关系，即高等性表现得越好，其对管理水平提高越有效；同理，各路径均对其上一层指标产生正向影响。

表 6-22 模型路径系数显著性检验

路径	标准化路径系数	标准误 *S.E.*	临界比 *C.R.*	显著性
管理评价→高等性	0.632	—	—	
管理评价→职业性	0.711	0.217	5.549	* * *
管理评价→实践性	0.602	0.162	4.900	* * *
管理评价→区域性	0.743	0.188	5.638	* * *
管理评价→开放性	0.477	0.143	4.378	* * *

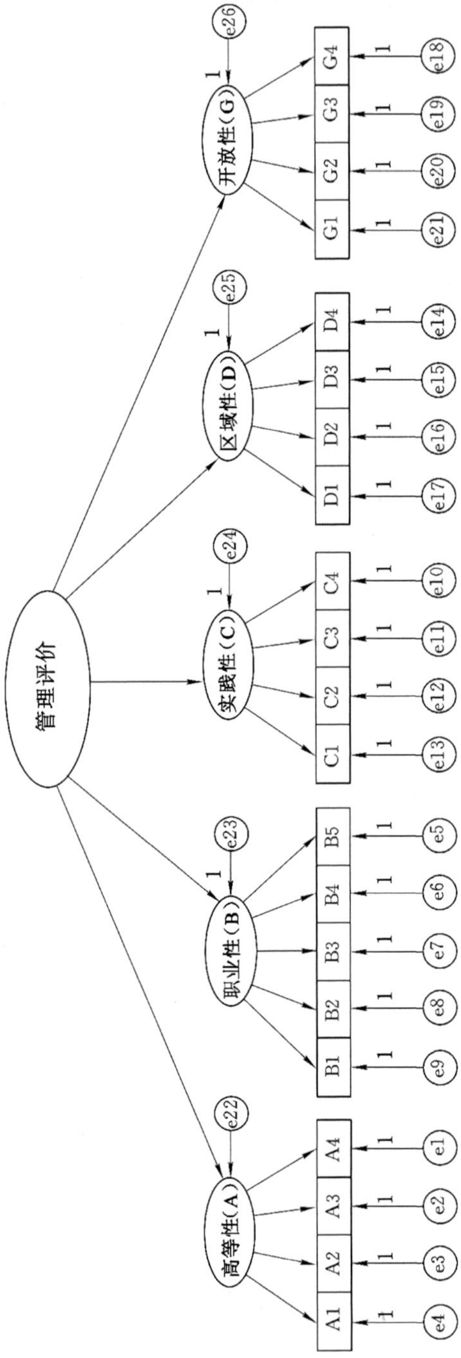

图6-59　管理评价模型图

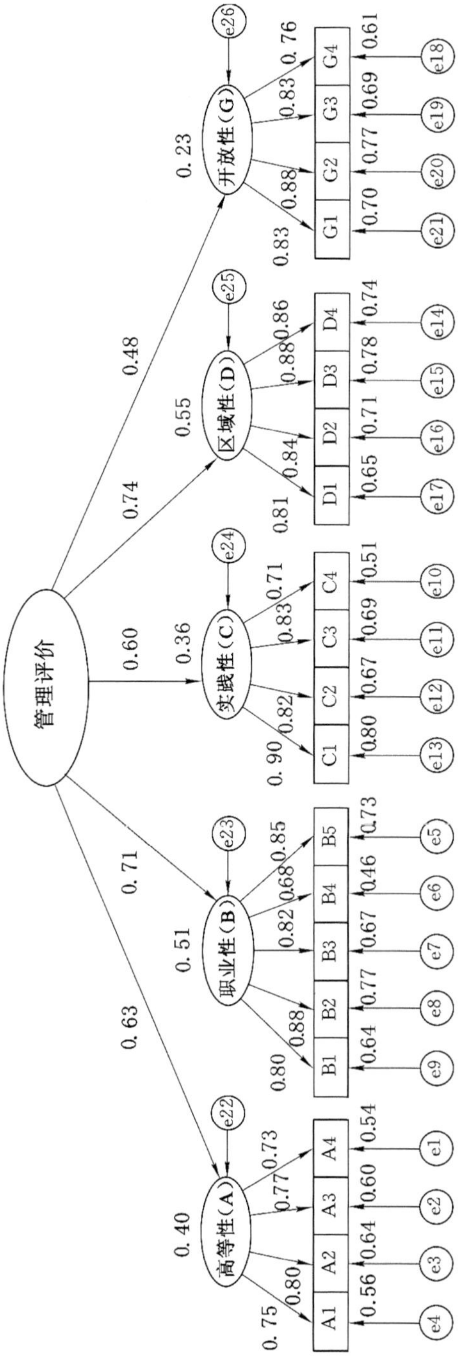
管理评价
0.63
0.71
0.60
0.74
0.48
高等性(A)
职业性(B)
实践性(C)
区域性(D)
开放性(G)
0.40
0.51
0.36
0.55
0.23
e22
e23
e24
e25
e26
A1
A2
A3
A4
B1
B2
B3
B4
B5
C1
C2
C3
C4
D1
D2
D3
D4
G1
G2
G3
G4
0.75
0.80
0.77
0.73
0.80
0.88
0.82
0.68
0.85
0.90
0.82
0.83
0.71
0.81
0.84
0.88
0.86
0.83
0.88
0.83
0.76
0.56
0.64
0.60
0.54
0.64
0.77
0.67
0.46
0.73
0.80
0.67
0.69
0.51
0.65
0.71
0.78
0.74
0.70
0.77
0.69
0.61
e4
e3
e2
e1
e9
e8
e7
e6
e5
e13
e12
e11
e10
e17
e16
e15
e14
e21
e20
e19
e18

图6-60　标准化路径图

表 6-23　各指标的标准化路径系数及参数估计

路径	载荷系数	标准误 *S.E.*	临界比 *C.R.*	显著性
高等性→A1	0.749	0.101	9.424	***
高等性→A2	0.797	0.108	0.947	***
高等性→A3	0.773	0.108	9.699	***
高等性→A4	0.733	—	—	
职业性→B1	0.801	0.071	13.179	***
职业性→B2	0.877	0.064	15.227	***
职业性→B3	0.819	0.070	13.652	***
职业性→B4	0.677	0.077	10.342	***
职业性→B5	0.853	—	—	
实践性→C1	0.897	0.111	11.343	***
实践性→C2	0.818	0.110	10.513	***
实践性→C3	0.829	0.108	10.650	***
实践性→C4	0.712	—	—	
区域性→D1	0.807	0.075	13.569	***
区域性→D2	0.841	0.074	14.492	***
区域性→D3	0.883	0.064	15.684	***
区域性→D4	0.863	—	—	
开放性→G1	0.834	0.085	12.156	***
开放性→G2	0.880	0.083	12.899	***
开放性→G3	0.830	0.086	12.097	***
开放性→G4	0.781	—	—	

此外，通过表 6-24 得，管理评价模型中的各项拟合指标均达到可接受水平，模型的拟合结果较好，可以接受。除此之外，$PNFI=0.805>0.5$，$PCFI=0.865>0.5$，简约拟合度指数符合标准，说明设定的模型较简约并具有较好的拟合度。$RMSEA=0.030<0.08$，表示有合理的近似误差存在，$GFI=0.910>0.9$，绝对拟合指数较好，$CFI=0.988$，$IFI=0.988>0.9$，相对拟合指数也较好。

表 6-24 管理评价模型拟合分析

拟合指标	*CMIN/DF*	*RMR*	*GFI*	*NFI*	*CFI*
衡量标准	1～3	＜0.05	＞0.9	＞0.9	＞0.9
管理评价	1.164	0.036	0.910	0.919	0.988

(3) 计算各指标权重

在上一小节中通过路径分析获得各指标的标准化路径系数，各评价指标权重通过对各维度一级评价指标的标准化路径系数进行归一化处理得到，二级指标权重则是对其载荷系数(标准化回归系数)进行归一化处理得到，经计算，一级指标和二级指标的权重见表 6-25、表 6-26。在一级指标权重中，区域性权重得分最高，开放性权重得分最低；二级指标权重中，区域性 D3、D4 指标权重得分最高，开放性指标所包含的二级指标权重普遍得分较低。

初步分析原因，可能受现阶段整个人才市场环境影响，实训基地分布具有明显的区域性，经济较为发达的地区对人才需求旺盛，高等职业院校数量和实训基地相应增多，为满足企业用人单位的需求，高效培养技术技能型人才成为学校办学的首要目标，植根于当地经济和产业现状，从而表现出明显的区域倾向。开放性指标整体得分较低，尤其在监督管理方面，在访谈中了解到监管机制比较单一，多由政府教育部门主导，缺乏与其他学校、企业的交流互动，实训基地教学实践活动较为封闭，无法及时了解其他信息。

表 6-25 管理评价一级指标权重

符号	指标	路径	路径系数	权重
A	高等性	管理评价→高等性	0.632	0.199
B	职业性	管理评价→职业性	0.711	0.225
C	实践性	管理评价→实践性	0.602	0.190
D	区域性	管理评价→区域性	0.743	0.235
G	开放性	管理评价→开放性	0.477	0.151
合计		1.000		

表 6-26　管理评价二级指标权重

符号	指标	路径	载荷系数	权重
A1	人才定位	高等性→A1	0.749	0.049
A2	素质培养	高等性→A2	0.797	0.052
A3	基地文化建设	高等性→A3	0.773	0.050
A4	教学科研实力	高等性→A4	0.733	0.048
B1	培养方案	职业性→B1	0.801	0.045
B2	课程设置	职业性→B2	0.877	0.049
B3	实训情境	职业性→B3	0.819	0.046
B4	职业迁移空间	职业性→B4	0.677	0.038
B5	就业情况	职业性→B5	0.853	0.047
C1	教学目标	实践性→C1	0.897	0.052
C2	教学条件	实践性→C2	0.818	0.048
C3	“双师”结构	实践性→C3	0.829	0.048
C4	“双主体”育人	实践性→C4	0.712	0.042
D1	定位区域发展	区域性→D1	0.807	0.056
D2	调整专业设置	区域性→D2	0.841	0.058
D3	职业素养需求	区域性→D3	0.883	0.061
D4	职业能力需求	区域性→D4	0.863	0.060
G1	学校与学校间	开放性→G1	0.834	0.038
G2	学校与企业间	开放性→G2	0.880	0.040
G3	实训基地开放	开放性→G3	0.830	0.038
G4	督导评估制度	开放性→G4	0.781	0.035
合计		1.000		

6.6　本章小结

本章以最终评价指标体系制定调查问卷，选取了江苏省内五个产教融合型实训基地为调查对象，进行大样本数据收集和数据整理。借助统计分析软件 SPSS、AMOS 对样本数据进行描述性统计分析、信度效度检验、因子分析(包括探索性和验证性因子分析),从而对产教融合型实训基地管理能力评价模型的指标进行验证,进一步确保模型的适用性。运用结构方程模型路径系数研究建立管理能力评价模型并通过计算标准化路径系数,对路径值进行归一化获得各指标权重。为初步了解实训基地现状奠定基础,有助于接下来对其管理能力进行真实评价。

第7章 以徐州重大装备制造技术实训基地为代表的模型应用评价

7.1 应用对象——徐州重大装备制造技术实训基地

江苏省徐州市工业经济发达，拥有多所高等职业院校和大型重工企业。徐州工业职业技术学院联合徐州工程机械集团建成了省级“区域开放产教融合型实训基地”——徐州重大装备制造技术实训基地。该实训基地包括机械数控加工、机电设备维修、自动化技术等六大实训平台和工程机械装配与调试、模具制造、柔性制造三条生产线，是一所集教学培训、科研开发、成果孵化、社会服务等功能于一体的现代化实训基地。目前基地教师由专任教师和来自企业的具有高级工程师资格的兼职教师组成，“双师”教师比例达到90%以上，逐步形成了稳定的教师库。

该实训基地符合产教融合型实训基地的多种特性，以提高学生实践能力为目标，通过合理设置课程，培养学生的职业素养和就业潜力，在数年的建设和改善过程中形成了较为完备的发展体系，具有良好的代表性。因此，选取徐州重大装备制造技术实训基地，对已经构建的产教融合型实训基地管理水平评价指标和评价模型进行应用分析。

7.2 进行模糊综合评价

7.2.1 建立评价矩阵

模糊综合评价是应用模糊关系合成的原理，基于多个因素对事物隶属度、等级状况进行综合评判的一种方法，通常用以对指标的优劣进行评价。在确定指标权重后，对实训基地实际的管理水平进行评价，根据以往的研究，采用模糊综合评价法。这是一种将专家的知识经验转化为对应的模糊数，从而对管理水平进行评价的方法。

本研究联系有关专家共24位，在约定好时间后，邀请其依据自身的了解对徐州重大装备制造实训基地的实际管理水平进行评价打分，为保证评价结果的科学准确，特将打分专家分为两部分，其中12位是来自实训基地，包括6位基地教师、6位学校基地管理者，余下12位为该实训基地合作企业的工程技术专家。

将每个评价指标的不同评价程度分别列举并加和，经过整理所得各级评价结果见表7-1。

表7-1　评价指标权重和各子因素集的评价结果

一级评级指标	指标权重	二级评价指标	指标权重	评价结果					总计
				差	一般	良好	好	优秀	
A	0.199	A1	0.049	2	3	7	8	4	24
		A2	0.052	1	4	7	9	3	24
		A3	0.050	2	2	8	9	3	24
		A4	0.048	4	4	6	7	3	24
B	0.225	B1	0.045	2	2	6	9	5	24
		B2	0.049	1	3	8	8	4	24
		B3	0.046	4	4	7	6	3	24
		B4	0.038	3	4	7	8	2	24
		B5	0.047	1	2	9	10	2	24
C	0.190	C1	0.052	2	4	10	5	3	24
		C2	0.048	3	5	10	4	2	24
		C3	0.048	2	5	9	5	3	24
		C4	0.042	5	6	8	3	2	24
D	0.235	D1	0.056	3	7	9	4	1	24
		D2	0.058	4	7	7	4	2	24
		D3	0.061	3	7	8	5	1	24
		D4	0.060	2	5	9	5	3	24

表 7-1(续)

一级评级指标	指标权重	二级评价指标	指标权重	评价结果					总计
				差	一般	良好	好	优秀	
G	0.151	G1	0.038	4	4	6	6	4	24
		G2	0.040	3	6	8	5	2	24
		G3	0.038	5	6	7	4	2	24
		G4	0.035	6	8	7	2	1	24

规定 $U=(1\ 2\ 3\ 4\ 5)$ 分别代表差、一般、良好、好、优秀五个评价等级，通过请有关专家对一级指标进行单因素评价，得到评判矩阵 $\boldsymbol{R}=(R_1,R_2,\cdots,R_5)=(R_{lk})_{p\times q}(i=1,2,\cdots,5;l=1,2,\cdots,p;k=1,2,\cdots,q)$，其中 $p=5,q=4$ 或 5。将表 7-1 中的因素评判集进行整理，所得各级评价矩阵以及分析结果如下。通过模糊统计方法，求得模糊评价矩阵 $\boldsymbol{R}$ 包括以下内容：

$$\boldsymbol{R}_1=\begin{bmatrix}0.08 & 0.13 & 0.29 & 0.33 & 0.17\\0.04 & 0.17 & 0.29 & 0.38 & 0.13\\0.08 & 0.08 & 0.33 & 0.38 & 0.13\\0.17 & 0.17 & 0.25 & 0.29 & 0.13\end{bmatrix}$$

$$\boldsymbol{R}_2=\begin{bmatrix}0.08 & 0.08 & 0.25 & 0.38 & 0.21\\0.04 & 0.13 & 0.33 & 0.33 & 0.17\\0.17 & 0.17 & 0.29 & 0.25 & 0.13\\0.13 & 0.17 & 0.29 & 0.33 & 0.08\\0.04 & 0.08 & 0.38 & 0.42 & 0.08\end{bmatrix},\boldsymbol{R}_3=\begin{bmatrix}0.08 & 0.17 & 0.42 & 0.21 & 0.13\\0.13 & 0.21 & 0.42 & 0.17 & 0.08\\0.08 & 0.21 & 0.38 & 0.21 & 0.13\\0.21 & 0.25 & 0.33 & 0.13 & 0.08\end{bmatrix}$$

$$\boldsymbol{R}_4=\begin{bmatrix}0.13 & 0.29 & 0.38 & 0.17 & 0.04\\0.17 & 0.29 & 0.29 & 0.17 & 0.08\\0.13 & 0.29 & 0.33 & 0.21 & 0.04\\0.08 & 0.21 & 0.38 & 0.21 & 0.13\end{bmatrix},\boldsymbol{R}_5=\begin{bmatrix}0.17 & 0.17 & 0.25 & 0.25 & 0.17\\0.13 & 0.25 & 0.33 & 0.21 & 0.08\\0.21 & 0.25 & 0.29 & 0.17 & 0.08\\0.25 & 0.33 & 0.29 & 0.08 & 0.04\end{bmatrix}$$

7.2.2 合成模糊矩阵

采用加权平均法对矩阵进行合成，构建模糊综合管理能力评价模型，$\boldsymbol{T}_i=\boldsymbol{W}_i\times\boldsymbol{R}_i$，$\boldsymbol{T}=(\boldsymbol{T}_1,\cdots,\boldsymbol{T}_i,\cdots,\boldsymbol{T}_5)$，$i=1,2,\cdots,5$；$\boldsymbol{S}=\boldsymbol{W}\times\boldsymbol{T}$，其中 $\boldsymbol{T}_i$ 表示二级指标的模糊评价，$\boldsymbol{T}$ 为一级指标的评判矩阵，$\boldsymbol{S}$ 为一级指标的模糊评价。经计算所得一级指标的评判矩阵和模糊评价结果如下：

$$\boldsymbol{T}_1=\boldsymbol{W}_1\times\boldsymbol{R}_1=\begin{bmatrix}0.049\\0.052\\0.050\\0.048\end{bmatrix}\times\begin{bmatrix}0.08 & 0.13 & 0.29 & 0.33 & 0.17\\0.04 & 0.17 & 0.29 & 0.38 & 0.13\\0.08 & 0.08 & 0.33 & 0.38 & 0.13\\0.17 & 0.17 & 0.25 & 0.29 & 0.13\end{bmatrix}$$

计算可得，$\boldsymbol{T}_1=(0.018\quad 0.027\quad 0.058\quad 0.069\quad 0.027)$。

同理，可对评价指标职业性(B)、实践性(C)、区域性(D)以及开放性(G)的综合评价向量进行计算，结果如下：

$$\boldsymbol{T}_2=\boldsymbol{W}_2\times\boldsymbol{R}_2=\begin{bmatrix}0.045\\0.049\\0.046\\0.038\\0.047\end{bmatrix}\times\begin{bmatrix}0.08 & 0.08 & 0.25 & 0.38 & 0.21\\0.04 & 0.13 & 0.33 & 0.33 & 0.17\\0.17 & 0.17 & 0.29 & 0.25 & 0.13\\0.13 & 0.17 & 0.29 & 0.33 & 0.08\\0.04 & 0.08 & 0.38 & 0.42 & 0.08\end{bmatrix}$$

$$\boldsymbol{T}_2=(0.020\quad 0.028\quad 0.070\quad 0.077\quad 0.030)$$

$$\boldsymbol{T}_3=\boldsymbol{W}_3\times\boldsymbol{R}_3=\begin{bmatrix}0.052\\0.048\\0.048\\0.042\end{bmatrix}\times\begin{bmatrix}0.08 & 0.17 & 0.42 & 0.21 & 0.13\\0.13 & 0.21 & 0.42 & 0.17 & 0.08\\0.08 & 0.21 & 0.38 & 0.21 & 0.13\\0.21 & 0.25 & 0.33 & 0.13 & 0.08\end{bmatrix}$$

$$\boldsymbol{T}_3=(0.023\quad 0.039\quad 0.074\quad 0.034\quad 0.020)$$

$$\boldsymbol{T}_4=\boldsymbol{W}_4\times\boldsymbol{R}_4=\begin{bmatrix}0.056\\0.058\\0.061\\0.060\end{bmatrix}\times\begin{bmatrix}0.13 & 0.29 & 0.38 & 0.17 & 0.04\\0.17 & 0.29 & 0.29 & 0.17 & 0.08\\0.13 & 0.29 & 0.33 & 0.21 & 0.04\\0.08 & 0.21 & 0.38 & 0.21 & 0.13\end{bmatrix}$$

$$\boldsymbol{T}_4=(0.029\quad 0.064\quad 0.081\quad 0.044\quad 0.017)$$

$$\boldsymbol{T}_5=\boldsymbol{W}_5\times\boldsymbol{R}_5=\begin{bmatrix}0.038\\0.040\\0.038\\0.035\end{bmatrix}\times\begin{bmatrix}0.17 & 0.17 & 0.25 & 0.25 & 0.17\\0.13 & 0.25 & 0.33 & 0.21 & 0.08\\0.21 & 0.25 & 0.29 & 0.17 & 0.08\\0.25 & 0.33 & 0.29 & 0.08 & 0.04\end{bmatrix}$$

$$\boldsymbol{T}_5=(0.028\quad 0.038\quad 0.044\quad 0.027\quad 0.014)$$

将计算所得的各二级指标汇总，通过对矩阵进行转置，形成一级评价指标的判断矩阵 $\boldsymbol{T}$，结果如下：

$$T=\begin{bmatrix}0.018 & 0.027 & 0.058 & 0.069 & 0.027\\0.020 & 0.028 & 0.070 & 0.077 & 0.030\\0.023 & 0.039 & 0.074 & 0.034 & 0.020\\0.029 & 0.064 & 0.081 & 0.044 & 0.017\\0.028 & 0.038 & 0.044 & 0.027 & 0.014\end{bmatrix}$$

实训基地的管理水平的模糊综合评价由一级评价指标的判断矩阵 $\boldsymbol{T}$ 与通过归一化计算所得的一级指标的权重相乘得到：

$$S=W\times T=\begin{bmatrix}0.199\\0.225\\0.190\\0.235\\0.151\end{bmatrix}\times\begin{bmatrix}0.018 & 0.027 & 0.058 & 0.069 & 0.027\\0.020 & 0.028 & 0.070 & 0.077 & 0.030\\0.023 & 0.039 & 0.074 & 0.034 & 0.020\\0.029 & 0.064 & 0.081 & 0.044 & 0.017\\0.028 & 0.038 & 0.044 & 0.027 & 0.014\end{bmatrix}$$

$$S=(0.023\quad 0.040\quad 0.067\quad 0.052\quad 0.022)$$

7.2.3 计算评价得分

$X_i=T_i\times U^{\mathrm{T}}$，其中 X 值是作为一级指标的产教融合型实训基地的管理能力评价的得分，计算得到的结果能够反映出高等性、职业性、实践性、区域性以及开放性各维度中实际的管理能力情况，一级指标产教融合型实训基地的管理能力得分 X_i 组成了矩阵 X^*。则该实训基地的整体管理评价结果为 X，$X=S\times U^{\mathrm{T}}$，结果如下：

$$X_1=T_1\times U^{\mathrm{T}}$$
$$=(0.018\quad 0.027\quad 0.058\quad 0.069\quad 0.027)\times(1\quad 2\quad 3\quad 4\quad 5)^{\mathrm{T}}=0.656$$
$$X_2=T_2\times U^{\mathrm{T}}$$
$$=(0.020\quad 0.028\quad 0.070\quad 0.077\quad 0.030)\times(1\quad 2\quad 3\quad 4\quad 5)^{\mathrm{T}}=0.745$$
$$X_3=T_3\times U^{\mathrm{T}}$$
$$=(0.023\quad 0.039\quad 0.074\quad 0.034\quad 0.020)\times(1\quad 2\quad 3\quad 4\quad 5)^{\mathrm{T}}=0.559$$
$$X_4=T_4\times U^{\mathrm{T}}$$
$$=(0.029\quad 0.064\quad 0.081\quad 0.044\quad 0.017)\times(1\quad 2\quad 3\quad 4\quad 5)^{\mathrm{T}}=0.662$$
$$X_5=T_5\times U^{\mathrm{T}}$$
$$=(0.028\quad 0.038\quad 0.044\quad 0.027\quad 0.014)\times(1\quad 2\quad 3\quad 4\quad 5)^{\mathrm{T}}=0.415$$

一级指标的管理能力评价得分组成实训基地整体评价得分矩阵 X^*，整体管理水平的模糊综合评价与转置后的评级矩阵相乘得到最终实训基地管理水平的得分：

$$\boldsymbol{X}^* = (0.656\quad 0.745\quad 0.559\quad 0.662\quad 0.415)$$

$$\begin{aligned}\boldsymbol{X} &= \boldsymbol{S}\times\boldsymbol{U}^{\mathrm{T}}\\ &= (0.023\quad 0.040\quad 0.067\quad 0.052\quad 0.022)\times(1\quad 2\quad 3\quad 4\quad 5)^{\mathrm{T}} = 0.622\end{aligned}$$

7.3　模糊评价结果分析

汇总上述计算结果，由各个指标模糊运算生成的一级评价结果和二级评价结果以及得分见表 7-2、表 7-3、表 7-4。

表 7-2　模糊综合评价一级指标评价结果

指标	评价结果				
	差	一般	良好	好	优秀
A	0.018	0.027	0.058	0.069	0.027
B	0.020	0.028	0.070	0.077	0.030
C	0.023	0.039	0.074	0.034	0.020
D	0.029	0.064	0.081	0.044	0.017
G	0.028	0.038	0.044	0.027	0.014

表 7-3　模糊综合评价二级指标评价结果

差	一般	良好	好	优秀
0.023	0.040	0.067	0.052	0.022

表 7-4　模糊综合评价得分

指标	A	B	C	D	E	总得分
得分	0.656	0.745	0.559	0.662	0.415	0.622

由模糊评价结果看出，二级评价结果中五个等级的隶属度中最大值为0.067，所以认为实训基地管理能力综合隶属度为 0.067，对应的评价标准为良好。计算各指标所得的综合评价总得分为 0.622，说明五个一级指标的管理水平和整体管理水平均良好。

从表 7-4 可以看出，职业性的管理水平得分最高，为 0.745，说明对所调查的实训基地来说，其职业性的相关管理水平较高，这与实训基地为高职院校实践育人的主要场所、体现为培养技术技能型人才的特点相对应。在区域性和高等性管理水平上，得分分别为 0.662、0.656，排在第二和第三位，说明该实训基地对区域性和高等性方面的管理体现程度良好，这可能受调查对象所在区域发展和政策的影响，基地所在地区的经济和高职教育的发展水平有待提高，这间接地影响了实训基地的管理水平。实践性管理的得分为 0.559，相较于其他三个指标，所代表的管理水平较低，而开放性管理的得分则小于 0.5，所代表的管理水平得分最低。分析原因，一方面受经济发展和相关部门重视程度不足的影响，后续建设和发展资源支撑不到位；另一方面实训基地所在地区各社会组织机构对高职教育的认识程度不足，参与实训基地管理建设的积极性有待提高，因而评价并提高实训基地的管理水平应从得分最低的开放性着手，同时基于各评价维度综合进行改进。

7.4 基于指标体系的优秀实训基地案例评价

本节内容基于前文 4.2 的内容，对提及的 9 个高职院校实训基地建设情况进行了概略评价，详见表 7-5。

表 7-5 基于指标体系的实训基地概略评价

一级指标	二级指标	1	2	3	4	5	6	7	8	9
高等性（A）	人才定位	★		★						★
	素质培养						★			
	基地文化建设				★					★
	教学科研实力	★	★		★		★			
职业性（B）	培养方案	★	★							
	课程设置		★							
	实训情境	★		★						
	职业迁移空间									
	就业情况	★	★	★	★					
实践性（C）	教学目标			★						
	教学条件		★	★		★		★		
	“双师”结构	★								
	“双主体”育人	★	★	★			★			★

表 7-5(续)

一级指标	二级指标	1	2	3	4	5	6	7	8	9
区域性(D)	定位区域发展		★		★	★	★			
	调整专业设置			★			★	★		
	职业素养需求	★			★					
	职业能力需求	★			★					
开放性(G)	学校与学校间	★		★						
	学校与企业间	★	★	★	★	★		★	★	★
	实训基地开放		★		★			★	★	★
	督导评估制度		★							

注:表中 1～9 分别代表案例 1～9。其中“★”代表该案例中,此项指标体现非常优秀。

7.4.1　高等性(A)优秀实训基地评价

(1) 徐州工业职业技术学院徐工模式实训基地

① 人才定位

徐工模式实训基地对接地方支柱产业——工程机械装备制造产业,立足高素质技术技能人才培养,以重大装备制造技术为落脚点,坚持与企业——徐工集团进行深度合作,实施校企一体化办学,创新实践了以“四共建、三转变”为特色的现代学徒制育人模式,实现了校企共赢。

② 教学科研实力

该基地支撑学校与徐工集团实施校企一体化办学,被教育部评为校企深度融合的典型案例;协同开展“四共建、三转变”现代学徒制人才培养,被教育部评为全国现代学徒制试点单位;形成以省级工程研究中心、省级技术转移中心、省级大学科技园为平台载体的科技创新转化体系,科技创新能力强,科研实力雄厚,连续四次入选高职院校服务贡献全国 50 强。

(2) 滨州职业学院实训基地

① 基地文化建设

滨州职业学院 2005 年 3 月被省教育厅确定为山东省骨干示范性职业院校。2013 年 10 月以优秀等级通过首批国家骨干高职院校建设验收,2017 年 9 月以全省第四名的成绩进入第一批山东省优质高等职业院校建设工程立项学校行列,2019 年入选全国“双高计划”建设单位。获全国职业教育先进单位、全国教育系统先进集体、国家技能型人才培育突出贡献奖、富民兴鲁劳动奖状,被评为山东省职业教育先进集体、省级文明单位、全国绿化模范单位、全国高职院校魅力校园、山东省卫生先进单位、山东省依法治校示范校，获全国高校校园文化建设优秀成果二等奖、全国校园文化优秀成果奖，基地文化建设处于全国领先地位。

② 教学科研实力

坚持“从企业中来、到企业中去”的科技研发思路，为企业提供急需关键技术，先后获批省级以上科研课题10项，其中参研国家“863”项目1项，主持国家自然科学基金、省自然科学基金、省博士基金、省发展改革委“蓝黄”重大理论课题、省农转资金项目各1项，科研实力强劲。

7.4.2 职业性(B)优秀实训基地评价

(1) 徐州工业职业技术学院徐工模式实训基地

① 培养方案

徐工模式实训基地形成了以“四共建、三转变”为特色的现代学徒制“徐工模式”。系统设计实训体系，整合实践教学资源，建设由机械制造通用能力实践平台和专业方向模块构成的机械制造技术专业群实训体系，实现院校之间教材共用、学分互认、师资共享。

② 实训情境

徐工模式实训基地紧跟工程机械装备智能制造发展趋势，建立柔性制造技术生产线、工业机器人集成平台、逆向工程实训室等一流生产实训设施，与企业真实生产环境对接，满足学生实践教学要求，保证学生毕业之后可以直接上岗工作。

③ 就业情况

学生毕业后，可到徐工集团或工程机械供应链配套企业工作，就业情况很好，基本达到100%；而且学生就业后有着较好的升迁条件，能够较快地升迁，成为一线技术管理骨干的学生数量较多。

(2) 襄阳职业技术学院实训基地

① 培养方案

襄阳职业技术学院实训基地创立了具有自身特色的“1233”办学模式、建立了“三会主导、四方联动”合作办学体制机制、确立了“三对接一贯穿”工学结合人才培养模式、探索形成了“一纳入四融合”创新创业教育模式、实施了“以爱为核心，以职业为切入点”的“四位一体、三全育人”学生教育管理模式，人才培养体系建设完善。

② 课程设置

在课程设置上，学校建有国家级精品课程8门，国家级精品资源共享课程8门，省级精品课程28门，出版国家级规划教材16部，课程设置合理。

③ 就业情况

毕业生就业率始终保持在 95%以上,就业质量好。

7.4.3　实践性(C)优秀实训基地评价

(1) 襄阳职业技术学院实训基地

① 教学条件

襄阳职业技术学院实训基地的办学目标为:在保证学生可持续发展的基础上,以社会职业岗位(群)的需要为依据,培养生产、建设、经营、管理和服务等一线需要的能将客观规律和科学原理转变为物化形态、直接为社会创造价值的高素质、高技术、高技能应用型专门人才。学校建有 34 个实验实训中心、324 个实验(训)室,教学条件优越。

② “双主体”育人

襄阳职业技术学院实训基地形成了“政府主导、行业引导、企业参与、学校主体”四方联动的合作办学模式,学校与企业共同研究制订人才培养方案,及时将新技术、新规范纳入教学标准和教学内容,强化学生实习实训。

(2) 重庆三峡职业学院实训基地

① 教学目标

重庆三峡职业学院实训基地坚持以“服务三峡、服务三农、服务现代农业”为办学宗旨,走以现代农业为办学特色的科学发展之路,大力发展现代农业装备技术、现代农业信息技术、现代农业经营管理与服务三大主体专业群,培养现代农业技术技能型人才、经营管理人才,目标明确。

② 教学条件

学院建有校内实习实训中心 122 个、校外实习基地 278 个。设有重庆市博士后科研工作站、西南大学教育学部博士工作站和国家劳动和社会保障部命名的“全国特有工种职业技能鉴定站”及“计算机信息高新技术培训考试站”。

③ “双主体”育人

重庆三峡职业学院实训基地与 1 000 余家企业建立了校企合作关系,与巫溪县政府建立合作关系,能够及时根据企业的需求调整教学方案,更新教材内容,培养适应时代发展和地方企业需求的技能型人才。

7.4.4　区域性(D)优秀实训基地评价

以滨州职业学院实训基地为例。

① 定位区域发展

服务区域经济社会发展是国家骨干高职院校的重要任务，也是高职院校实训基地建设的重点。滨州职业学院实训基地在办学过程中深刻认识到，服务社会的水平将决定校企合作的深度，学校办学中的很多难题将会随着社会服务能力的提升而得到解决。基于此，学院大力推动开门开放办学，制定并实施了《服务“黄蓝”两区建设行动计划》，该计划被滨州市委、市政府办公室转发，在全市推行。服务“两区”过程中，广大教科研人员和学生深入农村及企业一线，开展技术推广、咨询、培训等，同时不断为学院引入教育教学资源，在实践中探索了“校村企”合作办学模式，区域定位明确，提升了学生服务社会的水平。

② 职业素养需求

滨州职业学院实训基地除了夯实学生技能水平，同时还不断提升学生的职业素养，对学生的职业道德、职业信念进行引导和教育，在每个工作细节中养成良好的职业习惯，培养具有工匠精神的人才。

③ 职业能力需求

滨州职业学院实训基地坚持“从企业中来、到企业中去”的科技研发思路，为企业提供急需关键技术，夯实学生技术水平，培养学生沟通及合作能力，学员职业能力得到较好发展。

7.4.5 开放性(G)优秀实训基地评价

(1) 天津中德应用技术大学实训基地

天津中德应用技术大学实训基地与德国德马吉、日本三菱、美国 IBM 等跨国公司和行业龙头企业共同合作、投资了数控技术中心，该基地对合作单位进行资源与信息共享。

(2) 无锡职业技术学院实训基地

无锡职业技术学院牵头组建了物联网职业教育集团，加入“无锡物联网技术产业联盟”，并与十余家物联网企业建立了双赢合作关系；与无锡冠杰电子、科尔华电子等公司共建了射频技术、嵌入式技术、传感器技术、通信技术、物联网系统集成等实训室，其研究成果由成员共享。

7.5 本章小结

为检验研究建立的评价指标和模型的适用性，本章通过以徐州工业职业技术学院徐州重大装备制造技术实训基地进行个案分析，通过专家评价法，邀请该实训基地的 12 名专家学者和 12 名企业专家对该实训基地的实际管理能力进行了评价打分。然后运用模型综合评价法，建立评判矩阵、合成模糊矩阵、计算评判得分，最终获得对该实训基地实际管理能力的评价结果。本章还依据模型对优秀案例进行概略评价，对高职院校改进实训基地管理、指导管理实践提供借鉴。

第8章 我国产教融合型实训基地管理提升策略研究

分析总结我国产教融合型实训基地存在的问题，并提供管理提升策略，对于完善其管理工作具有积极意义。依据《国务院关于印发国家职业教育改革实施方案的通知》(国发〔2019〕4号)指导方针，针对我国目前在实训基地管理方面存在的问题，基于本书的研究，提出以下几点策略。

8.1 转变政府职能，建立深化校企合作长效机制

已有的产教融合型实训基地的建设管理多在摸索中前进，边借鉴国外的先进经验，边进行自我探究。而今，随着实训基地的数量越来越多、规模越来越大，对其进行科学有效管理，创建中国特色产教深度融合的实训基地管理模式势在必行。

8.1.1 转变政府职能

提高我国产教融合型实训基地的管理水平的第一步就应当转变政府职能，由注重"办"实训基地向"管理与服务"过渡。政府主要负责规划战略、制定政策、依法依规监管。建立起多主体协调议事机制，在实训基地管理委员会的领导下，通过定期组织合作主体协商会议、不定期召开实训基地重大决议研讨会议，建立以专业为主体的基地运行情况调研制度等方式，让合作主体间进行及时有效沟通，确保各方对实训基地的建设与管理能充分参与。

然而建立合作主体的互融统合机制，基于合作主体间利益诉求有所不同，体现在基地运行中教学与生产之间难以"合二为一"，此时我们需要政府在其中发挥协调与监管职能，帮助实训基地的管理和运行，使各合作主体加强彼此间的连接和沟通。

(1) 协调职能

首先，政府应发挥统筹协调作用，着眼于职业教育实训基地的发展需求，全面调查实训基地建设情况，科学预测实训基地未来发展趋势，对实训基地共建的布局规划、选址建设、功能定位等进行统筹安排，对实训资源进行宏观布局，发挥好政府在实训资源配置中的指导性作用。

其次，政府应注重更好地发挥在实训资源配置中的决定性作用，建立多元主体共建联席协商会议制度，经常性地组织开展实训基地共建的工作协商，沟通信息，通报情况，解决问题，确保共建各方能充分参与进来。实训基地共建的利益相关者，包括教育、人社、财政等政府部门、职业院校以及行业企业代表，就区域内技术技能人才的供求现状、实际培养情况、未来人才的需求等进行充分交流，深入探讨实训基地共建的可持续性、对实训基地共建进行规划协调深化。

(2) 监督机制

实训基地共建的顺利完成离不开有效的监督约束机制。

首先，基地应建立共建审核制度。由实训基地共建的牵头单位负责制订共建方案，方案包括实训基地合作共建需要的外部条件、合作方式、合作内容、资产管理等内容，之后由相关部门成立共建方案审核小组，对共建方案的实施条件、具体举措、保障措施等进行审核。

其次，要规范实训基地共建专项资金使用。各政府部门应联合出台实训基地共建专项资金使用规章制度，主要包括建立财政专项资金预算制度、完善财政专项资金管理办法、建立财政专项资金绩效评估机制，建立共建项目优胜劣汰退出机制。

最后，要明确各共建主体参与实训基地共建的权利与义务。政府应在充分听取共建各方的意见基础上，制定相关的法律法规，还应该负责协调共建各方的利益，通过双方的协商与沟通后，签订实训基地共建协议书，协议书中应明确共建各方在经费、设备、人员、场所投入等方面的义务，以及享受的使用权、所有权、利益分配等权利，根据参与方自身投入的财物比例，对实训基地的收益按比例进行合理分配，制定强制性条款确保共建各方严格执行。

8.1.2　深化校企合作

企业应当发挥市场需求主体作用，有条件的企业特别是大企业应当积极创办或参与高质量的实训基地。学校要和企业、行业形成利益共同体；学校专业建设、课程建设要与行业发展、企业岗位需要对接，注重学生实践能力培养；学校教师和学生要真正走出校园，走上社会，深入企业，顶岗实践。

（1）企业层面

作为现代企业，要强调履行社会责任。企业不能只是为了盈利，只为了盈利的功利思想会导致企业在人才培养方面没有责任意识，在校企合作方面没有主动性和动力。校企融合在现在看来只是高等职业院校单方面的热情，远远不能满足高等职业院校培养人才的基本需要。建议企业应该承担更多的社会责任和义务，参与到高等职业教育办学中来，让更多的企业成为高等职业教育的办学主体，让企业过剩的产能得以有效利用，建立起校企深度合作、协同育人的长效机制。

（2）学校层面

高等职业院校现在作为培养高素质技术技能人才的主体更应该积极探究高等职业教育发展的规律，不断调整自身的发展方向，彰显设置专业服务产业属性，努力突出办学特色。

高等职业院校的校长应是职业教育方面的专家，有明确的办学方向和先进的办学理念，能够探究高等职业教育发展的规律，引领高等职业教育和国家经济社会发展的需求相适应。明确职业教育和普通高等教育的不同，从而在人才培养方面更能和职业岗位相结合，彰显行业和职业特性。

高等职业院校的中层领导，特别是系、部的领导是整个高等职业院校的中坚力量。人才培养是一项团队工作，单纯依靠一个领导人或教师的个人能力都是不科学的。高等职业院校的系、部中层在组织教学、科研中起着至关重要的作用，特别是在专业设置方面。所以，中层领导更要有彰显行业和职业特性的意识，只有如此才能培养出更多符合市场、企业需要的优秀高素质技术技能人才。

一线教师直接面对学生，课程建设的任务主要由一线教师承担。学校的人才培养理念能否实现，培养的学生能否适应市场的需要，主要依靠一线教师的课堂教学、教材建设、实习实训环节等方面的作用发挥。教学是否贴近实际岗位工作要求，学习领域是否贴近工作领域，要求一线教师要有彰显行业和学科个性的意识。关注人才培养模式的新变化，不断调整教学方式和教学内容，培养更多的适应国家经济转型、产业升级发展需要的高素质技术技能人才。

高等职业教育的发展要符合职业教育的发展规律，也要符合人才的成长发展的规律。要不断提高认知水平，加深对职业教育规律的认识和把握，深化改革，勇于实践，贡献智慧，提供经验，为加快建设中国特色的现代高等职业教育体系贡献力量。

8.1.3　建立长效机制

合作建设产教融合实训基地，是校企合作人才共育的有效途径，实现互利共赢是合作的长效机制。实训基地建设的创新，离不开良好的法治环境和政府相关政策的支持，更离不开作为主体的学校与企业的参与和支持。

（1）构建有约束的企业利益保障机制

企业的根本目标是追求经济利益最大化。高等职业院校实训基地建设能否可持续发展，主要取决于合作后企业能否产生良好的经济效益，因此，需要建立企业利益保障机制。

第一，设立政府奖励基金，对积极参与校企实训基地建设的企业进行认证并给予一定的奖励，一方面是对企业在实训基地建设中承担相关责任和义务的费用与风险的补偿，同时也表明政府的态度，对社会起导引作用，对企业而言则是一种宣传，对调动其积极性有积极作用。

第二，完善经济激励机制，制定科学的可量化的实训基地教学质量评估标准，规定严格的实训基地教学质量评价程序，对实训基地建设进行全方位的有效评估，对达到一定标准、积极参与校企合作实训基地建设的企业，实行适度的税收减免和优惠政策。

第三，保障人才优先供给。通过校企共建实训基地，企业可以源源不断地获得高技能优秀人才，企业还可以根据需要，采用订单培养、现代学徒制等培养方式培养“工程专家”和“技术能手”，获得企业所需的高技能人才。

（2）构建学校良性的运行保障机制

首先，学校要基于企业的产品或项目，借助实训基地平台，主动承接或实施，形成双方的结合点；基于企业的“工程专家”和“技术能手”，实现教师（师傅）互聘，弥补高等职业院校“双师型”教师不足的问题；基于企业真实的职业环境，营造浓厚的实训职业氛围，提高学生的职业技能和综合素质。

其次，利用高等职业院校的教学、科研、品牌等优势，通过拓展社会服务功能等创造经济效益，培育实训基地“造血”能力。

最后，学校要集中有限的财力和物力，重点保证共享性强的实训基地建设，充分利用高等职业院校现有的实训设备和设施，通过新建、扩建和改建，将实训基地做大做强，形成规模，成为开放性的区域实训基地。

（3）成立产教融合实训基地共建工作委员会

高等职业院校产教融合实训基地规范有序高效运行，成立协调和管理实训基地工作委员会，通过制定章程或签订协议赋予和保障委员会的法律地位，是改变实训基地管理水平不高、校企合作不紧的现实需要。

第一,委员会成员应该由政府部门有关领导、参与产教融合实训基地建设的职业院校及行业、企业的负责人组成,下设秘书处,由各高等职业院校分管领导担任秘书长。秘书处每年由各成员单位轮流担任。

第二,制定与完善促进产教融合实训基地建设的运行管理机制,起草审议《产教融合实训基地管理暂行办法》《实训基地管理规章制度》《实训基地仪器设备管理制度》《实训基地安全管理条例》等有关制度,组织和指导高等职业院校产教融合实训基地的管理工作,使实训基地建设与管理工作有条不紊。

第三,对参加产教融合实训基地的高等职业院校及专业设置情况实施调研,了解院校的详细情况,同时对参与实训基地建设的企业进行调研,明确企业对人才培养的需求。在此基础上,基于相关院校和企业,积极开展实训基地建设标准、专业设置标准、课程体系标准、实训教材标准等方面的研究与制定工作,为提升参与建设高等职业院校和企业核心竞争力助一臂之力。

第四,讨论、协调产教融合实训基地建设中出现的重大问题,维护实训基地有效运转,并做好新成员的吸收工作。

第五,做好高等职业院校产教融合实训基地教学质量评价和教学质量监控信息反馈,不断改进实训基地的管理工作,促进实训基地建设的规范化、科学化、效能化。

8.2 打磨凸显实训基地高等性

8.2.1 明确人才培养的目标定位

《国务院关于印发国家职业教育改革实施方案的通知》(国发〔2019〕4 号)提出,牢固树立新发展理念,服务建设现代化经济体系和实现更高质量更充分就业需要,对接科技发展趋势和市场需求,完善职业教育和培训体系,优化学校、专业布局,深化办学体制改革和育人机制改革,以促进就业和适应产业发展需求为导向,鼓励和支持社会各界特别是企业积极支持职业教育,着力培养高素质劳动者和技术技能人才。

我国以劳动力价格低廉的优势占领了国际代工市场,成为制造业大国。但是,我国大多数产业技术水平低、模仿他人,缺乏自己的核心技术。这个阶段所需要的劳动力也主要是低端技能人才和农民工,因此职业教育也只是低层次的发展。当前,我们面临着新一轮的产业升级和从“中国制造”向“中国创造”的转变,技能型人才的短缺更多地表现为高素质技术技能人才的短缺,特别是在制造、医疗卫生、服务、建筑、能源等传统产业和电子信息、航空航天等高新技术产业方面。高素质技术技能人才的缺乏,已成为阻碍产业升级、制约经济社会发展的短板,所以培养大量的高素质技术技能人才迫在眉睫。因此,产教融合型实训基地要将培养高素质技术技能人才作为基地的人才培养目标,以更好地满足社会对高素质技术技能人才的需求。

培养高素质劳动者和技术技能人才是实训基地的目标。要实现这个培养目标,要求学校要具备以下的培养能力和条件:

(1) 完备的师资力量。基地为适应培养高素质技术技能人才的需要,围绕提高教师理论教学、实践指导、科技开发、社会服务和创新创业教育五种能力为中心,以提升教师“双师”素质、优化教学团队“双师”结构为重点,建立“内培外引、校企互聘、联合培养、共同管理”的教师培养机制,完善教师激励机制和考核评价体系,大力培养“德厚、识博、技熟”的专业教师,逐步建成一支理论水平高、实践能力强、结构合理、师德高尚的“双师型”专业教学团队。

(2) 完善的教学条件。适应高素质技术技能人才培养,基地应加大实验实训条件建设力度,包括设备购置、实验实训室建设等。同时,充分利用实验实训室,加强实验实训室管理,允许并鼓励面向学生开放实验实训室。提升基地教育信息化水平,重点加强信息化基础设施建设、数字化信息资源开发和教育管理信息系统应用,大力开发数字化教学资源,推进现代化教学手段和方法改革,开发虚拟实训,搭建校企互动信息化教学平台,推进职业教育政务信息化,建立健全职业教育服务与监管综合信息系统。

(3) 实训基地应既突出强调学生专业技能,注重学生动手实践能力、实际操作能力,又强调学生的职业素养、学习能力、创新意识等。高素质技术技能人才不是由学校培养出来的,而是在生产劳动过程中不断锻炼提升才能达到的。实训基地的作用就是传授给学生成为高素质技术技能人才所必需知识的同时,培养学生必需的职业素质,树立必需的职业意识。

8.2.2 强化人才培养的职业素养

职业素质,是指劳动者对职业了解与适应能力的一种综合体现,主要分为专业素质和基本素质。其中,专业素质是指从事一个行业所必需的素质,包括职业技能和职业意识;基本素质是指参加工作,不论行业种类都需要的素质,包括职业道德和身心品质。

职业技能与职业意识是职业素质的核心,而职业道德和身心品质对于职业技能和职业意识的形成有着十分重要的作用，将四者有机统一，才能形成职业素质。所以，实训基地对高端技术技能型人才的职业素质培养应当涵盖职业意识、职业技能、职业道德和身心品质。

在课堂教学方面，实训基地及时了解行业的最新的科研成果，密切关注行业的发展趋势，同时了解企业用人的需求。根据教学大纲和这些行业的最新信息，调整课堂的教学，做到学科性、专业性、职业性的统一，最大限度地促进学生素质和能力的提高，让学生认知到自己应具备的职业素质，满足学生就业与发展的需要，培养学生成为具备综合职业素质的技术技能型人才。同时，将职业基本素质教育融入专业课教学中，职业基本素质的形成需要长时间持续地培养，课堂中渗透职业道德方面的教育，使学生树立正确的世界观、人生观、价值观以及职业观。课堂应采用多种形式的教学方式，如自编自导自演的情景剧、小组 PPT 展示等以调动学生学习和参与的积极性。加强课堂教学管理，强调出勤率、着装、语言、行为，并与课程成绩挂钩。良好的课堂管理，不仅能提高学生的听课质量，增强课堂教学效果，而且有助于学生职业基本素质的养成。

建立班级考核制度，形成班级与班级之间的竞争，产生压力并转化为动力，调动积极性，促进班级成员互相监督，形成良好的班级学习氛围和团队意识。同时建立学生的考核制度，采用德育学分制，考察学生的学习成绩和道德素质，将德育量化成学分制，使德育目标详细化，将口头说教变成行为教育，有利于学生自我约束和自我管理的形成，使学生掌握做人的基本原则，养成文明的行为习惯。

开展各式各样的竞赛活动。知识竞赛可以加强学生在课堂上的学习所得，强化理论认知；技能竞赛可以加强学生的实践操作能力；体育竞赛可以加强学生团队意识，促使学生敢于挑战自我，勇于拼搏；演讲比赛可以锻炼学生胆量和表达能力。志愿服务，学生可以在志愿服务中学到许多课堂上没有的知识，锻炼了协调与沟通能力，更重要的是增强了学生的爱心、服务意识和社会责任感，有利于学生道德品质的形成；举办讲座，邀请企业高层、行业专家、优秀毕业生来校做讲座，可以让学生了解行业最新的形势，全方位加强学生对职业素质的认识。

鼓励学生企业顶岗实习。学生实习前要培训，重点安排就业形势分析等相关法律政策解读、创业与就业指导报告、实习纪律、安全教育、个人简历撰写、应聘礼仪、模拟招聘、企业用工要求等内容，让学生为实习做足准备。企业顶岗实习可以让学生熟悉就业工作流程、掌握求职面试技巧和企业工作流程，并在实习过程中树立正确的职业理想和“先就业、后择业，先生存、后发展”的就业观念，以充足的准备找到理想的用人企业。

8.2.3 建立健全基地文化体系

实训基地的文化建设是实训基地内涵建设的重要内容。实训基地文化建设创新，就是要以实训基地为载体，实现企业文化与校园文化在实训基地的有机对接与融合，就是突出实训基地校园文化的“企业化”特质，凸显实训基地企业文化的“高职化”特色，将企业精神、企业形象、企业制度、企业行为融入学校精神文化、学校物质文化、学校制度文化、学校行为文化中，对深化高等职业院校实训基地建设、提升高等职业院校办学核心竞争力、实现学生毕业从学校到企业的零距离过渡，具有重要而深远的意义。

文化建设是一个由管理层精心设计、积极推进、全基地师生在教育教学实践中共同遵守贯彻执行的过程，是一个循序渐进养成和实践的过程，最终体现为全基地师生员工的自觉行为。基地管理者应站在基地发展战略的高度，以行业劳动力需求为导向，兼顾行业特色，结合区域文化特色，融合时代精神，立足创新，对基地文化建设进行总体规划、系统设计和组织实施，并相应进行体制和管理创新，形成科学的办学理念、办学思路、价值观念和行为规范，并身体力行，为师生起示范作用，对师生员工进行观念更新，多方位推进基地文化建设。

加强在教师群体中文化理念的宣贯，再通过教师将基地文化传导到学生思想中。通过教学系部向教师宣传基地文化理念。系部要定期召开专题会议讲解、宣传基地文化，并要求教师在平时授课时有意识地把教学内容和基地文化结合起来，经常在课堂上传播基地文化，让学生处在浓郁的基地文化中，时刻接受基地文化的熏陶，强化基地文化在学生意识中的印象，最终基地文化将指引和影响学生的行为处事习惯。

充分发挥学生社团的作用。基地教师要通过讲座、会议等形式把基地文化理念传播给学生社团的骨干人员，然后再通过他们传播给社团的其他成员。学校要积极组织社团开展宣传基地文化理念的各种活动。如基地文化知识竞赛、演讲比赛、书画展等，让社团通过学生喜闻乐见的形式把基地文化理念传达给学生。以上方法可以把基地文化由点到面地在学生中传播开来，并逐渐使基地文化理念内化到学生的思想意识中去。

基地环境也是彰显基地文化的重要部分。基地环境布置应从职业教育需要的角度科学规划，注重物质文化与精神文化相结合，体现基地成员的价值取向、精神追求。基地环境布置应结合自身特质，彰显人文关怀，成为具有一定企业价值观的物质载体。如基地内的各种雕塑、壁画、宣传设施、视觉媒体等环境布局和设置应与职业信息紧密相关，形成具有职业特色的文化艺术景观；基地内的楼、路、灯、教室等可以用行业企业及人名命名；在楼宇等建筑物氛围营造上，不仅应有名人画像、格言警句、办学思想，更应有职业说明、职业定位、职业风采、职业岗位要求、职业需求信息、行业与专业发展趋势、业内成功人士资料等；基地文化具有历史传承性，可通过设置校史陈列室、荣誉室等增强师生对基地文化的认同感和自豪感，从而增强凝聚力和向心力。

提高基地文化和企业文化的结合度。基地的人才培养目标要求基地教育要面向社会、适应市场，以企业需求为导向。可以让学生到基地共建企业去顶岗实习，以企业的规章制度来要求学生，使学生亲身体验到作为一个企业员工的真正感受。让学生接受企业文化的熏陶，强化企业文化意识，具有企业的组织群体意识、归属感和认同感，使学生的专业技能、职业意识等到毕业之际基本能够满足企业的要求，为学生今后走上工作岗位奠定基础，实现基地教学与就业市场的零距离对接。

8.2.4 提升基地教学科研实力

产教融合实训基地作为职业教育的重要载体和平台，要将教学和科研作为主要的发展方向，采取教学与科研相结合的方针，大力开展技术应用研究，提高技术创新水平，再把研究成果引入教学内容中，提高教学质量。

一是加强队伍建设，培养造就一批有较高科研水平的学科带头人及科研骨干。依据国家政策支持技术技能人才凭技能提升待遇，鼓励企业职务职级晋升和工资分配向紧缺急需的高层次、高技能人才倾斜。建立国家技术技能大师库，鼓励技术技能大师建立工作室，并按规定给予政策和资金支持，支持技术技能大师到职业院校担任兼职教师，参与国家重大工程项目联合攻关。同时，不断完善各种激励措施，以便充分地调动职业院校教师从事科研的积极性。可以通过完善技术职称的评聘工作、改革奖酬金发放办法，将职称评聘、奖酬金与科研工作相挂钩，激励职业院校教师从事科研工作。

二是引进新型实验仪器和实训设备，建设基础设施。巧妇难为无米之炊，没有实验实训设备，要进行科研活动只能是空谈。基地可以从事业费中安排经费用于仪器设备的购置，同时也可以从科研经费及科研项目完成后的节余经费中提取一定的比例用于仪器设备购置，此外科研成果转让也是一笔不小的经费来源。总之，基地应通过多种渠道筹措资金，更新仪器设备，保证教学科研工作的正常进行。

三是建立信息网络系统，做好信息交流工作。科技信息交流是研究活动的组成部分，它贯穿于科学研究工作的始终。在现代科学技术飞速发展、日新月异的今天，没有科技信息交流，选题就会盲目，就会出现低水平重复，进度就会缓慢，成果就不可能是高水平的。加速建立快速、灵敏的信息网络系统，加强科技信息交流，对于基地及时准确地调整和把握学科发展方向、选准主攻目标、加速科研工作的进展、减少低水平重复、提高科研工作的效益具有十分重要的意义。所以，实训基地要从多方面筹措资金，建立与国内外科研信息资源连接的信息网络系统，使基地能随时获取最新的信息。

四是科研实力的提升带动教学质量的提升。科研实力强的机构一般来说影响力、声望更大，而声望大的学校更容易聚集相关资源。可以邀请到更多的知名专家和行业领军人才来给学生开设讲座，可以为学生提供更好的实验设备，可以利用自身在行业的影响力举办各种国家、省级层面的大赛，可以提供给学生重要的社会活动、多样的社会实习机会、良好的实验实训和图书资料等资源来提高学生素质。同样，科研实力提升也有助于打造高水平科研平台，从而吸引更为优秀的教师和人才。这些都是科研实力的提升而带来的教学质量的提升。

五是理论联系实际，加强实践教学。学生仅靠课堂内容不能提高自身综合水平，要积极开拓、主动投身于生产劳动才是逐步走向社会的关键所在，基地要为学生提供更为广阔的实际运用的机会。鼓励学生参加学校各种科技创新、挑战杯等活动。教师要积极联系学生，鼓励学生参加科研项目，为学生提供参与科研项目的机会。让学生打好理论基础，并在此基础上积极探究，利用年轻人独特的视角进行开发创造，在各项活动中找到自我发展成长成才的道路。

8.3　夯实强化实训基地职业性

8.3.1　系统优化人才培养方案

培养技术技能人才是高等职业院校的根本任务。历史使命决定了高等职业教育应当根据区域经济发展的人才需求，不断调整和优化专业结构，深化教育教学改革，创新人才培养模式，努力培养学生的创新精神、创新意识和创新能力，为国家实施创新发展战略夯实人才基础。高等职业院校应主动以建设区域开放产教融合型实训基地为契机，结合区域主导产业或支柱产业人才培养需求，与合作企业一同制订实践教学方案，探索实施课程及学分认证、师资共享、实训教学内容共同开发等方面的改革。推行任务驱动、项目导向等教学做一体的教学模式，达成合作共赢的目的。在设置系统的人才培养方案过程中我们要遵循下面两个原则：

一是与专业群建设相结合，搭建专业共享平台。整合实践教学资源，建设面向专业群的实训基地是专业群建设的主要任务。区域开放产教融合型实训基地的建设必须服务专业群发展，依据工学结合人才培养模式三个核心要求（顶岗实习、专业课程做中学、“1+X”证书制等）系统设计专业实践教学体系，增强实践教学体系的开放性与共享性，探索职业素质能力、岗位实践能力、专业核心能力综合培养模式及跨专业群多层次综合实践教学平台建设模式，实现职业教育各层次共享；以区域、行业企业为依托，拓展实践教学模式，根据专业群各专业的实践教学要求，细化岗位设置，满足中高职和本科实践教学的不同需求，满足专业群内学生共性的实践训练需要与专门化的、个性化的技能提升训练要求。

二是与创新教育相结合，提升学生创新能力。高等职业院校要充分利用区域开放产教融合实训基地的优质资源，助推学校创新教育朝更高层次发展。实训基地中真实职场氛围的营造、创新文化的融入、生产性实训和顶岗实习的实施以及教学过程和生产、科研、经营实际有机融合、教学做一体的教学模式等，对学生创新意识的渗透、创新思维的拓展起到了极大的助推作用，也为学生职业素质养成提供系统训练。通过实训基地开展的各级职业技能大赛、大学生实践创新训练计划等创新实践活动与创新教育课程教学的有机融合，针对性地选择综合性技术岗位，为共享学校的学生提供部分实践岗位，使学生的技术应用和创新能力得到充分锻炼和提升。

在具体实施细节方面，基地需要以企业需求为导向，以职业标准为依据，以培养高素质技术技能型人才为目标，进行课程设计。基地需要及时了解社会所需岗位人才的种类，从而对专业的设置以及教学内容做出调整。学生的职业生涯发展是实现学生自身发展和企业发展需要的结合点，基地专业人才培养方案的开发应使学生获得与企业发展需要相一致的职业知识、职业技能和职业态度，并为学生的职业生涯规划和可持续发展奠定坚实基础，拓展更加宽广的成长空间。具体实施主要从以下四个方面进行：

(1) 理论教学。基地的理论教学特别强调理论要为实践服务，以指导实践，提高技术应用能力为目的，促进学生用科学的技术理论指导实践和实践操作。专业学习领域课程以任务驱动型课程为主体，课程实施主要按照工作流程或技能提升的逻辑顺序来展开，从与学生生活密切相关的、具体的、范围较窄的工作任务切入，使学生在校期间熟悉工作岗位所需的工作对象、工作内容、工作手段、劳动组织、工作环境、工作过程。基于此，课程体系应对理论教学进行大胆改革和重组，取消与专业实际技能培养关系不大、理论性过强的课程，对一些与专业相关的课程进行内容的调整与合并，增设反映新技术的技能课程和过程性课程。

(2) 身心素质教育。一名合格的毕业生不仅需要掌握基本专业技能，更需要良好的身心素质，因此，身心素质教育就是实训基地人才培养方案重要的组成部分。开设公共文化学习领域课程，培养学生的社会共同信念和情感，使学生树立正确的世界观、人生观、价值观和职业观；加强人文素养，树立法制观念，使学生成为适应现代社会的身心健康、遵纪守法的合格公民。通过公共文化课的学习，有利于学生心理素质的提升。开设种类丰富的体育课程，除篮球、羽毛球、排球、乒乓球等传统体育课程，可以开设足球、游泳、网球、武术、舞蹈等较少见的课程让学生有自由选择的余地，可以选择自己喜欢适合的体育课程参加。同时设立身体素质测试，作为引导学生进行身体锻炼的有效抓手。

(3) 实践教学。落实"以学生为主体"这一理念的关键是参与，给学生提供自学的机会、动手的机会、表达的机会、创新的机会。培养学生的动手能力是基地课程的重要目标。因此，基地课程体系不应当仅是知识的体系，它不仅要包含知识点，更多的内容应该是技能项，是技术知识体系，是经过动手操作才能理解和掌握的内容。实践课程内容有利于学生将学到的知识、技术运用到实际中去，这对于基地学生来讲是至关重要的。因此，实践性强的、操作性强的课程科目应当占课程体系的主要部分，并使课程体系的结构有利于教学过程从以课堂讲授为主转变到以实验、操作为主的方式上来，通过校内外实习实训基地，让学生能在更多更好的实践环境、动手环境中完成课程学习。

(4) 企业顶岗实习。将企业顶岗实习作为基地人才培养方案最后一部分，在经历了实训基地的理论、身心素质、基本实践操作培训后，到基地共建企业顶岗实习是学生正式工作的最后一步准备。企业顶岗实习可以让学生熟悉就业工作流程、掌握求职面试技巧和企业工作流程，并在实习过程中树立正确的职业理想和"先就业、后择业，先生存、后发展"的就业观念，找到理想的用人企业。

8.3.2 设置系统培养课程体系

课程设置一般指各级各类学校开设的教学科目和各科的教学时数。简单地说，课程指在某一学习阶段，按照某种顺序展开的“教”和“学”内容的全部，即有计划地、系统地学习内容。高等职业教育课程设置是基地培养高素质技术技能人才的总体规划，它把为达到培养目标所要求的教学科目及其目的、内容、进度和实现方式等在总体规划中全部体现出来。

当今社会科学技术的迅速发展，劳动组织形式的急剧变革，使得原有的学科与行业之间的界限被打破，产生了许多复合型、技术含量相对较高的新岗位。基地要了解当前行业的基本情况，从实际出发，根据企业需求进行课程设置，使学生获得与企业发展需要相一致的职业知识、职业技能和职业态度，立足现实的同时要面向未来。当今社会发展迅速，各个行业日新月异，现在热门的工作，可能在几年后就会消失不见。因而，基地要动态掌握行业发展方向，在课程设置时应考虑未来社会的需求和学生可持续发展的需求，注重培养学生的学习能力、创新能力、创业能力。

根据课程内容的专业性强弱，可以将课程分为专业核心课程和非专业核心课程。

专业核心课程，是指以本专业基本活动为主题而编制的课程系统。专业核心课程可分为专业知识课程和专业技能课程。其内容是按照职业群共有的基础技术和基本技能整合而成，作为教学和实训的中心内容，并在时间上、师资上予以优先保证。

专业知识课程，覆盖该专业对应职业岗位群需要的最基本、最主要的知识和技术，教学上侧重于技术原理、技术方法的讲授。每个专业设立 5～6 门核心专业知识课程，保证学生有足够的时间和条件学好这些课程，掌握本专业必备的知识和技术，确保学生有一技之长。专业知识课程要特别强调理论要为实践服务，以指导实践，提高技术应用能力为目的，以“必须、够用”为原则，学生的科学技术理论知识是进行实践操作的基础。基于此，课程体系应对理论教学进行大胆改革和重组，取消与专业实际技能培养关系不大、理论性过强的课程，对一些与专业相关的课程进行内容的调整与合并，增设反映新技术的技能课程和过程性课程。

专业技能课程，这类实践性强的、操作性强的专业技能课程将是最为主要的课程类型。专业技能课程是强化培养学生的动手能力、操作技能的课程，重在职业基本技能。这一类型的课程强调职训、实训、实验、上机等实用性操作训练，以满足第一线应用技术人才的实际需要。给学生提供自学的机会、动手的机会、表达的机会、创新的机会。培养学生的动手能力是实训基地课程的重要目标。专业技能课程内容有利于学生将学到的知识、技术运用到实际中去，这对于基地学生来讲是至关重要的，是学生毕业后能尽快参与工作的关键。

非专业核心课程，主要是为学生提供必备的科学、人文等方面的基础知识以及学生身心素质的提升。可分为基础必修课程和选修课。

基础必修课程，主要包括高数、大学英语、计算机基础、中国近代史、毛泽东思想与中国特色社会主义、思想道德修养与法律基础、体育等课程。基础必修课程是指为学生继续学习提供基础知识与基本理论，培养学生基本能力与基本素质而设计安排的。如高数、大学英语、计算机基础、中国近代史等课程使学生掌握最基本的科学人文知识；毛泽东思想与中国特色社会主义、思想道德修养与法律基础等课程对于学生树立正确的世界观、人生观、价值观有重要作用，进而加强自身的行为修养，树立正确的择业观；体育课则可以提升学生的身体素质。

选修课，以人文课程为主，兼有科技、管理、文体类等课程，例如行为礼仪、沟通技巧与写作、心理学、艺术鉴赏等，开拓学生知识面，为学生多方面个性发展提供帮助。同时，允许学生选择其他专业的专业核心课程，让学生对不同的专业都有所了解，建立对其他专业的兴趣。

8.3.3　搭建优势人才实训情境

为了培养出符合市场需求、适应企业环境的高素质技术技能人才，采用"工学结合"培养模式，基地要搭建优势人才实训情境以完成培养目标。

实训首先要满足真实性，实训使用的设备与企业的设备需保持一致，实训的过程与生产过程一致，实训室具备产品生产的功能。同时，实训必须引入企业真实的工作情境、文化氛围和管理模式，按照生产的工序流程来布置。使实训尽可能贴近生产、技术、管理、服务第一线，努力体现真实的职业环境，让学生在一个真实的职业环境下按照未来专业岗位群对基本技术技能的要求，得到实际操作训练和综合素质的培养。

其次是先进性。实训项目需要紧跟行业发展前沿，体现新技术、新工艺，瞄准实际操作人才缺乏的高技术含量和新技术行业的职业岗位，在技术要求上要具有专业领域的先进性。使学生在实训过程中学到和掌握本专业领域先进的技术路线、工艺流程和技术实际应用的本领；使基地投入具有前瞻性、持久性。

再就是效益性。效益是任何一个项目开始前都要考虑的最为现实的问题，实训项目同样如此，实训需要尽可能使所建设的实训基地适用性强，能进行多学科的综合实训。相关专业尽可能通用，充分利用有限资源，最大限度地节约资金。同时，不仅为校内学生提供基本技能实训场所，而且为社会提供多方位服务，产生社会效益。

搭建优势人才实训情境需要整合现有资源，优化运行机制。职业教育要求理论教学以适用、实用、够用为度；实践教学则应当遵循由简单到复杂、由熟悉到熟练的循序渐进的过程。这一教学过程需在真实的职业环境中，需要大量的资金投入。因此，考虑到项目的经济性，我们在实训基地设备的选型与购置中，既要考虑经济建设对实用型人才的需求，构建真实或仿真的职业环境，又要注意控制实训成本。

此外，为了更充分合理地利用现有资源，可以通过对原有的实训场地重新规划、改造、归并与新建实训项目进行有效的资源整合和优化配置，实现基地与基地之间的资源共享。通过有效地整合资源、优化资源配置、完善硬件建设配套、建立更为健全的管理体系，可以增强综合实训能力，并降低实训成本。

8.3.4 提升专业职业迁移空间

随着科技的快速发展和经济全球化的不断推进，随之而来的是生产方式革新及产业升级换代。产业升级必将导致传统生产工艺和技术被淘汰，一些技术工人由于技术不再匹配，离开原先工作岗位而选择自谋出路成为必然。在当今社会职业结构呈现动态性变化、岗位职业不确定因素增加的情况下，仅让一个人为某一特定职业或岗位做好准备是不够的，为了让学生能在复杂多变且充满风险的社会里实现长期就业，基地要培养学生风险意识，提升专业职业迁移空间，加强对学生适应能力和发展潜力的培养，适应高度不确定社会的需求。提升学生专业职业迁移空间主要从以下几个方面入手：

(1) 提升学生的综合素质。综合素质主要包括思想道德素质、心理素质和职业素质。思想道德素质可帮助学生树立正确的人生观、社会观和道德观，形成遵纪守法、讲诚信的优良品德及良好的职业道德素质。心理素质是指个体在心理过程、个性心理等方面所具有的基本特征和品质。良好的心理素质有助于学生形成完整的人格、与他人构建良好的人际关系、对自己的能力做出适当的评价及充分的社会适应力。职业素质是劳动者对社会职业的了解与适应能力的一种综合体现，是高职毕业生立足社会、体现自我价值的关键素质。

综合素质的培养可以将教育工作从单纯的实现就业、追求就业率向学生的全面发展转变,提高学生对不同岗位的适应能力,进而实现长期就业。所以,在教育内容上,不仅要有专业理论学习和基本技能训练,还要增加思想道德文化修养、心理素质、职业素质的训练内容。

(2) 提升学生的职业迁移能力。基地的教育坚持“以能力为本位、以就业为导向”的发展模式,但这里的“能力”不仅仅是操作技能,还应该包括语言表达能力、学习能力、思维能力、创新能力、环境适应能力、团队合作能力及职业发展能力等。这些能力是职业生涯中除岗位专业能力之外必须拥有的基本能力,也即可迁移技能。可迁移技能是跨越具体职业的能力,是当工作岗位变更或职业变化后,能在新的岗位或职业中继续发挥作用的能力。从当下社会就业形势看,转岗或转业的情况会变得很平常,因此拥有迁移能力是职业生涯中必备的技能。职业迁移能力是一个广泛的概念,包含许多内容,而且大多是课堂上学不到的,基地需要分析学生特点,组织形式多样、种类丰富的各类活动,如演讲比赛、志愿活动、体育竞赛等,鼓励学生积极参与,以此来提升学生职业迁移能力。

(3) 培养学生终身学习意识。基地的教育是以就业为导向的教育,它要教会的是学生掌握某一种谋生手段。现在是知识爆炸时代,一个人曾经掌握的知识将很快落后于时代,这时便需要在工作中不断学习,做到与时俱进,不被社会所淘汰。基地需要培养学生学习的意识,养成学习的习惯。鼓励学生阅读新闻、报刊、书籍来了解时事和行业前沿动态。培养学生自我高效学习的能力,学会高效地收集整理分析资料。

8.3.5 全面提高人才就业情况

就业情况包括就业数量和就业质量两方面,其中就业数量可以用就业率来衡量,而就业质量衡量指标较多,包括专业对口率、薪酬水平、毕业生就业满意度、用人单位满意度、职业稳定性、社会保险待遇水平、职业适应度及胜任度、职业发展信心、职业发展空间等因素。

近年来,很多高等职业院校开始高度重视毕业生就业工作,坚持贯彻以就业为导向,以服务为宗旨,培养面向生产、管理、服务第一线技术技能人才的办学方针,有效调整毕业生就业策略,就业工作不断创新,使得许多院校的毕业生一次性就业率都在90%以上。但就业质量却不容乐观,主要表现在:① 就业机会不均。当前高职生就业空间不断缩小,就业机会相对偏少。专科层次学生就业受歧视现象仍很明显,相近的能力,事业单位、企业会选择本科生。② 就业不稳定。2013 届高职院校毕业生毕业半年内的离职率高达 43%，2012 届为 42%。而 2013 届、2012 届本科院校毕业生毕业半年内的离职率均为 24%。相比同期本科院校毕业生，高职毕业生的高离职率反映出其就业存在高度的不稳定性。③ 工作满意度低。工作满意度受到专业的对口性、工作的稳定性、劳资关系的和谐性、职业发展前景、福利和社会保障等因素的影响，报酬低、劳动强度高、同事关系紧张等原因使得毕业生对工作不满意。

基地毕业生就业情况是衡量基地人才培养质量的重要指标，基地一方面要积极提高毕业生就业率，另一方面必须在提高就业质量上下功夫，即在毕业生充分就业的基础上努力提高就业质量。基地可以采取以下方法：

（1）专业适应市场。高等职业院校的专业设置直接关系高职生就业机会。专业教育要紧密结合市场发展需求，特别是地方经济产业的发展需求。行业企业对专业人才的需求状况是高等职业院校专业结构调整的重要依据，依据人才市场的需求变化对专业结构进行优化是高等职业院校毕业生就业率和就业质量提升的保证。高等职业院校要根据地方经济和社会发展需要，围绕人才培养目标，深入开展研讨式专业剖析，明确专业建设目标与方向，及时调整专业方向，使专业结构日趋合理，目标岗位更好对应职业岗位。在专业课程设置中，与市场需求接轨的同时，应全面、科学地制定教学内容。在教学的各个环节，不断根据市场需求，加强专业能力、适应能力和求职能力的培养，缩小用人单位和毕业生之间的认知差距，提升高等职业院校毕业生就业层次与能力。

（2）进行职业规划教育。高等职业院校要加强对高职生职业生涯规划教育与就业指导。对学生进行系统的职业指导、职业教育和职业干预，使学生树立正确的职业情感和态度、职业价值观、职业忠诚度。同时，采取有效的措施和策略，帮助高职学生提高职业认知和职业能力水平，尽早对将来做好打算，为毕业后提升就业能力与就业质量夯实基础。

（3）建立就业服务体系。高等职业院校还要强化就业服务意识，树立以学生和用人单位为中心的理念，积极为高职生就业搭建完善的信息平台，要加强与企业联系并建立长期的合作关系。一是要积极开展就业工作研究，提高对就业形势的研判能力和指导能力。二是要加大资源投入，形成一个涵盖就业指导、毕业生推荐、就业信息发布、企业招聘服务、就业手续办理等的全方位就业服务体系。三是要密切与相关行业协会的合作关系，形成专业负责人联系行业协会制度，依托行业协会组织招聘会，拓宽毕业生就业渠道。

8.4　强化深耕实训基地实践性

8.4.1　树立明确教学目标

实现教学最优化的第一个办法或第一位工作，就是制定恰当的教学目标或教学任务。教学目标是师生从事一切教学活动的指针，是选择教学内容和教学方法的依据，也是衡量教学成败的标准。一般说来，教学目标包括以下几个方面：① 使学生掌握系统的文化科学知识和基本技能；② 培养学生良好的世界观和道德、审美、劳动等观念及相应的行为方式；③ 使学生的身心得到健康发展。因此，我们在教学中，就应根据这三个方面制定具体而明确的教学目标。只有教学目标明确了，才便于把握、操作、落实和检查。在大力提倡素质教育的今天，明确而有针对性的教学目标是提高教学效率的关键。

高等职业教育的培养目标是高素质技术技能人才，需要毕业生能尽快融入企业参加工作，因此实际操作能力是高职毕业生必不可少的能力。而实际操作能力需要学校通过实践性教学来培养，因此实践性教学是高等职业技术教育的重要环节，贯穿整个教学过程之中，突出实践性教学是高职教育的特色。实践能力的培养包括校内实验室教学和企业顶岗实习两个方面。

(1) 实验室教学。首先，建立一支具有现代教育理念、教学能力强、熟悉生产领域、掌握过硬技术的高素质实践教学师资队伍。学校要注重“双师”素质教师的培养与引进。可以让教师到企业为员工进行专业培训或到企业实际操作，使他们更加了解社会需求以及如何培养学生的实际操作能力。同时，聘请企事业单位的专家、有工作经验的人员以及实践基地有丰富经验的技术骨干作为兼职实习、实训指导教师，组建一支以“专职为主、专兼结合”的实践教学师资队伍。加强实验室建设，通过学校投入和校企共建等方式，不断改善校内实验条件，大力整合现有资源，优化管理，扎扎实实地建设好各专业的实验室、实验工场、实训室、实训工厂等。此外，积极拓展实验室创建渠道，鼓励社会资源通过投资、参股等方式参与建设，共创产学研合作教育基地。同时，加强实验室、实训基地的科学管理，实现资源共享，允许并鼓励学生平时课后使用实验室，将实验室资源向社会、企业开放，提高资源的使用效率。重视校外实习、实训基地建设，按照互惠互利的原则，建立一批相对稳定的校外实习基地。

(2) 校外顶岗实习。顶岗实习工作是学生步入社会前的一次职前锻炼，起承接作用，也是教育部对职业院校学生的基本要求，是理实一体化教学实施的载体，对促进学生就业有积极作用的同时，顶岗实习是一个非常好的培养学生职业基本素质的机会。实习前培训要安排就业形势分析、相关法律政策解读、创业与就业指导报告、实习纪律、安全教育、个人简历撰写、应聘礼仪、模拟招聘、企业用工要求等内容，让学生为实习做足准备。在学生顶岗实习期间，一定要加强学生职业基本素质的培养，学校要配备相关指导教师，及时对学生进行教育和引导。学生最初步入顶岗实习的岗位时会有很多不适应，感觉工作很辛苦，倒班的时间差调整不过来，企业管理严苛约束较多等。该时期指导教师一定要做好学生的思想疏导工作，使学生尽快适应企业的工作和生活。在顶岗实习中要加强安全教育，通过安全教育强化学生的责任意识、敬业意识和组织纪律观念。企业顶岗实习可以让学生熟悉就业工作流程、掌握求职面试技巧和企业工作流程，并在实习过程中树立正确的职业理想和“先就业、后择业，先生存、后发展”的就业观念，以充足的准备找到理想的用人企业。

8.4.2 大力提升教学条件

高等职业院校要培养适应行业企业需要的高素质技术技能人才，就必须建立满足培养学生综合职业能力所需的真实的或仿真的实践教学条件，尤其是校内的生产性环境能使学生在真实的职业环境中以准员工的身份参与生产过程，并在完成生产任务时完成学习内容，同时完成生产产品和学习两项任务。实践教学要深度融入行业要素、企业要素与职业要素，使学生在做中学、在学中练，为工学结合人才培养模式的实施提供保障。

(1) 增加投入，充分整合校内实验实训资源，建立校内实验实训室。学校要根据各专业人才职业能力培养需要，按照核心课程职业能力项目实训要求，整合校内原有的实验室、实训室、多功能教室等现有资源，加大实验实训条件改造投入的力度，彻底改造和整合传统的实验室，添加必要的实训设备，并在原有实训基地的基础上增加生产性功能，满足学生生产性实训和综合职业能力培养的需要。

(2) 与相关院校建立合作关系。校际合作可以使学校充分利用不同院校先进的设备、先进实训教学模式、优秀实训指导教师等优质资源。校校合作，不仅解决了学校实训场所建设上所存在的诸多问题，同时也增加了实训场所的使用率，使优质资源得以最大限度地发挥效益。虽然实训场所不为学校所有，却能被不同院校充分利用，因而实现了双赢的局面。

(3) 依托行业，建立校企合作。通过联系满足要求且有实力、有长远发展眼光的企业，争取企业支持，引企业进校园，由校方提供厂房和配套设施，企业提供无偿或优惠的实训设备材料及生产技术，建立生产性实验室。学生以员工身份参与生产全过程，使学生在做中学、在学中练，全方位培养学生的职业能力、职业态度和综合素质。同时，可以安排教师到企业学习参观，增强教师对实际生产流程的了解；可以邀请企业有经验的技术人员作为兼职教师，为学生讲解、演示实际生产操作流程，以此来提升师资水平。除此之外，企业还可以提供顶岗实习的机会，学生参加顶岗实习的企业就是最真实的实训场所，在这里学生可以熟悉企业工作流程、企业规章制度、企业文化，为之后的就业打下坚实的基础。

(4) 采用现代化的管理手段。变传统的管理模式，依托校内相关专业，开发出一套适合学校实训基地计算机网络化管理的软件。重点加强信息化基础设施建设、数字化信息资源开发和教育管理信息系统应用，大力开发数字化教学资源，推进现代化教学手段和方法改革。要建立完善的实验实训设备资产管理信息系统，实现设备资产管理信息的开放式、网络化。搭建校企互动信息化教学平台，加强校企联系，学校领导及实习主管部门要定期深入校外实训基地研究实训方案，联络感情，解决问题。建立健全职业教育服务与监管综合信息系统，重点跟踪督促各专业建设紧密联系的合作企业，建立管理档案，规范学生的校外实训活动，保证校外实训取得实效。

(5) 提升师资力量。通过已经建立的校企合作，学校可以安排教师到企业生产车间学习参观，增强教师对实际生产流程的了解；到研发部门参观，可以使教师了解行业生产技术前沿。同时可以邀请企业有经验的技术人员作为兼职教师，为学生讲解、演示实际生产操作流程，以此来提升师资水平。学校要充分利用上级教育部门的师资培训政策，选派专任教师去教育主管部门在企业建立的师资培训基地提高实践能力，选派兼职教师去学校师资培训基地提高教育教学能力。

8.4.3　全面优化“双师”结构

教师是育人的主体，只有不断强化基地教师职业素养，改革教学的师资结构，才能提高实践育人能力。

教师是高等职业院校实训基地的重要组成部分，高素质的教师是对高等职业教育实践性的有效诠释，能够高效地完成教学任务，科学合理地帮助学生获得职业技能，增强学生理论到实践的转换能力，从而具备较强的职业迁移能力。“双师”型教师结构在高技能人才的培养过程中的作用举足轻重，建设与培养实训基地的"双师"型教师队伍是实践教学的必要手段。通过聘请具有实际工作经验的企业教师，能够简化学生获得实践能力的过程，缩短学校学习与工作生产间的距离，学生具有更强的适应能力，提高用人单位的满意度。

高等职业院校为建设"双师"队伍应积极采取有效的措施，不以学历为唯一的判定标准，吸收聘用专业技术人员或经验丰富的专家、产业教授。此外，高等职业院校还可以派遣本校教师参加正规业务的学习和培训，提高教师自身的实践能力，有计划地建立一套科研、教育、生产和运作于一体的实训基地，开展校企合作教育。

(1) 大力促进专职指导教师"走出去"

此项工作的完成需要政府和实训基地通力合作，任何一方都不能独立完成此项任务。政府应大力促进实训基地专职实训指导教师"走出去"，实现专职实训指导教师在地区层面的共享共用。政府应打破现有的实训基地人事壁垒，淡化实训教师"单位人"的属性，积极制定相关政策和法规，允许教师在基地完成既定实训任务后，结合自身实际情况，到其他实训基地承担兼职实训指导教师工作。为此，政府应设立兼职实训指导教师专项资金，并拨付给基地，由基地自行负责制订专职实训指导教师实训计划，筛选一批实践能力强的专职实训指导教师，由政府教育主管部门授予其"兼职实训指导教师"称号，并派遣这部分教师到其他实训基地承担兼职实训工作。基地应通过促进专职实训指导教师参加课题研究、下企业锻炼等方式加强其实践能力训练，使其能胜任不同实训基地不同类型的实训任务。

(2) 积极开展兼职指导教师"引进来"

政府应合理放宽兼职教师的引入条件，不以学历、年龄、职称、工作年限等因素限制一批优秀的实践技能人才进入实训基地。基地应通过社会公开招聘的方式，聘请生产、管理、服务一线的企业专家、技术能手等担任实训基地兼职实训指导教师，基地应对应聘者进行严格的资格审查，审查内容包括实践操作水平和教学能力，并对审查通过的对象组织统一的培训和考核，考核合格者由实训基地颁发聘用证书，取得实训基地兼职实训指导教师准入资质。基地还应专门建立兼职教师管理部门，对兼职教师的教学安排、工作任务等做出相关部署，并协助解决兼职教师在工作中遇到的问题与困难。基地应特别建立兼职教师薪资待遇管理办法，对兼职教师的薪酬支付问题、课时计算问题、编制问题、职称评聘问题等做出明确说明，提高兼职教师的工资待遇水平，拓宽兼职教师的成长渠道。

(3) 灵活建立实训基地共享实训师资库

实训基地应基于互联网的视角，整合基地专职实训指导教师和兼职实训指导教师的师资资源，共同建立组织灵活、弹性强的实训基地共享师资库。师资库不仅是教师的管理机构，也是师资资源的综合调度部门，专门负责实训教师的综合调度、档案管理、工资支付等。

首先，师资库的建设应建立弹性化的师资规模制度。根据不同阶段的实训需求，灵活弹性地把控实训教师的数量规模，避免因培训需求的多寡而产生实训师资紧缺或者浪费的问题。一旦某个实训项目亟需实训教师，就立即启用师资聘用程序，从师资库中调取、聘用合适的教师，由聘用教师者支付教师课时费。

其次，师资库应成立专门的组织管理部门，该部门负责为师资库中的每一位教师建立电子业务档案，对教师实施动态信息化管理。师资库应制定并实施实训教师认证制度，能够进入师资库的教师都必须经过严格的认证，对师资库内已经认证过的教师实施动态信息化跟踪管理，努力提高师资库师资质量。

再次，师资库根据每位教师实际的工作量、绩效水平，经过科学计算后，核算出每位教师实际应得的报酬，并委托财务部门负责发放。

(4) 对教师建立科学的考核考评机制，激发教师工作积极性

实训基地要建立兼职实训指导教师考核考评小组，制定实训基地教师考核考评管理办法，通过定期与不定期的听课、检查，对兼职教师在担任实训指导教师期间的教学质量进行考核，考核主要内容包括教学大纲及实训课时、课题，教学计划执行情况，备课备料情况，实训指导情况，作业(工件)批阅情况，学生评价情况等，对兼职教师的考核评定还应将考核结果定期反馈给兼职教师所在单位，由教师所在单位根据教师考核情况给予相关奖励或处罚。

基地还应采取优胜劣汰的人才留用机制，对教师队伍的质量实施动态化监督和评价，实施教师退出机制，对于不符合考核要求且屡次不改的教师，要及时予以解聘。基地还应设立专项基金，根据教师工作量支付其合理报酬，对于那些对基地运行和对外服务有突出贡献的兼职教师应给予特殊奖励，并搭建兼职教师成长渠道，满足一定考核要求的兼职教师可以升为特聘教授、兼职教授等，以提高兼职教师的工作积极性。

8.4.4 强调“双元”育人

学校和企业共同制订人才培养方案，及时将新技术、新工艺、新规范纳入教学标准和教学内容，强化学生理论联系实际的能力。

(1) 充分发挥校外资源优势，实现学校与行业、产业对接，推行人才订单

式培养。实习基地的建立和使用，扩展了学生视野，有效增强了学生实践动手能力，学校毕业生得到了社会的普遍好评，扩大了学校的美誉度和知名度。通过与企业合作，在企业建起学生宿舍，实现了课堂进企业，学生直接进入企业顶岗实习，和企业员工同吃同住，学生可以真正接触和感知企业，在培养学生的同时，为学生提供了更多的就业机会。同时，与企业签订协议，由企业定制专业课程，按照企业的需求定向培养人才，接受企业的培训，学生毕业后可进入企业工作。

(2) 实践教学是人才培养的重要环节，学校应该积极探究大学生实践能力培养的新模式，学校可以结合学校学科专业特点，逐步建立起一批实习基地，为学生创新精神和实践能力培养奠定良好基础，为推进产学研一体化，提高教师学术水平和解决工程技术问题提供了广阔舞台。学校还可以积极与科研院所、研发中心和企业单位建立广泛联系，采取"走出去、引进来"的方式，联合各单位与科研机构建立起一批稳定的实习基地，实现与企业、专业的无缝对接。

(3) 进一步完善人才培养模式，深化产学研协同、校企合作的创新创业人才培养模式改革，推进各类实习基地的建设。学校需要努力构建省内省外、学校与企业"产学研协同、校企合作"的立体式实践教学体系，为学生实践能力锻炼、创新创业能力培养搭建良好的实践平台，基本满足各类专业课程实习实训的需要。

通过实习基地建设，使大学生能够理论联系实际，激发他们的学习热情，增强了其学习动力。不仅提升了实际动手、团队合作、协调与交流、解决实际问题等综合运用知识能力，还促进了毕业生心理健康，学生在实践中创新、在创新中成才，从而大大拓宽了其就业渠道，增强了学生的就业竞争力。

(4) 经过对学生实践能力的培养，我们不仅要做到提升学校面向企业、社会的服务能力，而且要借助企业资源使得毕业生上岗速度快、动手能力强，受到企业的普遍欢迎与社会的一致认可，从而有力地推动各高等职业院校的就业工作。学生通过实践活动对企业科技创新提供了强有力的支撑，为企业构筑人才高地，培养认同企业文化、具有企业主人翁责任感的人才队伍，为企业持续发展、开发和储备智力资源、增强竞争力创造良好条件。同时，学校可以和企业双方积极推进科学合作研究，结合教学实习，联合开展科研项目的合作申报与实施，实现"产学研"项目的有机结合，共享经济效益和社会效益的成果。

8.5　扎根服务区域地方经济

8.5.1　与地方经济发展相匹配

高等职业院校不仅是传播知识和技术的场所，理所当然，也是技术创新的载体。高等职业院校要结合自身优势，借助区域开放产教融合型实训基地的平台积极开展应用技术研究，提高技术研发成果的转化率和生产实践需求的吻合度。如充分基于基地资源与行业企业、科研院所共建项目库、共享项目源，联办科研机构或工程技术中心，与企业开展项目研发、科技攻关、咨询服务等；积极申报和承接与工艺技术和成果转化有关的应用项目和纵向、横向课题；实现项目产业化，建成高技术项目体系，为科技成果产业化提供服务；企业新产品试制、技术推广和产品推销；积极推进学生科技创新创业，以项目为载体提供相关技术支持，实现项目孵化。

增强社会服务能力是校企合作共建区域产教融合型实训基地的关键和重点，以区域产业发展需要为指引，适应产业结构优化升级和培育战略性新兴产业需求，确立服务重点，突出服务特色，强化服务优势，主动服务产业升级和企业技术创新。

(1) 设立多元投入的区域技术创新基金和成果转化基金，探究开放、集成、高效的区域协同创新模式，全方位拓展与各种创新资源的合作研究、联合创新，并将协同创新成果转化为适应市场需求的技术和产品，推动企业不断提升核心竞争力。

(2) 成立专业研究所，推进专业群与产业链、产业群的协同，承接国家、省、市级科技项目和横向课题，优化资源配置方式，营造有利于协同创新的文化环境，通过市场牵引和技术推动，推进各方优质资源的流动、汇聚、碰撞、融合，产生协同效应。

(3) 建立区域专业技术协作组织，实施有组织的、长期性的、目标清晰的可持续战略协作，开展跨专业的多项目合作，利用实训平台提供的开放接口，进行应用研究与业务开发，为企业提供市场推广和经营策划的支持与服务，成为行业或区域应用研发中心和技术服务保障中心，促进技术创新与人才培养的有机结合，在工程实践和服务实践中培养创新团队和创新人才，为区域经济加快发展和优化结构提供有力支撑。

建设高质量的区域产教融合型实训基地，离不开政府主管部门的支持。

政府需理清思路，统筹规划，明确建设方向，政府相关部门主要负责人应主动与高等职业院校专家及企业骨干联系，成立有针对性的调研小组，对当地区域主体经济和支柱产业进行调研，得出今后几年内区域对所需技术技能型人才的种类及数量，合理确定区域所需的紧缺人才，有效地指导高等职业院校对专业进行合理设置，保持区域产教融合型实训基地的可持续发展。同时，政府应加大对高等职业教育实训基地的资金扶持力度，改进资金投入方式，拓宽资金吸纳思路，多渠道地为区域产教融合型实训基地提供丰富的资金来源，还应加强投资保障机制的建立，建立以政府投入为主体，学校、企业与社会投入为辅的多方投资机制。

区域产教融合型实训基地建设的最终目的是对区域内的各种资源进行有计划的合理配置，实现资源利用率的最大化，这就需要相关主管部门在充分调研的基础上进行统筹规划、合理布局，建立真正意义上的区域产教融合型实训基地。

8.5.2 顺应地方调整专业设置

区域产教融合型实训基地建设的基本理念是一切以培养学生的职业岗位核心能力为中心。知识的掌握服务于能力的构建，以职业岗位工作任务为出发点来整合相应知识、技能和态度，形成综合能力模块，根据能力模块配置实训室，进而构建出区域产教融合型实训基地。顺应地方调整专业设置，就是从职业岗位出发，进行职业岗位核心能力分解，形成系列职业核心能力。根据学生所学专业与将来从事岗位性质，明确学生需要掌握哪一系列职业核心能力，在目标明确的前提下，学生进入相应实训室进行技能训练。实训室配置与实训基地建设，就是根据整合后的核心能力模块为学生提供高质量的实训条件，进入实训室的学生接受一系列技能模块训练后，正式进入校内顶岗实训室进行生产实习，并且提供反馈信息。

职业岗位核心能力具有可变性，需要动态配置区域产教融合型实训基地。在新兴技术产业领域，技术与市场处于快速变化之中。新知识、新技术、新方法与新设备的使用促使产品更新速度加快，这一变化对职业岗位核心能力提出了更高要求，需要不断适应新的市场需求。为了实现职业学校培养的技术技能型人才努力适应职业岗位的需求，学生技能训练内容、训练手段及训练设施等均应该处于动态变化中。因此要通过实训基地设备设施改进、实训项目开发等，建立一个与企业岗位需求动态对接的产教融合型实训基地。

实训基地建设的最终目标是培养学生的职业能力。学生职业能力是在职业活动中逐步形成和提高的，职业活动的环境、范围、方式、进行过程等，对形成职业能力有非常重要的作用。因此在实训基地建设过程中，如实训设备的配备与摆放、实训场景的布置等都要紧紧围绕职业活动这一根本问题。创设真实的职业情境，是实训基地建设中的职业教育理念。只有按照职业岗位的实际需求，进行实训设备的配置，才能有效地规划职业活动，才能为职业教育服务。

产教融合型实训基地的建设要采取两种模式。第一种，一体化实训场所建设模式，包括实训区、讨论区与教学区。实训区配备实训装备，学生在该区域完成工作任务；教学区配备桌椅和其他教学设备，指引学生学习专业知识，讲解工作任务等；讨论区让学生讨论完成工作任务时出现的问题，与同学老师交流找出解决问题的方案。第二种，在一体化实训场所之外建设生产性顶岗实训区，为学生提供完全真实的实训环境，使学生在走上就业岗位之前做好充分准备。通过一体化实训场所的实训后，经过考核，合格的学生可以进入生产性顶岗实训区进行顶岗锻炼，该车间对外开放营业，整个运作过程完全企业化，学生不仅锻炼技能，还能了解工作岗位的所有细节问题，利于学生职业岗位能力的形成。生产性实训场所的建设模式完全等同于企业的车间，学生在该基地进行实训时，需要完成产品加工与生产任务，为基地创造利润，完全实行企业运行模式。

教学、生产一体化运作，根据订单、教学计划和实训计划安排生产计划，生产过程中产学对接、工学结合，教师技师化、学生员工化，既完成生产，又进行项目导向、任务驱动、真实生产的情境实训教学和顶岗实习，严格执行工艺标准、质量标准和班组管理标准，实施工学过程控制，进行工序产品质量检验、入库验收，实施教学质量监控，确保教学质量和产品质量。

8.5.3 匹配地方职业素养要求

产教融合实训基地建设要准确把握经济发展方式转变对人才素质提出的新要求，进一步完善基地的人才培养体系。产教融合实训基地中大部分是高职学生，高等职业教育培养的人才应既有别于普通高等教育所培养的“学术型和工程型人才”，又有别于中职教育所培养的“技术操作型人才”。在实施过程中，应注意按照技术应用型人才来设计培养模式和教学模式。高等院校在办好学历教育的同时，也要加强高等职业教育的在岗位培训、继续教育和职业资格证书教育等，把学历教育与职业培训相结合，职前教育与职后教育并重；既要针对职业岗位(群)，又要着眼于劳动者的整个职业生涯；形成多种办学模式和教学模式，以适应社会的多种需求。基地在人才培养过程中应针对产业需求确定专业群建设标准、针对工作任务的典型化需求训练适应多岗位的专业技能、针对校企合作过程中规模企业的订单需求开发课程，同时完善学历文凭加多种职业资格证书制度，注重提高人才培养的社会适应性；开展与中等职业教育以及本科教育的衔接，构建人才成长的通道。

在产教融合实训基地的建设中，政府机构为产教融合实训基地建立基地实训指导教师师资共享平台，在现代工业中心高等教育资源共享中将起到非常重要的作用。在基地内建立高等院校教师个人档案资料库并汇总形成区域高等教育师资共享信息资源平台，为基地高等教育师资资源共享创造良好的条件与平台，能够使基地内各高校的人事部门和教务部门及时准确地了解其他院校的师资情况，从而为择优选师、教师及时补缺等工作打好基础。同时，还应为区域高等教育师资教学建立合理、统一的考评机制。教师考核评价制度的完善有助于高校间教师资源共享得以长期健康的发展，实训基地内高等院校间应相互认可教师在其他院校的工作业绩，从而确保教师们在各个院校工作的质量和效果。

产教融合实训基地还应紧紧基于基地集聚发展、资源共享、优势互补的基础条件，坚持把开放共享贯穿于高等教育综合改革试点的全过程。基地应不断完善区域公共服务平台建设，通过建立学生生产性实训基地、创业教育基地、就业服务基地和大学创业苗圃，为基地高等教育资源开放共享夯实基础。基地还应继续挖掘高等教育资源开放共享的深度，在专业、课程、教材、师资、学分互认、公共服务等领域寻求新突破，建立共享新机制。产教融合实训基地应进一步拓展开放共享的广度，构筑大开放格局。在发展与使用过程中应注重进一步拓展优化基地高等教育资源共享的平台，通过生产实训、创新创业实践、校企联合学院等多种形式，构建政、产、学、研结合，校、企深度融合的新模式，进一步推动基地成为创业人才培养和国际化合作的有效载体。产教融合实训基地应对基地院校、科研机构以及高科技企业的“数字资源”进行有效整合，建立高速、安全、共享的城域网，建成一卡通支付系统、课程互选系统等；基地应扩大构建基于城域网共享的专业教学资源库、网络课程资源库、精品课程资源库、校企合作课程库、优秀学生作品库等高等教育资源库的种类与规模，以供基地合作高校共享。

8.5.4 满足优势职业能力需求

产教融合型实训基地建设的根本目标是实现“市场有需求学校能满足”，

因此，必须将市场用人需求纳入对实训基地的建设中，加强理论与实践的结合。

高等职业教育实训基地在定位时需要考虑高素质、高层次技术技能人才的市场需求和高等职业院校实训基地的培养模式，这些是实践教学体系建设的先决条件。坚持科学定位，有助于高等职业院校明确办学方向，快速了解社会用人需求，从而加速教学改革，培养高质量、高满意度的人才。高等职业教育的最终目标是培养适应生产建设一线的高素质技术技能人才，了解市场需求、把握市场发展趋势是制订培养计划的前提，将用人需求与实训基地的建设管理联系在一起，有利于学校和社会实现双赢。

高等职业教育与普通高等教育的主要区别在于所培养的学生理论联系实践的能力较强，通过科学合理的课程教学安排，及时引导学生进行实践锻炼，有利于学生巩固理论知识的同时获得职业技能。此外，仿真性的工作情境、前沿的技术理论以及实时的设备更新均有助于提高学生的学习效率。

合作育人是校企合作共建区域产教融合型实训基地的出发点和落脚点，也是企业和学校共同希望实现的培养毕业生高职业能力的一个重要途径。职业教育源于企业需求，同时也服务于企业需求，以学生的全面发展为目标，培育学生的社会责任感、实践能力和创新精神，通过整合实训资源，实现学校教学环境与企业现场环境对接、学校文化与企业文化对接，促进校企深度合作，系统培养区域产业发展需要的高素质技术技能人才。学校对于学生的培养要立足区域特色，突出合作育人、合作发展，建立和完善协调运行机制，促进育人过程中各个要素与生产过程中各个要素的深度对接，努力发挥其职能。为了更好地实现校企合作，打通专业人才培养产业链，进一步提升毕业生的职业能力与企业需求的对接，具体可以从以下几点入手：

(1) 建立行业企业全面参与实训教学的工作机制，充分利用行业企业在产业发展方向的把握、技能标准的实施、实训设备和实践指导师资等方面的优势，使企业在专业实践教学中发挥更大作用，促进人才培养标准与行业标准相对接，培育学生发现、提出、分析、解决问题的能力，不断提高专业人才培养的针对性和适应性。

(2) 为人才培养提供创新实践平台，在企业建立顶岗实习和专业教师实践基地，推动企业积极接受学生顶岗实习，探究顶岗实习与就业一体化的有效途径。学校在组织学生顶岗实习时，应严格按照专业对口的原则。如果学校仅仅将学生视为廉价劳动力，甚至以此作为激发企业提供岗位的动力，不仅与其制定的人才培养目标相背离，这样的“校企合作”也是不可能持续的。将顶岗实习转化为简单劳动，不但不能达到学校设计的目的，还会使学生对实习失去兴趣，从而影响其对本职业的正确认知。

（3）构建开放在线课程平台，挖掘网络学习空间应用模式，将空间学习与课堂教学有机衔接，开展职业技能鉴定、企业员工培训，满足企业员工继续学习、终身发展的要求。

（4）在校企之间搭建信息化平台，将企业的生产过程、工艺流程和工作现场等资源引入实训基地，基于企业主动提供真实的生产项目或经营案例，开发实训项目和仿真实训软件，以企业标准为依据，形成按项目、按模块的教学培训标准，校企共建共享实训资源。

（5）校企共建专业工作室和技术服务平台，形成基于企业专业技术人员与基地院校专业教师定期换岗交流的机制，促进技术知识在校企之间的流动和共同创造。

8.6 以开放性思维共享实训基地

8.6.1 校间共通共享

在建立多元产教融合实训基地的校间共享共通方面，要引导树立共享理念和行为，打破学校间的壁垒，避免各自为战的分散式建设与运行，实现资源共享与业务协同，在合作学校范围内做到资源共享、优势互补，进而全面提升合作双方的服务能力与办学质量。

在目前校际间合作建立的多元产教融合实训基地的共享程度还不够高的情况下，学校对送学生到外校实训时会在教学成本、教学效果、学生反映等方面存在一些顾虑，为打消学校的顾虑，为校际间交流提供更好的平台，在此提出以下几点建议：

（1）采用协议方式，确保共享合作有据可依。在初期合作时，为确保共享工作顺利启动，学校间要本着相互理解、互利互惠的原则，进行坦诚协商。对双方关心的问题，要以协议形式明确双方的权利和义务，保证在教学组织、学生管理、考核鉴定、成本核算及其他双方达成共识的内容有效实施。

（2）坚持服务思想，确保共享工作长期进行。开展实训基地共享，要做到资源的合理配置，不能增加任何一方的负担。为此，合作双方不要过多考虑盈利问题，要坚持服务思想，避免增加学校的教学成本和学生的经济负担，方便合作学校的师生。

(3) 根据学校距离的远近，分成不同合作班型，采用灵活的时间表。对于近距离的学校采取随时随地型合作，对于远距离的学校采取集中教学型。普通训练型以理解掌握专业基本技能为目标，将合作学校的训练要求与职业资格标准相结合。培训与考证结合型班以职业技能鉴定标准为教学依据，把培训和考证相结合，学生完成实训，组织开展技能鉴定，发放技能等级证书。

(4) 建立真正的区域性实训共享还须提高认识，克服"大而全、小而全"的发展思路，克服封闭攀比思想，树立区域教育观和资源共享观，以积极的态度共同推进资源共享。突出自身具有特色的实训品牌建设，合理利用区域职业教育资源，"不求所有、但求所用"，能够有效弥补自身资源不足问题。

(5) 开展基地共享工作应以促进区域性教育资源利用、促进办学质量提高为出发点，以让我们的学生享受到最优质的教育服务为目的。基地提供方不应以营利为目的，应积极发挥教育资源功能，努力为合作伙伴提供最优质的服务。同时，需要双方以互信为基础、以诚信为准则，做到"资源共享、成本分摊"。

(6) 实训基地共享工作的维系、发展，既需要学校之间建立协议，也迫切需要教育部门制定要求和管理制度，构建相应评价指标体系，构建共享信息交换平台，制定扶持激励政策，从本质上促成共享局面的形成。

(7) 基地共享有助于实现合作多赢。通过共享平台，有助于打破校间界限，降低育人成本，促进学校相互交流、取长补短、共同提高。有利于教师之间切磋学习，统一技术技能人才培养质量标准，提升实训教学质量。有助于学生拓宽接触面，增加新鲜感，开阔视野，强化技能，为他们成为能工巧匠奠定坚实的基础。

8.6.2　校企共通共享

既为产教融合型实训基地，那么建设必将由多主体共同完成，在其建设过程中，应当设计形成互惠合作的新机制，提高企业和其他主体参与的积极性。

企业经营的直接目的是获取利润，与实训基地开展合作获得利益的程度决定企业合作的积极性。目前社会主体在高等职业院校建设管理过程中的参与度较低，合作互惠的新机制能够扩大双方的潜在利益，进而提高满意度。首先政府应从全局角度统筹区域实训基地的建设，颁布相关的法律政策同时提供相应资金支持，为高等职业教育营造健康的发展环境，还可以对某些企业施行税费减免政策，为企业员工提供免费培训等，以提高企业参与的积极性。

我们可以通过学校、政府、企业、教师和学生之间的股权分配，实现资源的优化组合和共建共享，可有效提升实训基地所需资源的质量和数量，实现资金、技术、人才、厂房和设备等要素的优化配置，节约教育资源。通过校企合作、政企合作、校间合作、师生合作，集中各方优势，共建共享融教学、培训、职业技能鉴定、生产和技术研发为一体的综合实训基地，产生规模效应，实现优势互补，谋求多赢。

(1) 资源共享

第一，信息资源共享。学校应根据市场和企业的人力资源需求变化，及时更新教学大纲和教学内容，保证实训基地的教学效果。以政府公布的就业统计数据为参考，以合作企业的实际需求为基础，优化专业设置，提前介入专业培养。在保证教学质量的前提下，按周期调整招生专业和招生规模，更新实训内容。在强化"订单式""学徒制"人才培养的基础上，建立人才需求信息传导机制和职场预备役班级，拓宽学生就业渠道。

第二，人才资源共享。无论是政府、企业还是职业院校，都拥有丰富的管理和技术人才，教师和学生则为实训基地具体业务的开展提供了丰富的劳动力支持。实训基地的决策层、管理层、业务层应充分发挥各方的人力资本优势，并在结合自身业务的前提下，以绩效考核结果为依据，对人力资本进行开发。企业工程技术人员作为兼职教师指导或参与指导学生，教师也可以成为企业的兼职工程技术人员。此外，实训基地领导层的选拔不应局限于学校内部，还应吸引外来优秀管理人才，保证外来高管不低于一个合理比例。避免高管交叉任职，权力集中在少部分人手中。

第三，权力资源共享。现代公司治理模式使教师和学生成了实训基地的股东，与政府、企业和学校共同参与基地决策，增强了教师和学生的积极性。市场化的企业运作机制将劳动者升级为股东，最大限度地激发和调动教师和学生的生产积极性、集体意识和创造性。

(2) 功能共享

加强校企合作共建实训基地的共享功能建设，可以最大限度地提升实训基地的实用价值。将职业院校和企业的资源进行充分整合，为企业提供相关的职业技能培训，将学校教学与企业培训相结合，并吸收企业成熟的生产工艺，将生产、教学、实训、服务融入教学过程中，为企业提供所需人才。企业专业技术人才也可受聘于学校，参与学校教学。加强实训基地之间的合作，建立实训基地交换生项目，共享先进教学资源。还可整合技能培训和职业资格鉴定职能，彼此之间提供技术支持、服务支持等。

基于实训基地及企业资源，实现高等职业院校与行业企业合一、实训与生产同步、育人与创收共赢的“三位同体”的基地运行模式。学校与企业不是两个并列机构，是体现双重功能的一个实体，两者所有的行为均是同步进行的，其结果是学生学到了技能，企业也能够获得利润。

8.6.3　基地全面开放

开放产教融合型实训基地是以职业院校为基础，政府发挥统筹协调功能，结合产业结构调整，整合学校和企业的资源，集中资金投入建设的实训基地。开放产教融合型实训基地面向职业教育、劳动力培训、企业技术改造和技术创新，最大限度地实现了资源共享，使之成为技能型紧缺人才的培养培训基地、农村劳动力转移培训的桥梁、社区教育和服务的窗口、校企合作的载体、产学结合的平台。

实训基地的全面开放可以实现资金的有效利用；可以实现由学习型实训转向生产型实训的转变；有利于职业院校与大中型企业的合作；可以实现资源优化配置，避免重复建设与资源浪费；可以实现资源共享；可以加速服务区域产业转型升级。产教融合型实训基地的建成，可进一步提升职业院校的人才培养质量，为周边企业提供人才、技术保障，更好地为社会经济发展服务，为产业转型升级提供人力资源保障。

我们建立的产教融合型实训基地不仅要与诸多企业建立合作关系，还要设立专门的服务部门和高效的服务团队，以进一步跟进服务和交流，从而避免项目的虎头蛇尾，例如在实训师资培训、实训项目开发、重要课题的协作等方面，要做到学校与企业、培训机构等紧密联系，要真正体现“对内实行企业化管理，对外实行准市场化运作”的共享机制的特色。对实训基地全面开放的具体建议如下：

(1) 科学规划，准确定位。产教融合型实训基地为学生理论与实践的结合提供训练的场地，目的是让学生自己动手进行专业设计和实际操作，尽快熟悉并掌握本专业的主要设备仪器及专用工具，同时对本专业的生产工艺流程、基本技能要领、专业技术技能熟知。因此，产教融合型实训基地建设要科学规划，准确定位。

(2) 合理配置，确保先进。产教融合型实训基地建设在一定程度上代表了行业发展的先进水平，它的起点要高，所使用的装备不应该低于企业的现实水平。产教融合型实训基地建设既是对应企业中新产品、新技术的研发基地，又是成熟技术的应用基地。教师及学生应该充分利用好产教融合型实训基地的设备条件和自身的智力资源，不断研究新技术、开发新产品，积极开展技术改造和科技开发等活动。

(3) 校企结合,资源共享。产教融合型实训基地要根据当前职业院校、企业需要或专业技术领域对知识和能力的要求,制定相应的培训大纲和课程设置培训项目。除面向职业学校学生实施岗前的职业培训外,也可面向社会开展职业培训,甚至可以为一些企业的职工进行技能培训、待岗培训、转岗培训等各类技术教学,实现资源共享。

学校需要努力做到在实训基地有企业项目和研发项目,每位实训教师都承接有企业项目,组成项目组,带领学生团队去完成。学校实训基地可以将学生实训、实习与承担企业项目融为一体,形成产业,不仅解决了资金问题,还可以赢得学校声誉,而且使教师和学生能将所学到的知识和技能应用在跨学科、多元化的综合科技开发和创新上,形成了校企互惠互利、共同提高、共同发展的良性循环。

综上所述,产教融合型实训基地建设,要充分发挥政府的统筹协调作用,促进校企深度合作。引导和鼓励职业院校以专业对接产业为纽带,与行业、企业和区域经济建设紧密联系,创新多元化职业教育发展模式,实现资源共享和优势互补,形成教学链、产业链、利益链的融合体,建立校企合作双赢机制,以合作办学促发展,以合作育人促进就业,实现不同区域、不同层次职业教育协调发展。

第9章
总结和展望

随着经济全球化的发展，世界范围内的竞争越来越激烈，国家间的竞争、经济发展的竞争以及科技进步的竞争，归根结底是对高质量人才的竞争。我国高等职业教育能否顺利完成时代使命，能否通过培养高质量的人才树立良好的教育形象，能否赢得企业以及社会大众的承认与支持，将取决于教育成果。实训基地作为高等职业教育的重要组成部分，是高层次技术技能型人才培养过程中的重要环节，对高等职业院校的办学发展起到非常重要的作用。不断加强对高等职业院校产教融合型实训基地的建设，完善实训基地的管理机制，有利于提高教育水平，同时为解决高等职业教育发展过程中的诸多问题提供突破口。因此，研究产教融合型实训基地管理水平对促进高等职业院校的健康发展具有重要意义。

9.1 研究述评

目前，多数高等职业院校产教融合型实训基地的建设管理水平仍处于起步阶段，需要进一步改进和完善，"政行企校"的紧密合作有助于使实训基地管理水平获得本质提升。政府从政策保障、资金和政策支持等各个方面，不断提升高等职业院校在社会大众中的地位；企业应明确自身的人才需求，以此为依据向实训基地发出合作要求，从而降低企业招聘新员工后的培训成本，加强企业在整个行业中的适应能力。

只有不断加强对高等职业院校产教融合型实训基地的管理和建设，将关注点集中于对基地学生的职业技能、职业素养的培养，才能充分体现出高等职业院校产教融合型实训基地在培养高素质技术技能人才过程中的重要作用。培养满足企业需要的高质量的应用型人才，要求高等职业院校将培养计划与经济、产业发展进行联系，积极寻求教学模式的改革创新，从而使培养出的人才能够服务区域经济发展，促进实现行业企业的进步，同时这也是高等职业院校能够长远发展的立足点。

产教融合型实训基地的建设是集合行业企业、社会各主体以及学校的资源，有计划地进行统筹安排，以达到节约成本、资源共享的目的。在区域经济发展的影响下，产教融合型实训基地积极构建社会服务体系，面向其他院校、劳务培训机构、优秀行业企业进行开放，进行校际之间、校企之间的通力合作，逐步形成课堂、实验室、企业生产操作现场"三位一体"的新教学模式。

以适应和促进区域经济发展为首要目标，以满足市场需求、服务发展、促进就业为方向，以培养技术应用和实践能力强的人才为核心，提高行业企业对高素质技术技能型人才的满意度，研究高等职业院校产教融合型实训基地管理建设具有十分重要的理论和现实意义。

9.2 研究成果

本书以高等职业院校产教融合型实训基地的管理水平为研究主线，通过课题组专家建议和已有的理论成果及实践成果研究高等职业教育的多个特征，结合实训基地的发展现状，构建初步评价指标，同时对有关专家进行访谈，结合所给的建议更改评价指标，实施预调查修正并形成最终管理评价指标体系。通过对多所实训基地发放问卷收集样本数据，并综合运用统计分析、结构方程模型对高等职业院校实训基地的管理水平进行指标权重的确定。然后选取徐州工业职业技术学院实训基地进行评价模型的应用性研究，结果表明，产教融合型实训基地管理水平评价指标和模型的构建具有理论研究和实践指导的双重意义，现将研究结论进行如下总结。

(1) 通过大量阅读高等职业教育的相关文献和研究成果，针对研究对象的特点，对实训基地的功能、实训基地的建设模式、基地的效益以及实训基地管理评价现状进行了理论综述，并了解现阶段产教融合型实训基地的管理评价方法。此外，基于"现代学徒制发展研究"课题组的专家建议，对高等职业教育的特征加以引申，从众多的高等职业教育特性中选择五个维度开展研究，较为系统地对高等性、职业性、实践性、区域性以及开放性五大高职教育的特征进行了理论成果的梳理，为管理评价指标体系的构建奠定了基础。

(2) 产教融合型实训基地是高等职业院校培养高素质技术技能人才的主要场所，目前对产教融合型实训基地管理水平评价的主流研究方法多样，但可操作性不强。本书综合运用专家访谈、预调研等多种方法构建管理评价指标体系，具有较高的可操作性。基于样本数据运用结构方程建立管理评价模型并确定指标权重，以徐州工业职业技术学院实训基地为个案，采用模糊综合评价法对模型和指标进行应用并评价，符合治学的科学严谨性。

(3) 基于专家的建议和高等职业教育固有的特征，通过对高等职业教育的内涵加以引申，能够较为完整地反映高等职业教育实践育人的特点，且具有较好的代表性。管理评价指标体系的设计并建立在已有理论成果、专家建议和预调查的基础上，具备研究的科学严谨性，确保了指标的准确可靠。以大样本分析确定的指标权重，同时以单个实训基地为对象对模型和评价指标进行应用，确保了研究成果的普遍适用性。体现出了高等职业教育的特性，将这些特性引入对实训基地的研究中，能够反映建设产教融合型实训基地对高等职业教育的重要作用，所建立的评价体系更加全面系统，为今后评价各地高等职业院校实训基地管理水平提供了借鉴参考。

总之，研究高等职业院校产教融合型实训基地的管理水平，有助于了解实训基地的管理现状，能够满足高等职业教育发展的内在需求，也是产教融合型实训基地管理能力评价的意义所在。高等职业教育的特点是面向社会的就业导向型教育，是为培养市场需求、适应生产一线技术环境以及熟悉或精通某一技术领域的高素质劳动者。理论与实践教学结合已成为高等职业教育的一大特色，实训基地作为高等职业教育的重要组成部分，通过实训基地的实践性教学，学生能够将理论知识系统运用到实践操作中，提前在职场环境中锻炼自己，从而体现出实训基地在高等职业教育中的重要作用。

9.3 研究不足及展望

尽管已有较多的关于高等职业教育的研究成果，也通过设计并修正指标体系、形成评价模型并检验适用性等过程对产教融合型实训基地的管理能力进行评价，虽取得了一些研究成果，但仍存在一定的不足，为以后的研究提供借鉴。

(1) 本研究提出的实训基地管理评价指标体系共包含了 5 个一级指标，21 个二级指标，在进行实证分析的过程中也进一步划分为三级指标。但后续研究应将指标进行进一步的细化，能够使管理评价更加准确，对各地实训基地评价的适用性更强，高等职业院校实训基地管理评价将更具包容性。此外，还可以对企业进行专家访谈，增加指标体系的兼容性。

(2) 在实证研究部分，不管是对江苏省现有的五个产教融合型实训基地，还是对徐州工业职业技术学院实训基地进行问卷调查收集数据时，所获得的样本容量偏小，在后续的研究中，可以不断地进行完善，争取在全国范围内进行大规模的调研分析。

(3) 运用调查问卷法获得数据，并且在进行案例分析时运用专家评判法来获得判定矩阵，将会导致专家在评判实训基地管理水平时受主观因素的影响，结果可能与实际存在偏差，今后可以借助更加科学有效的方法开展研究。

(4) 在进行实证分析时，将模型的计算过程程序化、软件化，制定出适用于全国各地区产教融合型实训基地的评价指标体系，编制出高等职业院校实训基地管理能力评价系统，有利于对整个实训基地评价过程简单化，使之具有真正的实际操作性。

总的看来，本书对高职院校产教融合型实训基地管理能力评价的研究还存在一定的局限性。因此，对产教融合型实训基地管理评价还有待于进一步探讨研究。

参考文献

[1] 白福民.校内生产性实训基地建设探索[J].才智,2015(6):110-112.

[2] 毕志辉.高等职业教育的内涵在于实践[J].北京财贸职业学院学报,2011(1):44-47.

[3] 柴勤芳.对高职教育"高等性"与"职业性"融合的思考[J].中国高教研究,2012(5):95-97.

[4] 陈平,陈菲.基于AHP的校企共建实训基地绩效评价体系研究[J].商业会计,2012(9):125-127.

[5] 陈玉峰,池卫东,何林元.共建共享型生产性实训基地建设的探索与实践[J].中国职业技术教育,2018(20):12-16.

[6] 程桂花,闫志谦,张宏丽,等.高职实训基地建设的探索与实践[J].化工职业技术教育,2009(Z1):79-81,87.

[7] 刁瑜.国家示范性高职院校生产性实训基地建设探析[J].教育与职业,2010(29):152-153.

[8] 丁金昌.实践导向的高职教育课程改革与创新[J].高等工程教育研究,2015(1):119-124.

[9] 符锡成.基于模糊德尔菲法的高职电子信息技术专业实训基地的评价法[J].信息与电脑(理论版),2011(8):171-172.

[10] 顾湘萍,周颖平.谈高等职业学校实习实训基地建设[J].中国成人教育,2008(12):101.

[11] 何农.关于"双师型"教师内涵的辨析[J].教育与职业,2008(11):144-145.

[12] 何燕,刘国联.高职实训基地建设方案开发研究及基地建设模式分析[J].大众科技,2011(1):104-105.

[13] 胡重庆.对我国职业教育实训基地建设的思考[J].江西社会科学,2007(6):233-236.

[14] 黄德桥,杜文静.基于产教融合的高职院校校内生产性实训基地建设研究[J].中国职业技术教育,2019(2):88-92.

[15] 黄家泉,吴勇,罗海丰.高等职业技术教育实践性教学改革探索[J].中州大学学报,1999(2):3-5.

[16] 黄蕾.高等职业教育“属性”回归论[J].中国校外教育,2009(S3):460,409.

[17] 黄敏,梁春辉,李荣喜.关于高职院校内实训基地建设及效能优化的探析[J].广东职业技术教育与研究,2018(5):160-163.

[18] 黄学光.高等职业教育实践性教学体系的构建[J].当代经理人,2005(5):139-140.

[19] 黄亚妮.论我国高等职业技术教育的区域性[J].职业技术教育,2002(28):9-13.

[20] 纪雯,李超,刘宝学,等.构建校企合作长效机制新模式的途径与实践[J].教育科学论坛,2013(1):216-218.

[21] 贾文胜.关于建设高水平实训基地的思考[J].中国职业技术教育,2019(7):103-107.

[22] 姜自莲,张世凭,刘平,等.实训基地效益评价指标体系的构建与应用[J].成都电子机械高等专科学校学报,2011(1):59-61.

[23] 金欢阳.校内生产性实训基地运行管理创新与实践[J].北京教育(高教版),2010(2):48-50.

[24] 李建求.论高职院校“双师型”教师队伍建设[J].职教论坛,2002(19):42-45.

[25] 李黎明.论高职院校生产性实训基地建设[J].山东省青年管理干部学院学报,2007(5):111-113.

[26] 李力厚.中等职业学校实习实训基地功能与效益研究[J].中国电力教育,2011(4):138-139,141.

[27] 李良贸.现代制造技术实训基地建设的实践与思考[J].江西蓝天学院学报,2016(1):26-29.

[28] 李小娟.旅游管理专业校内生产性实训基地质量的模糊综合评价研究[J].赤峰学院学报(自然科学版),2015(18):245-248.

[29] 李玉民.浅议高等职业教育的若干基本问题[J].电力高等教育,1995(2):69-72.

[30] 林海霞,甄增荣,张荣梅,等.基于校企合作的高端技能型人才培养模式

创新研究[J].现代商业,2013(29):281.
[31] 林锦实."四元融通、四维互补"创新型实训基地建设[J].无线互联科技,2018(1):82-83.
[32] 刘灵芝.略论三螺旋理论下的高等职业教育区域性政产学研模型构建[J].淮海工学院学报(人文社会科学版),2013(16):104-108.
[33] 刘明.校企合作生产性实训基地建设研究[J].山东农业工程学院学报,2018(4):77-78.
[34] 刘淑艳,关文杰.高等职业教育高等性的实现[J].中国成人教育,2014(15):25-26.
[35] 卢兵.抓住核心内涵,建好校内生产性实训基地[J].中国高等教育,2009(19):41-42.
[36] 路宝利,盛子强,赵娟.中国传统学徒制度评析[J].职教通讯,2015(25):50-54.
[37] 莫持标.协同创新构建高职实践教学质量监控与评价体系的探究与实践[J].广东教育,2017(2):10-12.
[38] 欧阳河.职业教育基本问题初探[J].中国职业技术教育,2005(1):26-31.
[39] 潘庆阳.高职院校实训基地项目绩效评价研究[J].会计之友,2013(36):106-110.
[40] 齐亚丽.基于创新创业教育的高职院校实训基地建设与管理[J].教育与职业,2019(8):84-87.
[41] 荣新艳.高职院校校内生产性实训基地管理评价研究[D].秦皇岛:燕山大学,2012.
[42] 茹望民.中专教育要加强实践性教学环节[J].山西教育(管理),1995(9):23.
[43] 沈时仁,赵杰.高等职业教育实践性教学体系的构建[J].职业技术教育,2000(19):23-25.
[44] 舒红群.江西省高等职业教育区域化研究[D].南昌:江西师范大学,2004.
[45] 孙琳.高技能人才培养与高职教育发展问题[J].职教论坛,2012(13):20-23.
[46] 孙毅颖."高等性"和"职业性"二维视域下的高等职业教育质量评价[J].中国职业技术教育,2015(12):75-79.
[47] 汤静,丁威,陈兵,等.基于DEA模型的高等职业院校校内实训基地建设绩效评价研究[J].实验技术与管理,2014(9):219-222.

[48] 唐存莲,李智勇,乔立东,等.校内生产性实训基地生产与实训效益研究:以北京农业职业学院为例[J].北京农业职业学院学报,2013(6):70-75.

[49] 王晶.高职实训基地综合效益评价指标体系构建研究[J].职业教育研究,2013(6):59-60.

[50] 王立君.开放性:美国社区学院教育成功的真谛及对辽宁高等职业教育的启示[J].科技信息,2007(2):11.

[51] 王少娥,刘春秀,张颖.高职院校实训基地模糊综合评价方法研究[J].文教资料,2012(7):157-159.

[52] 王淑云.高等职业院校生产性实训基地的运行模式分析[J].经贸实战,2015(10):204,206.

[53] 魏良庆,彭凤英.产教融合的生产性实训基地建设探索与实践[J].辽宁高职学报,2019(3):80-82,91.

[54] 文秋红.浅析导游高等职业教育的开放性[J].教育与职业,2008(33):166-167.

[55] 吴海东,李洪昌,闫军朝.农机专业校外实训基地建设质量模糊综合评价[J].中国农机化学报,2016(1):281-284.

[56] 吴利燕.高职院校校内实训基地管理创新研究[D].济南:山东师范大学,2017.

[57] 吴兆明.高职院校实训基地"五个融合"内涵建设的探索[J].职业技术教育,2019(2):15-19.

[58] 夏继梅.澳大利亚开放性职业教育模式的启示[J].中国成人教育,2012(17):78-80.

[59] 夏茵.高职院校开放性的真假论辩[J].广州番禺职业技术学院学报,2011(2):4-8,18.

[60] 晓坛.试论高等职业技术教育的实践性教学[J].中南民族大学学报(人文社会科学版),2006(S1):232-234.

[61] 肖明胜.区域性、特色化:现代职业教育的新常态[J].山东高等教育,2015(6):53-62.

[62] 熊建武,周进,沈铁敏,等.区域共享型高职院校实训基地的定位和建设原则[J].中国西部科技,2008(4):63-65,67.

[63] 徐世国.对校企共建校内生产性实训基地的思考[J].河南教育(职成教),2019(2):26-28.

[64] 徐燕兰,陈文开.试析高校实训基地的制度建设[J].广西社会科学,2009

(12):122-125.
[65] 徐溢艳.产教融合的实训基地建设及其运行机制[J].文教资料,2018(7):131-132,145.
[66] 许建平.高职教育的“开放性”与高职院校管理的改革[J].张家口职业技术学院学报,2007(4):10-11.
[67] 宣玲玲.高职物流实训教学的特点与发展趋势探析[J].辽宁高职学报,2013(4):87-89.
[68] 杨晓新,杨勇,孙巨峰,等.产学结合型校外实训基地建设及其效益[J].西安航空技术高等专科学校学报,2005(1):55-56,64.
[69] 叶景文,于洪泽.高职教育要突出高等性和职业性[J].河北工程技术高等专科学校学报,2010(2):73-76.
[70] 叶小明.高等性也是高职教育的根本属性[J].高等工程教育研究,2011(1):152-155.
[71] 殷勤.高水平专业化产教融合实训基地开放共享模式的研究与实践[J].职业教育研究,2019(6):19-24.
[72] 于华.基于“众筹・众包・众享”的职业教育实训基地建设[J].中国职业技术教育,2016(29):75-79.
[73] 袁月.浅谈高职英语有效性教学研究[J].校园英语,2014(19):50.
[74] 张汉年,鲍安平,王正.多元主体投入共建下校内生产性实训基地建设探索与实践[J].吉林省教育学院学报,2017(8):123-126.
[75] 张丽华,韩浩章,蒋亚华,等.宿迁学院园林专业校内实训基地建设[J].黑龙江农业科学,2019(8):148-150.
[76] 张亚丽,陈秋生.高等职业教育的八大特征[J].现代教育科学,2008(9):64-66.
[77] 赵宝芳,孙百鸣.中外高职教育师资素质的比较研究[J].职教论坛,2006(12):62-64
[78] 赵祥刚,梁志.高等职业教育高等性的缺失及归因分析[J].教育与职业,2007(35):13-15.
[79] 周鸿羽.对高等教育职业性的再认识[J].高校教育管理,2015(5):89-94.
[80] 周明星.现代职业教育本质属性探析[J].教育与职业,2003(1):27-28.
[81] 朱孝平.“双师型”教师概念:过去、现在与将来[J].职教论坛,2008(7):26-28.
[82] 庄榕霞.高职院校双师素质教师基本特征及资格标准研究[J].职业技术

教育,2014(9):43-48.

[83] BIEMANS H, MARIËN H, FLEUR E, et al. Students' learning performance and transitions in different learning pathways to higher vocational education[J]. Vocations and learning, 2016, 9(3): 315-312.

[84] CALLAN V J, ASHWORTH P N. Working together: industry and VET provider training partnerships[J]. National centre for vocational education research(NCVER), 2004.

[85] CATTERALL J, DAVIS J, YANG D F. Facilitating the learning journey from vocational education and training to higher education[J]. Higher education research and development, 2014, 33(2): 242-255.

[86] DAVID R, CHRIS B, AMELIA R. The landscape of vocational progression in higher education: understanding the retention and progression of vocational learners through a regional perspective[J]. Research in post-compulsory education, 2012, 17(1): 5-19.

[87] MISKO J. Developing Industry Linkages: Learning from Practice[M]. Adelaide: National centre for vocational education research, 2001.

[88] PARRY G. English higher education and its vocational zones[J]. Research in comparative and international education, 2015, 10(4): 493-509.

[89] SALAH A A. Preparing a future graduate workforce for work: an assessment of the standard of graduates from the public authority of applied education and training in Kuwait[J]. Industry and higher education, 2013, 27(2): 89-103.

[90] SHEGELMAN I, SHCHUKIN P, VASILEV A. Integration of universities and industrial enterprises as a factor of higher vocational education development[J]. Procedia-social and behavioral sciences, 2015(214): 112-118.

[91] VELDE C. Employers' perceptions of graduate competencies and future trends in higher vocational education in China[J]. Journal of vocational education and training, 2009, 61(1): 35-51.

[92] WENZELMANN F, PFEIFER H. Enterprise vocational education: a valuable investment[J]. Assessment and evaluation in higher education, 2013, 38(8): 978-997.

[93] WOLTER A, KERST C. The "academization" of the German qualification system: recent developments in the relationships between vocational training and higher education in Germany[J]. Research in comparative and international education, 2015, 10(4): 510-524.

附　录

问卷提纲

实训基地管理评价指标体系合理性调查

问卷填写说明：

(1) 每个选项只选一个答案，请在您选择的选项位置上打“√”；

(2) 第二部分问卷主体符号所代表的指标请参照表1；

(3) 本次调查是以匿名的形式进行，仅用于学术研究，您的回答将处于保密状态。

表1　实训基地管理评价指标体系

目标	一级指标	二级指标	符号	指标说明
实训基地管理能力评价	高等性(A)	人才定位	A1	定位于培养高端技术型人才
		素质培养	A2	注重对人才素质的培养，促进素质的提高
		基地文化建设	A3	建设内涵丰富凸显特色的基地文化
		教学实力	A4	与高等教育相匹配的教学能力
		科研实力	A5	重视科研，增强理论联系实践的能力
	职业性(B)	培养方案	B1	以职业目标为导向制订培养方案
		课程设置	B2	课程设置关注职业技能的培养
		实训情境	B3	仿真现实的工作场景和生产流程
		职业迁移空间	B4	注重对人才适应能力和发展潜力的培养
		教育对接需求	B5	教育与企业需求对接的精准度
		就业情况	B6	以就业情况反映部分教学成果

表 1(续)

目标	一级指标	二级指标	符号	指标说明
实训基地管理能力评价	实践性(C)	教学目标	C1	以培养学生的实际操作能力为目标
		教学条件	C2	教学设施、机器设备等软硬件更新快且充足
		“双师”结构	C3	授课教师来源于学校和企业,工作经验丰富
		技术能力	C4	通过实训基地掌握并提高技术能力
		“双主体”育人	C5	实习实训课程与理论课程比例
		企业认可度	C6	通过企业对培养学生操作实践能力的认可
	区域性(D)	定位区域发展	D1	培养的人才能够适应区域经济和产业调整
		调整专业设置	D2	专业设置根据区域经济发展做出调整
		职业素养需求	D3	培养的人才具有企业所需要的职业素养
		职业能力需求	D4	培养的人才具备企业需要的职业能力
	开放性(G)	学校与学校间	G1	校际间经常进行学术、科研交流
		学校与企业间	G2	校企间经常进行信息、资源的沟通交流
		学校与政府间	G3	学校与政府之间信息交流
		实训基地开放	G4	允许参观和学习,促进知识的传播
		资金筹措	G5	资金来源渠道多样
		督导评估制度	G6	开放性的外部监督机制及教育质量评价体系

第一部分:基本信息

1. 性别

A. 男　　B. 女

2. 年龄

A. 20 岁及以下　　B. 21～30 岁　　C. 31～40 岁

D. 41～50 岁　　E. 50 岁以上

3. 工作年限

A. 2 年以下　　B. 2～5 年　　C. 5～10 年

D. 10～20 年　　E. 20 年以上

4. 学历

A. 中专及以下　　B. 大专　　C. 本科　　D. 研究生及以上

5. 在基地担任的角色

A. 基地管理人员　　B. 实训基地教师

第二部分：问卷主体

请对表 1 中的指标进行评价

1. A1

A. 不重要　B. 不一定重要　C. 重要　D. 非常重要

2. A2

A. 不重要　B. 不一定重要　C. 重要　D. 非常重要

3. A3

A. 不重要　B. 不一定重要　C. 重要　D. 非常重要

4. A4

A. 不重要　B. 不一定重要　C. 重要　D. 非常重要

5. A5

A. 不重要　B. 不一定重要　C. 重要　D. 非常重要

6. B1

A. 不重要　B. 不一定重要　C. 重要　D. 非常重要

7. B2

A. 不重要　B. 不一定重要　C. 重要　D. 非常重要

8. B3

A. 不重要　B. 不一定重要　C. 重要　D. 非常重要

9. B4

A. 不重要　B. 不一定重要　C. 重要　D. 非常重要

10. B5

A. 不重要　B. 不一定重要　C. 重要　D. 非常重要

11. B6

A. 不重要　B. 不一定重要　C. 重要　D. 非常重要

12. C1

A. 不重要　B. 不一定重要　C. 重要　D. 非常重要

13. C2

A. 不重要　B. 不一定重要　C. 重要　D. 非常重要

14. C3

A. 不重要　B. 不一定重要　C. 重要　D. 非常重要

15. C4

A. 不重要　B. 不一定重要　C. 重要　D. 非常重要

16. C5

A. 不重要　B. 不一定重要　C. 重要　D. 非常重要

17. C6

A. 不重要　B. 不一定重要　C. 重要　D. 非常重要

18. D1

A. 不重要　B. 不一定重要　C. 重要　D. 非常重要

19. D2

A. 不重要　B. 不一定重要　C. 重要　D. 非常重要

20. D3

A. 不重要　B. 不一定重要　C. 重要　D. 非常重要

21. D4

A. 不重要　B. 不一定重要　C. 重要　D. 非常重要

22. G1

A. 不重要　B. 不一定重要　C. 重要　D. 非常重要

23. G2

A. 不重要　B. 不一定重要　C. 重要　D. 非常重要

24. G3

A. 不重要　B. 不一定重要　C. 重要　D. 非常重要

25. G4

A. 不重要　B. 不一定重要　C. 重要　D. 非常重要

26. G5

A. 不重要　B. 不一定重要　C. 重要　D. 非常重要

27. G6

A. 不重要　B. 不一定重要　C. 重要　D. 非常重要

后　记

经过两年多的准备与编写，终于完成此书。

我国高职院校实训基地虽经过多年发展，但评价与发展指引并不十分明晰。本书通过分析我国产教融合型实训基地的发展现状，结合中国特色社会主义发展对高职院校人才培养的具体要求，提出了评价产教融合型实训基地的模型和具体发展建议，具有深远的理论与现实意义。

在本书的编写过程中，得到了中国矿业大学经济管理学院等诸多单位专家、学者的支持与帮助，在此一并致谢！此外，还要感谢徐州工业职业技术学院的全体教师，他们在我们感到困惑时及时给予提醒并提供了很多帮助，使我们能够顺利完成本书的编写工作。本书的出版是大家共同努力的成果。

在此还要感谢我们所引用文献的作者们，没有他们先前的努力，我们就无法很好地完成本书的编写。

本书旨在给高职院校实训基地的拓展与管理提供一些思路与解决的办法，希望能够提供一定的借鉴。因时间精力所限，在本书的编写过程中难免会有所疏漏，不足之处还望海涵，欢迎专家和读者的批评指正。

祝木伟

2020 年 12 月 22 日于徐州